# 前言 »

**这是为有初级汉语水平的外国留学生和学习者编写的书。**
**这是为学习汉语的外国留学生和学习者答疑解惑的书。**

外国人学汉语，在学习过程中，常常会遇到一些令他们困惑的问题，如什么地方用"拿"，什么地方用"取"；什么时候用"做"，什么时候用"搞"，又什么时候用"弄"；"做"和"作"又有什么区别，等等。一般的词书查不到，许多老师一时讲不明白。其实，这些都是使用频率很高的常用词。我们根据多年教学中的积累，从留学生语言实践的错误中选取例子，列于每一条目之首，作为我们的出发点，试图为学生解除这类困惑。在选词范围和解析方面，本书不同于常见的同义词词书。语言实际实践中，学生错误率低、使用频率不高的同义词、近义词不选；解析异、同的时候，也选取最重要的几项，并力求简明扼要。所以，这不是同义词"百科全书"，而是一本专为留学生编写的课堂语言实践课教材，一本常用疑难词自学手册。同时，它也是从事对外汉语教学的老师有价值的教学参考书。

还有一些常用词，如"了"、"是"、"也"、"又"一类，词书上列的义项很多，语法书上讲的用法也十分繁杂，学生往往一头雾水。学习这类词，不应该用学院式的教学法，追求学术上的完整性和系统性，或者着意彰显老师知识的广博，而应该从学生实际出发，看看"了""是"这类词的义项和用法中，什么是学生最应该、最容易掌握的，就实实在在地为他们解决这些问题，并且编配一定量的练习加强实践，以避免语言实践中常犯的错误，这是本书编写的一个初衷。

学习者用词不当的错误，往往是受母语的影响所致，如英美国家的学习者常说"我有嗓子痛"，"她穿了结婚戒指"，就因为英语是"I have a sore throat"，"She is wearing the wedding ring"；又如"摆""放"，英语也是用同一个词"put"；"跟"(with)、"一点儿"(a little)等，因为受母语影响，在句子中的位置也常常出现错误。东方国家的学习者也有类似的情况。当然很多时候是动词用的地方不对，是语序方面的问题。排除母语的类似干扰，是一个艰难的过程，但这是一条避免语言错误的捷径，也是我们在选词和解析时的一个重要出发点。

本书的英文翻译是对外经济贸易大学黄震华教授。

1990年，我在美国亚利桑那州凤凰城国际商学院任教时，就开始酝酿这本书，经过漫长岁月，到今天才完成这个宿愿。但限于水平，肯定仍有不足之处，欢迎广大读者和专家批评指正。

黄为之　陈辉

2010年8月1日

# 汉语疑难词
## 解析与活用

# A Compendium of the Usage of Complex Chinese Words

主编：黄为之　陈　辉

编委：杨廷治　苏伯华　杨立群
　　　黄锡之　成伟武　杨天舒

翻译：黄震华

First Edition 2011
Third Printing 2019

ISBN 978-7-80200-648-5
Copyright 2011 by Sinolingua Co., Ltd
Published by Sinolingua Co., Ltd
24 Baiwanzhuang Road, Beijing 100037, China
Tel: (86)10-68320585  68997826
Fax: (86)10-68997826  68326333
http://www.sinolingua.com.cn
E-mail: hyjx@sinolingua.com.cn
Facebook: www.facebook.com/sinolingua
Printed by Beijing Jinghua Hucais Printing Co., Ltd

*Printed in the People's Republic of China*

# Preface »

This book is intended for foreign students and learners of the Chinese language who have acquired a beginner's level of Chinese, and are preparing to advance to greater proficiency, and explains the issues and questions that frequently puzzle them. As they go through the learning process, foreign learners of Chinese will often meet with confusing questions. For instance, when should they use ná, and when should they use qǔ (both meaning "take")? When should they use zuò, when should they use gǎo, and when should they use nòng (all three meaning "do")? And what is the difference between zuò (做) and zuò (作)? Normally, the answers to these questions cannot be found in dictionaries, and many teachers are unable to explain them clearly. Based on our many years of teaching experience, we have selected examples from foreign students' actual practice, and put them at the beginning of each entry, with a view to solving these puzzles. In the selection of entries and their explanations, we have followed a different approach from ordinary dictionaries of synonyms. We have not included the synonyms which foreign students seldom use incorrectly, instead, we focus on the ones that cause the most confusion; for these synonyms we have listed the most important information, in a clear and concise way. This is not therefore an encyclopedia of synonyms, but is a practical textbook that has been especially designed for foreign students to use as a supplementary reference guide. It is also a useful tool for teachers of Chinese who are teaching foreign students.

For other frequently used words, such as le, shì, yě and yǒu, dictionaries and grammar books provide numerous definitions and usages, which often just add to the confusion of the students. Clearly, this type of scholastic approach to achieving academic success and providing students with a solid language foundation is not the most effective. Instead, we should start by looking at the practical needs of the students, identifying the most necessary and easy-to-learn forms of words such as le and shì, and explaining clearly and concisely the 'when, where and how' of their usages. Students also need to have exercises that will help them reinforce and strengthen their knowledge, so that they may avoid making mistakes in the future. The desire to combine and promote these aspects of learning was behind the original intention to compile this book.

Mistakes on the parts of learners are often due to the influence of their mother tongue. For instance, students from Britain and the United States often say: "Wǒ yǒu sǎngzi tòng", or "Tā chuānle jiéhūn jièzhi", sentences that are literal translations of "I have a sore throat" and "She is wearing a wedding ring" in their native languages. Another common mistake is the incorrect application of bǎi and fàng (both of them can be translated into the English word 'put'). Gēn (with) and yìdiǎnr (a little) are also often misplaced in sentences because of native language confusion. Students coming from other Asian countries have similar problems. One mistake they often make is to put the verb in the wrong place, and this is a problem of word order. To overcome the native language's influence is a difficult process, but it is a way to avoid linguistic mistakes. We selected the entries and provided explanations with this good in mind.

The English translation of this book has been done by Professor Huang Zhenhua, from the University of International Business and Economics.

The idea for this book was first conceived in 1990 when I was teaching at the Graduate School of International Business at Phoenix, Arizona, US; and now this long held dream has finally come true after many years of hard work. However, as this book can only go as far as the limits of my knowledge and experience, there are bound to be points that were neglected. I sincerely welcome any suggestions.

Huang Weizhi    Chen Hui<br>August 1, 2010

# 作者简介

黄为之,女,1985年开始从事对外汉语教学,创办对外经贸大学对外汉语培训中心,以后逐渐发展成留学生部、国际学院。

1989-1990年赴美国凤凰城国际工商管理学院教授汉语。1994年晋升为教授。1999-2001年赴埃及开罗艾茵舍姆兹大学教授汉语,博士生导师。1996-1999年被聘为北京市高校老师系列(教授、副教授)高级职称评审委员会成员。

主要著作有:《历代诗苑揽胜》、《经贸汉语口语》;电视教学系列教材《商务汉语》、《经贸汉语》、《中国全景—商贸汉语》。

# About the Author

Huang Weizhi, who has taught Chinese as a foreign language since 1985, was the founder of the Chinese Language Training Center for Foreigners at the University of International Business and Economics, which developed into the Department of Foreign Students before finally becoming the School of International Education.

From 1989 to 1990, she taught Chinese at the Thunderbird School of Global Management in the USA. And in 1994, she was made professor. From 1999 to 2001, she taught Chinese as a doctoral tutor at the Ain Sharms University in Cairo, Egypt. In addition to her teaching positions she was also an active member of the Review Committee of Senior Professional Titles (Professor and Associate Professor) for university and college teachers from 1996 to 1999.

Her major works include Gems of Chinese Poetry Through the Ages and Oral Business Chinese. Her other works include Business Chinese, Chinese for Economics and Trade and China Panorama—Chinese for Business, all of which are textbook series that have been adapted into TV programs used for language teaching.

# 体 例 | Reader's Guide

1. 全书共选编了101组条目，包括216个词目，以一个条目为一个小单元。

The book contains 101 entries, comprising 216 words and expressions.

2. 每一个条目都包括三个部分。一、常见错误举例；二、解析；三、练习。全书将每部分中出现的较难的词作为生词，进行了简单的注释。

Each entry contains three parts: 1) Examples of common mistakes, 2) Explanatory notes, and 3) Exercises. English explanations are provided for the difficult terms.

3. 条目检索表按条目的拼音首字母顺序排列，每个字母后均配有该字母所含条目的练习参考答案。部分"常见错误举例"答案后对出现错误的原因进行简要点评。

The entries are arranged in alphabeticnl order occording to the initial letters of their pingyin. The reference answers to the exercises are at the end of head letter, and some are followed by simple explanations.

4. 全书正文按条目检索表顺序编排。

The text of the book is arranged in the same order as the List of Entries.

5. 正文后附有"词目检索表"。"词目检索表"按每个词首字的汉语拼音顺序编排，可以查找216个词目。

An index of words is included, so that readers may search for all 216 words with ease.

6. 全书最后附有生词检索表，按汉语拼音顺序排列，可查找生词所在的条目。

A full glossary of difficult terms is provided at the end of the book, for the conrenience of locating the entries containing the words.

# 条目检索表 | List of Entries

## A

| | | | |
|---|---|---|---|
| 按照 按照 | 001 | 按照 根据 | 004 |

**参考答案 Reference Answers** ········· **006**

## B

| | | | |
|---|---|---|---|
| 把 | 008 | 比 比较 | 019 |
| 摆 放 | 011 | 必须 必需 | 022 |
| 半 一半 | 013 | 不 没 没有 | 024 |
| 帮忙 帮助 | 015 | 不大 不太 | 027 |
| 保持 保留 保存 | 017 | | |

**参考答案 Reference Answers** ········· **030**

## C

| | | | |
|---|---|---|---|
| 参加 参与 | 037 | 穿 戴 | 050 |
| 曾经 已经 | 039 | 次 遍 | 052 |
| 差不多 差一点儿 | 042 | 从来 始终 | 054 |
| 持续 继续 | 046 | 凑巧 正巧 恰巧 | 056 |
| 重 再 | 048 | | |

**参考答案 Reference Answers** ········· **059**

## D

| | | | |
|---|---|---|---|
| 打算 计划 | 066 | 的 地 得 | 079 |
| 大约 大概 恐怕 | 068 | 都 全 | 082 |
| 带 拿 | 071 | 对 对于 | 085 |
| 倒 却 | 073 | 对 向 冲 朝 | 088 |
| 的 | 076 | 多 | 091 |

**参考答案 Reference Answers** ········· **094**

## G

| | | | |
|---|---|---|---|
| 干 搞 弄 | 102 | 够 | 114 |
| 刚才 刚才 | 104 | 关心 关注 | 116 |
| 跟 和 | 108 | 过头 过分 | 118 |
| 更 更加 越 越发 越来越 | 111 | | |

**参考答案 Reference Answers** ............ **121**

## H

| | | | |
|---|---|---|---|
| 合适 适合 适应 适当 | 127 | 忽然 突然 | 132 |
| 后来 以后 | 129 | 或者 还是 | 134 |

**参考答案 Reference Answers** ............ **137**

## J

| | | | |
|---|---|---|---|
| 机会 机遇 | 141 | 就（是） | 148 |
| 交往 交流 交际 | 143 | 举行 举办 | 152 |
| 接收 接受 | 146 | | |

**参考答案 Reference Answers** ............ **155**

## K

| | | | |
|---|---|---|---|
| 看见 看见 | 159 | 课 班 | 165 |
| 可惜 遗憾 | 162 | 口 嘴 | 166 |

**参考答案 Reference Answers** ............ **169**

## L

| | | | |
|---|---|---|---|
| 联系 联络 | 172 | 另 另外 | 180 |
| 了 过 | 174 | 另外 别 别的 其他 | 183 |
| 临时 暂时 | 178 | | |

**参考答案 Reference Answers** ............ **187**

## M

| 马上 立刻 | 191 | 美丽 漂亮 | 195 |
| 每 各 | 193 | | |

**参考答案** Reference Answers ·········· 198

## N

| 拿 取 | 201 | 能 可以 | 207 |
| 哪 什么 | 203 | 念 读 看 | 210 |
| 能 会 | 204 | | |

**参考答案** Reference Answers ·········· 213

## Q

| 起来 下去 | 217 | 缺乏 缺少 | 222 |
| 情况 情形 状况 | 219 | 确实 实在 | 224 |

**参考答案** Reference Answers ·········· 227

## S

| 十分 非常 | 230 | 时间 时候 | 238 |
| 什么 怎么 | 231 | 是 是……的 | 240 |
| 什么样 怎么样 | 234 | 是 在 | 242 |

**参考答案** Reference Answers ·········· 245

## T

| 挑选 挑选 | 250 | 同意 允许 | 254 |
| 通过 经过 | 252 | | |

**参考答案** Reference Answers ·········· 257

## W

| | |
|---|---|
| 为　为了 | 260 |

**参考答案 Reference Answers** ········· **262**

## X

| | | | |
|---|---|---|---|
| 详细　仔细 | 263 | 形势　趋势　趋向 | 269 |
| 象　像 | 265 | 幸亏　多亏 | 272 |
| 些　一些　点儿 | 267 | | |

**参考答案 Reference Answers** ········· **274**

## Y

| | | | |
|---|---|---|---|
| 也　还 | 278 | 以来　以后　来 | 296 |
| 也　又 | 280 | 以为　认为 | 299 |
| 一点儿　有点儿 | 283 | 由　从 | 302 |
| 一定　当然 | 286 | 有 | 304 |
| 一直　始终 | 288 | 有　具有　拥有 | 305 |
| 一直　一向　向来 | 290 | 又　再　还 | 308 |
| 以　以便 | 293 | 原来　本来 | 310 |

**参考答案 Reference Answers** ········· **313**

## Z

| | | | |
|---|---|---|---|
| 在　正　正在 | 324 | 钟头　小时　点钟 | 331 |
| 怎么　不怎么 | 327 | 做　作 | 333 |
| 挣　赚 | 329 | | |

**参考答案 Reference Answers** ········· **335**

# 按 照 按照
## àn (in compliance with), zhào (in conformity with), ànzhào (according to)

### 常见错误举例　Examples of common mistakes

1. 我按时间完成◆了作业。　　◆完成 wánchéng　finish, complete
2. 房东要我们按每个月交房租。
3. 按我看，他不会来了。
4. 他做家教◆是照小时收费。　　◆家教 jiājiào　tutor

### 解析　Explanatory notes

> "按"、"照"、"按照"作为介词，都有提出行为、动作所要遵从的准则或依据的意义。所以许多时候，三个词可以互换。
>
> Àn, zhào and ànzhào are all prepositions indicating the criteria or basis that an action or a behavior has to comply with. Therefore, on many occasions, the three words can be used interchangeably.

例如：（1）今天这事就按 / 照 / 按照他的意见办。
　　　（2）按 / 照 / 按照有关规定，取消你的参赛资格。
　　　（3）你就按 / 照 / 按照她的衣服式样给我做一件。
　　　（4）按 / 照 / 按照这个速度，我们明天就可以完成任务。

但是，这三个词也有区别，有时不能互换。

Nevertheless, there are differences between these three words and they are not always interchangeable.

➡ 1. "按"、"照"后面可跟单音节词语；"按照"后面只能跟双音节以上的词语（含双音节），不能跟单音节词语。

Àn and zhào can precede a monosyllabic word, while ànzhào can only precede words with no less than two syllables and cannot precede monosyllabic words.

例如：按质论价　按照质量论价

照章办事　按照规章办事
按期完成　按照期限完成
按／照理说可以　按照道理说说

➡ 2. "照"不能跟表示期限、时间或其他界限的词语搭配，下面例句中的"按"都不能换成"照"。

Zhào cannot collocate with words denoting limits, such as deadline, time limits, etc. In the following examples, àn cannot be replaced by zhào.

例如：（1）我们将按期到达北京。
（2）学校按一个完整的学期收取学费。
（3）他按月向房东缴纳房租。
（4）大家按个子的高矮顺序排成一行。

➡ 3. "照"有模仿、临摹的意思，"按"、"按照"没有这层意思。如：照猫画虎、照本宣科、照葫芦画瓢、照我的样做、照着字帖练字、照着画稿画、我怎么说你就照我怎么说，等等。

Zhào has the meaning of copying or imitating, while àn and ànzhào do not. Examples include: zhàomāo-huàhǔ (draw a tiger with a cat as the model), zhàoběn-xuānkē (read from the text, item by item), zhào húlu huà piáo (draw a dipper with a gourd as the model), zhào wǒ de yàng zuò (do as I did), zhàozhe zìtiè liànzì (practice calligraphy according to a copybook), zhàozhe huàgǎo huà (draw according to the rough sketch), wǒ zěnme shuō nǐ jiù zhào wǒ zěnme shuō (say it by following the way I say it), etc.

➡ 4. "照"可以作副词，直接用在动词谓语前边，但只限于单音节动词。"按"和"按照"不能。

Zhào can be used as an adverb directly before a monosyllabic predicate verb, while àn and ànzhào cannot be used this way.

例如：（1）你的意见很对，我一定照办。
（2）他每次讲话，都是拿着秘书写的稿子照念，往往闹笑话。
（3）你做作业自己要动脑子，别总是照抄别人的。
（4）眼看就要考试了，他还是整天照玩儿不误。

➡ 5. "照"后边可以紧接人名或人称代词，"按"则不能，"按"后边跟的或者是表示道理、规律、条件一类词，或者是短语、小句。

Zhào can be immediately followed by a noun denoting people, or a personal pronoun, while àn cannot be used this way. Àn can only be followed by words denoting reasons, laws or conditions, or by a phrase or clause.

例如：（1）照我/小王看，他肯定接受你的邀请。
　　　（2）按我的意见，你最好接受他的邀请。
　　　（3）按理说，我不应该干涉你的私事。
　　　（4）按条件讲，我们比他们好多了，我们应该做得更好。

## 练习　Exercises

◎ 改正"常见错误举例"中的错误。
Correct the mistakes in the "Examples of common mistakes".

◎ 选词填空。
Fill in the blanks with the appropriate words.

（按　照　按照）

1. _____时吃药，病才能好。
2. 你肯_____老师说的去做吗？
3. _____你的审美◆观点◆，你是不会喜欢这种设计◆的。
4. 一些人_____兴趣学习，另外一些人_____义务和责任学习。
5. 现在许多孩子都不肯_____父母的意见做事。
6. _____现在的速度◆，再有半个小时可以到机场。
7. 留学生入学的时候，都是_____水平分班。
8. _____中国的传统习俗◆，父母干涉◆儿女的婚事是天经地义◆的。
9. 这个字，老师怎么写，你就_____着怎么写。
10. _____专家们的分析，全球金融危机还将继续蔓延◆。

◆ 审美 shěnměi　aesthetic
◆ 观点 guāndiǎn　viewpoint
◆ 设计 shèjì　design
◆ 速度 sùdù　speed
◆ 习俗 xísú　custom
◆ 干涉 gānshè　intervene
◆ 天经地义 tiānjīng-dìyì　perfectly justified
◆ 蔓延 mànyán　spread

# 按照 根据 ànzhào (according to), gēnjù (on the basis of)

## ▶ 常见错误举例 Examples of common mistakes

1. 按照天气预报◆，今天会下雨。  ◆预报 yùbào  forecast
2. 根据医生说的话去做。
3. 按照最新消息，吃适量肥肉对身体有好处。
4. 按照市场调查◆，这家商店信誉◆不错。  ◆调查 diàochá  investigate, investigation
◆信誉 xìnyù  reputation
5. 根据他给的地址，我们找到他家。

## ▶ 解析 Explanatory notes

"按照"和"根据"，都表示遵从某种标准、要求的意思，都可以作为介词使用。但用法有些不同，常常不能互换。试比较下面的句子：

Both ànzhào and gēnjù indicate compliance with a certain standard or requirement. Both of them can be used as a preposition, but with different usages. Normally they cannot be used interchangeably. Please compare the following sentences.

例如：（1）根据专家的鉴定，产品合格。
　　　（2）按照原定计划准时开会。

显然，这类句子中的"按照"、"根据"不能互换。原因是：

Obviously, ànzhào and gēnjù in such sentences cannot replace each other. The reasons are as follows:

➡ 1. "根据"表示以某种活动、结论为前提或基础，偏于强调某一结论或言行的根本来源，据此前提行事或作出判断。

Gēnjù emphasizes the premise or basis of a certain activity or conclusion. Its emphasis is on the fundamental source of a certain conclusion or action. The action or the judgment is based on this "premise".

例如：（1）这篇文章是根据他在大会上的发言整理而成的。
　　　（2）根据我们的了解，这件事与他无关。

➡ 2. "按照"偏重于引出动作行为的准则或依据，即引出道理、条件、规律等等，表示说话人据此作出某种行动或判断。"按照"的"遵从"意义更加严格，有遵从某种标准"一模一样"去做的意思，如"按照你给的地址，我们找到了你家。""按照"地址找人，不能错一个字一个号码，错了就找不到人，这是要求"严格遵从"的意思，这里换用"根据"就不合适。同理，上面两个例子中的"根据"，也不能换成"按照"。

Ànzhào emphasizes the standard or justification of an act or action, that is, it introduces the reasons, conditions and rules, etc, upon which that the speaker has performed a certain act or formed a judgment according to these conditions. The meaning of "compliance" is stricter with ànzhào, implying that the action should exactly follow a certain standard. In the sentence "We found your home according to the address you gave us", we should use ànzhào instead of gēnjù because strict compliance is being implied here: We could not make any mistake; otherwise we would not have found the place. For the same reason, gēnjù used in the above two examples cannot be replaced by ànzhào.

例如：（1）我们按照学校规定的时间每天上午八点开始上课。
　　　（2）我们按照合同付款。

▶ **练习　Exercises**

◎ 改正"常见错误举例"中的错误。
**Correct the mistakes in the "Examples of common mistakes".**

◎ 选词填空。
**Fill in the blanks with the appropriate words.**

（按照　根据）

1. _____ 你的统计◆，有多少客户？　　◆统计 tǒngjì　statistics
2. _____ 老师的要求，每个同学要买一本工具书◆。　◆工具书 gōngjùshū　reference book
3. 请 _____ 规定◆办，不要请客送礼。　◆规定 guīdìng　rule, regulation
4. _____ 我的分析，他不会来了。
5. 只要 _____ 政策◆办事，就没有一点麻烦。　◆政策 zhèngcè　policy
6. _____ 现在的速度，我们可以准时到达。
7. 我是 _____ 事实说话，没有什么可怕的。
8. 现在形势变化太快，_____ 老一套◆做法已经不行了。　◆老一套 lǎoyítào　the same old stuff, conventionality
9. 这个电影剧本是 _____ 小说改编◆的。　◆改编 gǎibiān　adapt, rewrite
10. 请问你这么做是 _____ 谁的指示？

# Reference Answers 参考答案

## 按 照　按照

**改正"常见错误举例"中的错误。**
Correct the mistakes in the "Examples of common mistakes".
1. 我按时完成了作业。
2. 房东要我们按月交房租。
3. 照我看，他不会来了。
4. 他做家教是按小时收费。

**选词填空。**
Fill in the blanks with the appropriate words.
（按　照　按照）
1. 按时吃药，病才能好。
2. 你肯照／按照老师说的去做吗？
3. 按／按照你的审美观点，你是不会喜欢这种设计的。
4. 一些人按照兴趣学习，另外一些人按照义务和责任学习。
5. 现在许多孩子都不肯照／按父母的意见做事。
6. 照／按／按照现在的车速，再有半个小时可以到机场。
7. 留学生入学的时候，都是按／按照水平分班。
8. 按／按照中国的传统习俗，父母干涉儿女的婚事是天经地义的。
9. 这个字，老师怎么写，你就照着怎么写。
10. 照／按／按照专家们的分析，全球金融危机还将继续漫延。

## 按照　根据

**改正"常见错误举例"中的错误。**
Correct the mistakes in the "Examples of common mistakes".

1. 根据天气预报，今天会下雨。
2. 按照医生说的话去做。
3. 根据最新消息，吃适量肥肉对身体有好处。
4. 根据市场调查，这家商店信誉不错。
5. 按照他给的地址，我们找到他家。

**选词填空。**

Fill in the blanks with the appropriate words.

（按照　根据）

1. 根据你的统计，有多少客户？
2. 按照/老师的要求，每个同学要买一本工具书。
3. 请按照规定办，不要请客送礼。
4. 根据我的分析，他不会来了。
5. 只要按照政策办事，就没有一点麻烦。
6. 按照现在的速度，我们可以准时到达。
7. 我是根据事实说话，没有什么可怕的。
8. 现在形势变化太快，按照老一套做法已经不行了。
9. 这个电影剧本是根据小说改编的。
10. 请问你这么做是根据/按照谁的指示？

# 把 bǎ ( used when the object is placed before the verb, and is the recipient of the action )

### ▶ 常见错误举例　Examples of common mistakes

1. 我把钱都花。
2. 他正在忙着翻译中文小说成英文。
3. 我用汉语把这个意思说不好。
4. 你把一本书放在哪儿了?
5. 我已经寄信给了朋友。

### ▶ 解析　Explanatory notes

> "把",是个特殊介词,和名词组合成介词短语,"把"后的名词,多半是动词后面的宾语,因为某些表达的需要(比如为了强调宾语),用"把"提到动词的前面。因此,这种句子,我们往往可以还原成没有"把"的句子。
>
> Bǎ is a special preposition which collocates with nouns to form prepositional phrases. Usually the nouns used after bǎ are actually the object following a verb. If necessary (for instance for emphasizing the object), we can use bǎ to shift the object before the verb. Such sentences can normally be restored to sentences without bǎ.

例如:(1)他把一杯酒喝了。——他喝了一杯酒。
　　　(2)她把房间整理好了。——她整理好了房间。
　　　(3)妈妈把衣服洗了。——妈妈洗了衣服。

但是"把"字后面的名词和"把"字句里的动词都有条件,也就是说"把"字句不能随便乱用。

However, there are conditions which restrict the use of the noun after bǎ, and the verb in a sentence with bǎ. In other words, sentences with bǎ cannot be used at random.

➡ 1. "把"字后面的名词，必须是确定的、已知的；名词前常有"这、那"或其他限制性修饰词语。

The nouns after bǎ should be definite and known, and can often be preceded by zhè, nà or other modifiers.

例如：（1）请你把这些美元换成人民币。
（2）他把到嘴边的话咽了回去。
（3）他把我当做自家人。
（4）他把一条长裙子改成了超短裙。

➡ 2. "把"字句里的动词要带有其他成分，一般不能只有单个动词。如用某些双音节动词，可以不带其他成分，而这种动词大多是动词＋结果补语的组合动词。

Normally, the verb in a sentence with bǎ should not be in the form of a single verb, but should take other elements. Only certain disyllabic verbs can be used here without taking other elements. Most of these verbs are verb combinations in the format of [verb + complement denoting result].

例如：（1）把书放在桌子上。（介词短语作补语 Prepopisitonal phrase as a complement）
（2）把老师急得满头大汗。（"得"字组成的补语 Complement formed with the character de）
（3）今天真冷，把我冻得脸发青。
（4）你把这件贵重古董赠送给外国朋友。（间接宾语 Indirect object）
（5）我们要把产品成本降低，把质量提高。（动词＋结果补语的组合动词 Verb + complement denoting result）．

➡ 3. "把"字句里，如用单音节动词，后面尤其必须带有其他成分，或具备其他条件：

When a monosyllabic verb is used in a sentence with bǎ, it should be in certain formats or meet certain conditions:

（1）动词＋了／着。In the format of [verb + le/zhe]. 如："把衣服洗了"，"把火点着"。
（2）动词重叠。When the verb is duplicated. 如："把手洗洗"，"把房间收拾收拾"。
（3）动词＋结果补语／趋向补语。In the format of [verb + complement denoting result or direction]. 如："把窗户关上"，"把练习做完"，"请把他叫进来"。
（4）动词前有修饰成分。When the verb is preceded by modifying elements. 如："请不要把废纸满地扔"，"你不要把错误往别人身上推"。

➡ 4. "把"字句的否定形式：否定词"不、没"一般放在"把"字前，只有在某些熟语中，"不"可前可后。

In the negative form of a sentence with bǎ, the negative words bù or méi are normally placed before the word bǎ. Only in some idiomatic expressions, can the negative word bù either precede or follow the word bǎ.

例如：（1）他没把钱要回来。

（2）不把练习做完不休息。

（3）求职申请要认真写，你可别不把它当回事（把它不当回事）。

（4）结婚是终身大事，你把它不放在心上，行吗？

我才不把它放在心上呢！

### ▶ 练习 Exercises

◎ 改正"常见错误举例"中的错误。
Correct the mistakes in the "Examples of common mistakes".

◎ 把下列各句改写成"把"字句。
Rewrite the following sentences with bǎ.

1. 喝完这杯酒再吃饭。
2. 这件事，请你不要告诉她。
3. 李大爷家出租了一间小屋子。
4. 羞◆得我头也不敢抬。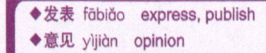
5. 去参加宴会，不擦◆干净皮鞋不行。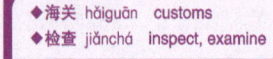
6. 不送我上飞机，他不放心。
7. 你不去看，电影票就送人吧！
8. 送走了客人他才坐下来休息。
9. 了解清楚情况再发表◆意见◆。
   ◆发表 fābiǎo express, publish
   ◆意见 yìjiàn opinion
10. 这房间不错，只是太脏。墙上乱七八糟◆的画揭◆下来，刷刷白◆，就可以住人。
11. 过海关◆时，检查◆人员礼貌地说："请打开你的箱子，让我们检查一下。"

◆乱七八糟 luànqībāzāo messy, at sixes and sevens
◆揭 jiē take off, remove
◆刷白 shuābái whitewash
◆海关 hǎiguān customs
◆检查 jiǎnchá inspect, examine

# 摆 放
# bǎi (put, place, arrange), fàng (put, place)

## ▶ 常见错误举例　Examples of common mistakes

1. 他把自行车摆在院子里了。
2. 我的手机你摆在哪儿了？
3. 她用鲜花放成一个很美的图案◆。　　◆图案 tú'àn　pattern, design
4. 她在桌子上放开了她最近画的几幅画。

## ▶ 解析　Explanatory notes

"摆"、"放"都有使物品处于一定位置的意思。所以同一个句子，两个词常常都可以通用。
Both bǎi and fàng have the meaning of placing things in a certain position. Therefore the two words are often interchangeable in a sentence.

例如：（1）把书放/摆在桌子上。
　　　（2）客人要到了，快把餐厅的桌椅放/摆好。
　　　（3）书架上放满了/摆满了书。
　　　（4）窗台上放了/摆了几盆鲜花。

➡ 1. "虽然"摆"和"放"常常可以通用，但意思并不完全相同。"摆"有"放"的意思，但还有"排列""陈列"的意思，即按照一定顺序的要求放置。如我们以上面的例（3）为例子，"书架上放满了书"，但可能放得很乱；"书架上摆满了书"却一定是放得很整齐，是按一定顺序排列起来的。下面例句中的"摆"也不能用"放"替换：

Although bǎi and fàng can often be used interchangeably, their meanings are not quite the same. Bǎi, apart from the meaning it shares with fàng, implies to arrange or to display, that is to place (things) according to a certain order. In Example (3), if we use fàng in the sentence, it can be translated as "The bookshelf is filled with books", but the books may be in disorder. If we use bǎi in the sentence, the books are organized, being arranged according to a certain order. In the following examples, bǎi cannot be replaced by fàng.

例如：（1）桌子上已经摆好了餐具。

（2）商店货架上的商品摆放得很整齐。

（3）争论问题应该摆事实、讲道理。

（4）你可以摆摆条件，我们还可以再商量。

例句（1）也可以说"桌子上已经放好了餐具。"但与用"摆"的句子，意思可能很不同。

In Example (1), we can replace bǎi with fàng, but the meaning is quite different. Setting the table requires careful attention, there are strict rules to follow and nothing should go wrong.

➡ 2. 有些能用"放"的地方，因为只是"放置"、"搁下"，而没有"按照一定顺序的要求放置"的意思，也不能用"摆"替换。

In certain places where fàng is used, as the meaning is only "placing" or "putting down", with no implication of "arranging according to a certain order", it cannot be replaced by bǎi.

例如：（1）这事儿暂时放下，以后再说。

（2）你放着家里的活不干，就累我一个人啊？

（3）她这个人心里放不下什么事儿。

（4）你把手边的活儿先放下，来帮帮我。

## ▶ 练习 Exercises

◎ 改正"常见错误举例"中的错误。
Correct the mistakes in the "Examples of common mistakes".

◎ 选词填空。
Fill in the blanks with the appropriate words.

（摆　放）

1. 你把信用卡◆_____进钱包了。　　◆信用卡　xìnyòngkǎ　credit card
2. 她忘了把足球赛门票◆_____在哪儿了。　　◆门票　ménpiào　entrance ticket
3. 女孩子的房间里总爱_____各种各样的小玩意儿◆。　　◆玩意儿　wányìr　plaything
4. 秘书把文件_____错了地方，怎么找也找不到了。

5. 在书店看完书要_____回原处◆，别随手◆乱◆_____。
6. 在屋子里_____几盆鲜花，显得很雅致◆。
7. 他暂时◆_____下手边的事儿，急忙◆回家去了。
8. 她_____出各种理由◆，让我相信她。
9. 售货员把商品_____在了货架◆上。
10. 一个人有自知之明，才能_____正自己的位置◆，与他人和谐相处◆。

◆ 原处 yuánchù  original place
◆ 随手 suíshǒu  done at somebody's convenience, without extra effort
◆ 乱 luàn  in a mess
◆ 雅致 yǎzhì  beautiful in an ingenious way, good taste
◆ 暂时 zànshí  temporary, transient
◆ 急忙 jímáng  in a hurry, in haste
◆ 理由 lǐyóu  reason
◆ 货架 huòjià  shelf
◆ 位置 wèizhi  place, position
◆ 相处 xiāngchù  get along

# 半 一半  bàn, yíbàn (half)

## ▶ 常见错误举例  Examples of common mistakes

1. 女儿一半岁。
2. 他学了一个半年中文。
3. 我来了半钟头。
4. 我休息二半周了。
5. 一半个钟头。

## ▶ 解析  Explanatory notes

"半"，是个特殊的数词，表示一个数的 1/2 或 0.5。"半"字用法的常见格式是：
（1）半 + 量词〔+名词〕例如："半个面包"；"半瓶啤酒"。
（2）数量词+半〔+名词〕例如："一瓶半啤酒"；"五点半（钟）"。
　　"半"，也可直接与一些名词结合，但中间不能加"的"如："半价、半圆"。

> "半",也是副词,表示不完全、一半程度,常用在形容词、动词前。如:半新半旧,半明半暗,半懂不懂等。但"一半",是个数量词,与"半"的用法不同。
>
> Bàn is a special numeral, indicating half of a certain figure. The usual format in which to use the word bàn is: (1) [bàn+ measure word (+ noun)]; (2) [numeral + measure word + bàn (+ noun)].
>
> Bàn can also be directly collocated with certain nouns, but the word de cannot be inserted in between these. Bàn is also an adverb, expressing an incomplete (half) state. It is often placed before an adjective or a verb. On the other hand, yíbàn is a numeral, and is used differently from bàn.

➡ 1. "一半"可重叠,如"一半一半","半"则不能。

   Yíbàn can be duplicated, but bàn cannot.

   例如:(1)苹果你半个我半个。
   
   (2)苹果咱俩一半一半。(意思是每人半个 Each gets half of it.)
   
   (3)这笔钱两家一半一半。(意思是每家1/2 Each family gets half of it.)

➡ 2. "一半",重叠或不重叠都可作各种句子成分。

   Whether duplicated or not, yíbàn can be used as various sentence elements.

   例如:(1)旅行团中一半(人)是男人,一半(人)是女人。
   
   (2)旅行团中男人、女人各一半。
   
   (3)他吃了一半,剩下一半。
   
   (4)一半房费是他出的。

➡ 3. "一半"可用来单独回答问题,"半"则不能。

   Yíbàn can be used alone to answer questions, but bàn cannot be used in this way.

   例如:A: 今天上课,人都到了吗?
   
   B: 只到了一半(同学)。

## ▶ 练习 Exercises

◎ 改正上面"常见错误举例"中的错误。
Correct the mistakes in the "Examples of common mistakes".

◎ 选词填空。
Fill in the blanks with the appropriate words.

（半　一半）

1. 在家我当_____家◆。　　◆当……家 dān…jiā  keep house, manage household affairs
2. 这件事只有_____成功◆的希望◆，还不能打保票◆。
   ◆成功 chénggōng  succeed, success
   ◆希望 xīwàng  hope
   ◆保票 bǎopiào  guarantee
3. 赞成票超过_____数，便算通过。
4. 家里生活十分困难，大人、孩子_____饥◆_____饱。　　◆饥（饿）jī(è)  hunger, hungry
5. 刚搬到这儿时全靠◆朋友帮忙，家具、日用品_____是朋友送的，_____是自己买的。　　◆（依）靠 yī kào  depend on

# 帮忙　帮助
# bāngmáng, bāngzhù (help)

## ▶ 常见错误举例　Examples of common mistakes

1. 我请你帮忙我借本书。
2. 请你帮忙我。

## ▶ 解析　Explanatory notes

"帮助"，是意义相同的两个独立的动词"帮"和"助"联合形成的动词，结构紧密，中间不可插入其他成分。"帮助"后可带宾语，也可重叠，形式是ABAB。"帮忙"，结构灵活，中间可插入其他成分，不能带宾语，重叠形式是AAB。认真体会下面例子的异同：

Bāngzhù is a verb with a close-knit structure formed by combining the two independent single word verbs, bāng and zhù, which have the same meaning. It cannot be separated by other elements, but can take an object and can be duplicated in the format of ABAB. Bāngmáng is a flexible structure, and can have other elements placed in between it. It does not take an object, and its duplicated format is AAB. Please identify the similarities and differences in the following examples.

(1) 他汉语发音不好，请你多帮助帮助他。
(2) 请你帮（助）我拿这件行李。
(3) 帮帮忙，请给我换一下零钱。
(4) 朋友病了，我去帮了几天忙。
(5) 朋友之间帮点儿忙不算什么，不必客气。
(6) 你这个忙我帮不了，对不起。
(7) 你这是帮倒忙。（意思是反而添麻烦了　This is more of a hindrance than a help.）
(8) 你帮了我一个大忙，太谢谢了。

## 练习　Exercises

◎ 改正上面"常见错误举例"中的错误。
Correct the mistakes in the "Examples of common mistakes".

◎ 选词填空。
Fill in the blanks with the appropriate words.

（帮忙　帮助）

1. 我的车坏了，_____修一下。
2. 你_____我，我_____你，团结◆协作◆什么事都能办好。　　◆团结 tuánjié　unite
　　　　　　　　　　　　　　　　　　　　　　　　　　　　　　◆协作 xiézuò　cooperate
3. 我能_____你做点什么呢？
4. 老朋友，总不能一点儿不_____吧？
5. 不要紧◆，这件事大家_____你，没问题。　　◆要紧 yàojǐn　serious, vital, important
6. 这点_____都不_____，还算◆什么老朋友？　　◆算 suàn　count, regard as
7. 这个表我不会填◆，能_____我填一下吗？　　◆填（表） tián (biǎo)　fill in a form
8. 出门在外，要互相◆_____。　　◆互相 hùxiāng　mutually

# 保持　保留　保存　bǎochí (keep), bǎoliú (remain, retain), bǎocún (preserve)

## ▶ 常见错误举例　Examples of common mistakes

1. 你可以保存申辩◆的权利◆。　　◆申辩 shēnbiàn　defend oneself　◆权利 quánlì　right
2. 他希望公司可以保存他的职务◆。　◆职务 zhíwù　post, position
3. 保留好票据◆，以后可以凭◆票退货◆。　◆票据 piàojù　bill, receipt　◆凭 píng　based on　◆退货 tuìhuò　return goods
4. 北京的古城墙◆没有保持下来真可惜。　◆城墙 chéngqiáng　city wall
5. 模特儿◆要长时间保留一个姿势◆不变。　◆模特儿 mótèr　model　◆姿势 zīshì　posture

## ▶ 解析　Explanatory notes

> "保持"、"保留"、"保存"，都有使事物留下来，不使改变的意思。三个词都有一个共同的字"保"，不同的是"持"、"留"、"存"，三个词的差异，就因为这三个字有不同的意义。
> Bǎochí, bǎoliú and bǎocún all have the meaning of keeping things as they are without change. All three share the character bǎo (keep, protect), and also have a different character each: chí (hold, control), liú (remain, stay), and cún (save, put aside). The differences between the three words lie in the different meanings of these three characters.

➡ 1. "保持"的"持"是拿着、握着的意思。"保持"就是把握住，使之原状不变、不消失、不减弱，某种状态在继续。这类句子中的"保持"不能用"保留"、"保存"替换。

The character chí in bǎochí has the meaning of holding or carrying, therefore bǎochí means holding something so that the status quo continues, remains unchanged, does not disappear, or does not weaken. In these types of sentences, bǎochí cannot be replaced by bǎoliú or bǎocún.

例如：（1）中国同许多国家保持着良好关系。
　　　（2）医院病房需要保持安静。
　　　（3）优良种子应该保持基因不变。
　　　（4）他保持的世界纪录至今无人打破。

➡ 2. "保留"和"保存"意思比较接近。"留"与"去"相对应，指"留下"，不使离开原体。"存"与"亡"相对应，是继续存在，存活，不失去，不被破坏。两个词都有留下来、不使改变的意思，因此有时可互换，但不可用"保持"替换。

Bǎoliú and bǎocún are similar in meaning. Liú is opposite to qù (go, leave), meaning to remain, not to leave the original body. Cún is opposite to wáng (die, perish), meaning continuing to exist, surviving, not being lost, not being destroyed. Both words have the meaning of remaining, staying unchanged. Therefore, they are sometimes interchangeable, but they cannot be replaced by bǎochí.

例如：（1）爸爸妈妈还保留/保存着孩子在幼儿园的手工作品。
　　　（2）她已经有了孩子，可还保留/保存着初恋时的情书。
　　　（3）中国众多少数民族至今保留着/保存着浓厚的民族风情。
　　　（4）国家博物馆保留着/保存着大量珍贵文物。

➡ 3. "保留"还有一些意义，是"保持"和"保存"没有的。"保留"有以下三种含义：暂时搁置，留待以后处理；留下，暂不公开；表示不赞同、有异议。"保存"、"保持"都没有这些意思。

Bǎoliú has other meanings that bǎochí and bǎocún do not have. Bǎoliú has the meaning of putting something aside to be dealt with later, being kept from the public for the time being, or expressing disapproval and having a different opinion, while bǎocún and bǎochí do not have these meanings.

例如：（1）老师毫无保留地教我们知识。
　　　（2）大家如果有不同意见，可以保留。
　　　（3）这批货请你给我保留一个星期，到期我来交款取货。

## ▶ 练习 Exercises

◎ 改正"常见错误举例"中的错误。
Correct the mistakes in the "Examples of common mistakes".

◎ 选词填空。
Fill in the blanks with the appropriate words.

（保留　保持　保存）

1. 我的留言◆请你们_____三天。　　◆留言 liúyán  words written on departure, message

2. 大赛前要求每个运动员_____良好的竞技状态。
- 运动员 yùndòngyuán athlete
- 良好 liánghǎo good, well
- 竞技 jìngjì competition
- 状态 zhuàngtài state, form

3. 运动员都懂如何_____体能，在预赛时常常有所_____。
- 体能 tǐnéng physical energy

4. 我们俩大学毕业后一直_____着联系。

5. 她虽然是四十出头的女人，可仍然_____着苗条身材。
- 苗条 miáotiao slender, slim

6. 牛奶放在冰箱里虽然不易变坏，但长期_____的牛奶总不如鲜奶营养好。

7. 优秀文艺团体都有一些_____节目，久演不衰。
- 团体 tuántǐ organization, group
- 久演不衰 jiǔyǎnbùshuāi enduring performance

8. 矛盾已经出现了，双方都要_____冷静。
- 矛盾 máodùn contradiction
- 冷静 lěngjìng sober, calm, quiet

9. 全国各地有很多有特色的古建筑被_____了下来，成为旅游景点。

10. 猫是老虎的师傅，他教了老虎很多本领，可最终_____了一手，没教老虎上树。
- 建筑 jiànzhù building, construction
- 本领 běnlǐng skill, ability

# 比　比较　bǐ, bǐjiào（compare）

## ▶ 常见错误举例　Examples of common mistakes

1. 他的公司比我的公司不大。
2. 在中国生活的费用比美国很便宜。
- 生活 shēnghuó life, live
- 费用 fèiyòng expense

3. 纽约的天气比北京差不多。
- 纽约 Niǔyuē New York

4. 他学习比较你不好。
5. 这个公司工资不比较那个公司高。

## ▶ 解析　Explanatory notes

"比"和"比较"都可以作动词，词性相同，有时用法相同。"比"与"比较"都可以重叠。
Both bǐ and bǐjiào can be used as a verb. In these cases, they belong to the same part of speech, and sometimes can be used in the same way. Both of them can be duplicated.

例如：（1）他们两人在比／比较哪个好哪个坏。
　　　（2）今天我同你比（比）中国功夫。
　　　（3）你可以比较（比较）这两家商店的价格。

"比"也是介词，"比较"则可以作副词。介词"比"和副词"比较"，词性不同，意义和用法也不同。

Bǐ is also a preposition, while bǐjiào can be used as an adverb. In this case, they belong to different parts of speech and are used in different ways.

➡ 1. 介词"比"用于比较事物的性状和程度，它可比较两种不同事物或同一事物前后不同时期的性状。常见格式为：A ＋ 由"比"组成的介词结构 ＋ B。用于比较事物的性状和程度时，A、B可以是名词、动词或小句，A、B的词类或结构一般相同（但可省略）。比较两种不同事物或同一事物前后不同时期时，B限于时间词语。

The preposition bǐ is used to compare the property and degree of things. It can be used to compare two different things, or to compare two different periods of the same thing. Its usual format is: [A + prepositional structure with bǐ + B]. When it is used to compare the property and degree of things, A and B can either be nouns, verbs or clauses. The part of speech and structure of A and B are generally the same (the repeated part is often omitted). When it is used to compare two different periods of the same thing, B is limited to an expression denoting time.

例如：（1）他个子比你（个子）高。／他（个子）比你个子高。
　　　（2）他说话声音比你（说话声音）大。／他（说话声音）比你说话声音大。
　　　（3）我身体比去年好。
　　　（4）今年的学生比哪年都多。

➡ 2. 副词"比较"，表示具有一定程度，是"好一些"，不是"很好"或"最好"。通常修饰形容词，也修饰动词词组，"比"则不能；"比较"不用于否定式，"比"字句则有否定形式。

The adverb bǐjiào indicates a certain degree, meaning "slightly better", but not "very good" nor "the best". It usually modifies an adjective, but can also be used to modify a verbal phrase. Bǐ cannot be used in this way. Bǐjiào does not have a negative form, while bǐ can take a negative form.

例如：（1）王小姐比较会办事，让她去比较合适。

（2）他的智商不比你高，你肯定能做得比他好。

（3）今年公司情况比较好。

（4）你的条件不比他好，所以你要加倍努力。

（5）他这个人比较实在，你可不能随便同他开玩笑。

➡ 3. 在"比"字句中，表示比较结果的前面，不能用表示高级程度的副词"很"、"太"、"极"、"非常"、"特别"、"十分"等；如表示差别很大，则可在表示比较结果的形容词后用"得多"；表示程度更高，谓语前只能用"更"、"还"、"都"，不能用"最"。

In a sentence with bǐ, adverbs indicating the superlative degree such as hěn, tài, jí, fēicháng, tèbié, shífēn cannot be used before the comparison of results. If the difference is a big one, de duō can be used after the adjective indicating the result. To express a high degree we can use gèng, hái, dōu, but not zuì before the predicate.

例如：（1）他唱歌唱得比我好得多。√

他唱歌唱得比我很好。×

（2）金融危机发生后，各国的经济都比往年同期糟糕。√

金融危机发生后，各国的经济都比往年同期非常糟糕。×

（3）他比大家都有钱。

他比我更有钱。

他比老板还有钱。

## ▶ 练习 Exercises

◎ 改正上面"常见错误举例"中的错误。
Correct the mistakes in the "Examples of common mistakes".

◎ 选词填空。
Fill in the blanks with the appropriate words.

（比　比较）

1. 四川菜_____湖南菜辣◆，我_____喜欢吃四川菜。 ◆辣 là  spicy

2. 这个公司的待遇◆_____好。 ◆待遇 dàiyù  treatment, material return

3. 他弹琴弹得_____我好得多。

4. 这个建议◆_____那个建议更好。 ◆建议 jiànyì  suggest, suggestion

5. 在北京生活◆_____贵。 ◆生活 shēnghuó  life, live

6. 他的方案◆_____你的方案合理◆一点儿。　　◆方案 fāng'àn　scheme, plan, programme
7. 你这个人可_____我会说多了。　　　　　　◆合理 hélǐ　rational, reasonable
8. 我弟弟_____我小几个月，可他的中国功夫◆_____我好。　◆功夫 gōngfu　kung fu
9. 老板每天都_____我们上班早。
10. 谁的智商◆_____高，谁就可能适应_____复杂◆的工作。

◆智商 zhìshāng　intelligence quotient (IQ)
◆复杂 fùzá　complex, complicated

# 必须　必需　bìxū (must, have to), bìxū (essential, indispensable)

## ▶ 常见错误举例　Examples of common mistakes

1. 在大城市开销◆大，因为生活费用◆高，必须的支出◆多。
2. 空气◆和水是每个人生活所必须的。
3. 我有些话必需跟老师谈谈。
4. 这件衣服我买大了，必需换。

◆开销 kāixiāo　pay (expenses)
◆费用 fèiyòng　cost, expenses
◆支出 zhīchū　expenses, expenditure
◆空气 kōngqì　air

## ▶ 解析　Explanatory notes

"必须"的意思是表示事理上和情理上的必要，"一定要"，用来肯定事实或情况。"必需"的意思是"一定要有的"、"不可少的"，表明某种事物特别需要。两个词发音一样，意思相近，所以很容易混淆。其实，这两个词的不同，很容易辨别和掌握。

The first bìxū expresses reasonable and sensible necessity, a "must", and it is used to confirm a fact or situation. The second bìxū means essential or indispensable, indicating that certain things cannot go without something. These two words have the same pronunciation and similar meanings, and therefore are easily confused. In fact, the differences between these two words can be easily recognized and grasped.

"必须"是副词，除极个别情况外，通常都在谓语前作状语，起修饰和肯定作用。

The first bìxū is an adverb, and with few exceptions, it precedes the predicate as an adverbial, modifying and confirming the predicate.

例如：（1）我们必须努力工作，出色完成各项任务。
（2）我还有急事，必须走了。
（3）说过的话，必须承认。
（4）蜜蜂必须在一百万朵花上采集花粉，才能酿出一公斤蜂蜜。

"必需"是形容词，用作定语，不作状语。"必需"作定语时后面常有助词"的"，有时"必需+的"，组成"的"字结构，相当于一个名词，可直接作主语或宾语。

The second bìxū is an adjective, functioning as an attribute and not an adverbial. As an attribute, it often takes an auxiliary word de. Sometimes, [bìxū + de] constitute a de-phrase, which is equivalent to a noun and can be directly used as the subject or the object in a sentence.

例如：（1）毛巾、牙膏、牙刷，是日用生活必需品。
（2）他虽然随身只带了一只小箱子，但工作所必需的，都有了。
（3）凡是老百姓生活所必需的，政府都应关心并解决。
（4）生意人必需的启动资金是不能少的。

## 练习 Exercises

◎ 改正"常见错误举例"中的错误。
Correct the mistakes in the "Examples of common mistakes".

◎ 选词填空。
Fill in the blanks with the appropriate word.

（必须　必需）

1. 饭前＿＿＿＿洗手。
2. 外出旅行应该随身♦带上＿＿＿＿的日用品。　　♦随身 suíshēn  (take) with one
3. 人与人之间的交流、沟通♦是＿＿＿＿的。　　♦沟通 gōutōng  communication
4. 公民♦出境♦旅游＿＿＿＿办签证♦。
　　♦公民 gōngmín  citizen
　　♦出境 chūjìng  leave the country, go through exit formalities
　　♦签证 qiānzhèng  visa
5. 为了提高听说能力，我们＿＿＿＿多说多练。
6. 花粉是蜜蜂♦酿造♦蜂蜜♦所＿＿＿＿的原料♦。
　　♦蜜蜂 mìfēng  bee
　　♦酿造 niàngzào  brew
　　♦蜂蜜 fēngmì  honey
　　♦原料 yuánliào  raw materials
7. 开车＿＿＿＿注意安全，千万不要抢行♦。
　　♦抢行 qiǎngxíng  ignore right of way

8. 一本词典是学习汉语_____具备的工具。
9. 政府_____采取有力措施解决普及◆义务◆教育所_____的资金◆问题。
10. 会英语，会电脑，会开车，是现代青年人_____的生存◆技能◆。

◆ 普及 pǔjí  popularize, spread among the people
◆ 义务 yìwù  compwlsary
◆ 资金 zījīn  funds
◆ 生存 shēngcún  survival, live
◆ 技能 jìnéng  skill, ability

# 不　没　没有　bù (no, not), méi (no, not), méiyǒu (no, not, not yet)

## ▶ 常见错误举例　Examples of common mistakes

1. 昨天我不去老师家。
2. 为什么没想去了？
3. 你不见过我，你记错了。
4. 我不听说他生病住院了。
5. 朋友们从来没相信他会去做生意。

## ▶ 解析　Explanatory notes

> 副词"不"和"没"、"没有"表示否定，但它们表达的否定意义和用法，有明显不同。
> Bù, méi and méiyǒu are all adverbs to express negation, with much difference in both usage and meaning.

➡ 1. "不"用于否定主观意愿，可用于表示过去、现在或将来的句子。"没"用于否定客观叙述的行为或状态，限于指过去和现在，不能指将来。

Bù is used to negate subjective wishes, and it can be used in sentences referring to the past, present or future. Méi is used to negate the objective description of an act or state, and it can only be used in sentences referring to the past and present, but not the future.

例如：（1）这孩子小，还没上学呢。（指过去到现在，是已完成的行为 Referring to the state from the past to the present, an act that is completed）

（2）这孩子不小了，还没上学，说再过两年也不想上。（前面的"不"、"没"都是已经完成的行为，最后一个"不"是未完成行为，指将来。 Bù and méi in the first part refer to what is already completed, while the second bù refers to the future, which is not yet completed.）

（3）父亲年纪大了，早已不工作了。

（4）现在不少中年人下岗了，没工作了，也不想再找工作。

2. "不"结合能力强，可与所有的助动词组合，比如：不会、不该、不可以、不愿意等。"没、没有"只限于少数几个助动词：能、能够、要、肯、敢等。

Bù can very frequently be used in combinations and it goes with all auxiliary verbs, such as bú huì (can't), bùgāi (should not), bù kěyǐ (may not), bú yuànyì (not willing to), etc. Méi and méiyǒu can only collocate with a small number of auxiliary verbs such as néng (can), nénggòu (be able to), yào (want), kěn (willing to), gǎn (dare to), etc.

3. 否定非动作性动词，如"是、认识、知道、像"等，要用"不"，不能用"没"。

Méi cannot be used to negate non-action verbs such as shì (be), rènshi (know), zhīdào (be aware of), xiàng (be like), etc. We can only use bù in these circumstances.

例如：（1）我不认识她，也不想认识她。

（2）我不知道他已经被辞退了。

（3）他不是我想象中的白马王子。

4. "不"可以放在动词和结果补语中间，表示不可能，跟表示可能的"得"相对应。"没"没有这种用法。

Bù can be inserted between the verb and the complement indicating result to express impossibility, which corresponds with de which expresses possibility. Méi cannot be used this way.

例如：吃不完、穿不上、学不会、搬不动、上不去、下不来、走不出去、说不清楚、交往不深、研究不多，等等。

> 练习  Exercises

◎ 改正上面"常见错误举例"中的错误。
Correct the mistakes in the "Examples of common mistakes".

◎ 选词填空。
Fill in the blanks with the appropriate words.

（不　没　没有）

1. 来中国前，我_____会说汉语。
2. 今年圣诞节总经理和太太都_____回国。
3. 他_____告诉大家他结婚了。
4. 生活____顺心◆，事情_____做好，都_____要抱怨。　◆顺心 shùnxīn  be satisfactory
5. 放心吧，这件事交给他办，一定_____问题。
6. 他英语说得很流利，法语说得_____太好。
7. 他什么也_____说，只是不停地抽烟◆。　◆抽烟 chōuyān  smoking
8. 昨天老师讲的课文我还_____记住，我担心◆上课老师问我。　◆担心 dānxīn  be anxious
9. _____经过本人同意_____能擅自◆翻他人的东西，这是礼貌。
10. _____付出◆，就_____有收获◆；_____懂得珍惜◆的人，就得_____到爱情◆。

◆擅自 shànzì  do something without authorization
◆付出 fùchū  pay, expend　◆珍惜 zhēnxī  treasure
◆收获 shōuhuò  harvest　◆爱情 àiqíng  love

# 不大　不太　búdà (not very), bútài (not too)

### ▶ 常见错误举例　Examples of common mistakes

1. 他不太去她那里。
2. 不太一会儿，她就睡着了。
3. 他出门不太坐出租车。
4. 她在家不太说话。

### ▶ 解析　Explanatory notes

> "不大"、"不太"都是表示相对于原来的状态程度要浅、要轻一些的副词。常常可以通用。
> Both búdà and bútài are adverbs indicating a lesser degree than the original, and they are often used interchangeably.

例如：（1）今天不大 / 不太热。
　　　（2）这儿不大 / 不太热闹。
　　　（3）这个问题不大 / 不太好回答。
　　　（4）他们俩人做事的风格不大 / 不太一样。

但两个词也有一些区别。
But the two words also have some differences.

➡ 1. 表示的程度略有差异。"大"和"太"古时原本是一个词，后分化成了两个词，"太"的比较级别更高，"太"表示的可以是"最"、"极端"的程度。这两个词用于否定句中，降低了原来的程度，句子表达的意思也有差别。试仔细体会下面的句子。
They indicate a slight difference in the extent they express. Dà and tài were the same word in ancient times and became two words later on. Tài indicates a higher degree in comparison. Tài can indicate the "most" or the "extreme" degree. When they are used in the negative, they reduce the original degree. So sentences using these two words also have differences in meaning. Please compare the following examples carefully.

例如：（1）今年冬天不大冷。（基本上不冷，或有一点儿冷　basically not cold, or a little cold）
　　　　　今年冬天不太冷。（冷，但不是很冷　cold, but not very）

（2）他不大叫人讨厌。（基本上不讨厌，或只有一点讨厌　basically not troublesome, or just a little）

他不太叫人讨厌。（讨厌，但不是很讨厌　troublesome, but not very）

（2）她长得不大漂亮。（基本上不能说是漂亮　basically not pretty）

她长得不太漂亮。（她漂亮，但不是很漂亮　pretty, but not very）

➡ 2. "不大"可以用在"一会儿"、"工夫"、"一会儿工夫"少数时间名词前面，表示时间很短；"不太"不能这么用。"有一会儿工夫"、"一会儿工夫"、"不大会儿工夫"都表示很短时间，表示程度依次下降。

Búdà can precede a small number of nouns denoting time such as yíhuìr (a little while), gōngfu (time), yíhuìr gōngfu (a little while) to indicate a short time, while bútài cannot be used this way. Yǒu yíhuìr gōngfu, yíhuìr gōngfu and bú dà huìr gōngfu all indicate a short while, with a descending degree.

例如：（1）不大工夫，他就不走了。

（2）会议刚开始不大一会儿，你快进去吧。

（3）我刚离开不大会儿工夫，你怎么就把事情弄成这样？

➡ 3. "不大"可以与单音节行为动词或动词短语组合，"不太"则不能，因为，有时候"不太"不是作为一个表程度的副词，而是"不（否定副词）+太(程度副词)"，这种时候，单音节动词前往往需要有表心理活动的动词或能愿动词。

Búdà can collocate with monosyllabic verbs or verbal phrases of action, while bútài cannot. The reason is that bútài sometimes is not an adverb of degree, but is bú (adverb of negation) + tài (adverb of degree). Under such circumstances, the monosyllabic verb normally needs to be preceded by a verb indicating a psychological state or a modal verb.

例如：（1）星期天，她不大出门闲逛，爱在家待着。

星期天，她不太喜欢出门闲逛，爱在家待着。

（2）他不大乘公共汽车，喜欢骑自行车。

他不太爱乘公共汽车，喜欢骑自行车。

（3）他平时不大喝酒，只有来朋友时才会尽情畅饮。

他平时不太爱喝酒，只有来朋友时才会尽情畅饮。

## 练习 Exercises

◎ 改正"常见错误举例"中的错误。
Correct the mistakes in the "Examples of common mistakes".

◎ 选词填空。
Fill in the blanks with the appropriate words.

**（不大　不太）**

1. 外国朋友大都_____会用筷子。
2. 他们是邻居◆，可平时◆_____往来。
3. 她觉得自己还年轻，_____喜欢小孩子叫她奶奶。
4. 电影刚开始_____一会儿，你们快进去吧。
5. 我_____喜欢她，可也_____讨厌◆她。
6. 他们俩的性格_____一样，办事风格◆也_____一样。
7. 星期天，女人在家待◆不住，大都爱逛商店，她却_____喜欢。
8. 他真厉害◆，_____一会儿工夫，就找到了汽车的毛病。
9. 他下午_____喝咖啡，怕过于兴奋，晚上睡不好觉。
10. 老朋友难得聚会◆，不免◆尽情◆畅饮◆，_____一会儿工夫，一瓶酒就没了。

◆邻居 línjū  neighbour
◆平时 píngshí  ordinarily, normally
◆讨厌 tǎoyàn  dislike
◆风格 fēnggé  style
◆待 dāi  stay
◆厉害 lìhai  terrific, severely
◆聚会 jùhuì  get together ◆尽情 jìnqíng  to one's heart's content
◆不免 bùmiǎn  cannot help but ◆畅饮 chàngyǐn  drink one's fill

# B 参考答案 Reference Answers

## ▶ 把

**改正"常见错误举例"中的错误。**
Correct the mistakes in the "Examples of common mistakes".
  1. 我把钱都花完了。
  2. 他正在忙着把中文小说翻译成英文。
  3. 我用汉语说不好这个意思。
  4. 你把那本书放在哪儿了?
  5. 我已经把信寄给朋友了。

**把下列各句改写成"把"字句。**
Rewrite the following sentences with bǎ.
  1. 把这杯酒喝完再吃饭。
  2. 请你不要把这件事告诉她。
  3. 李大爷家把一间小屋子出租了。
  4. 羞得我不敢把头抬起来。
  5. 去参加宴会,不把皮鞋擦干净可不行。
  6. 不把我送上飞机,他不放心。
  7. 你不去看,就把电影票送人吧!
  8. 他把客人送走了才坐下来休息。
  9. 把情况了解清楚再发表意见。
  10. 这房间不错,只是太脏。把墙上乱七八糟的画揭下来,刷刷白,就可以住人。
  11. 过海关时,检查人员礼貌地说:"请把你的箱子打开,让我们检查一下。"

## ▶ 摆 放

**改正"常见错误举例"中的错误。**
Correct the mistakes in the "Examples of common mistakes".

1. 他把自行车放在院子里了。
2. 我的手机你放在哪儿了?
3. 她用鲜花摆成一个很美的图案。
4. 她在桌子上摆开了她最近画的几幅画。

**选词填空。**

Fill in the blanks with the appropriate words.

(摆　放)

1. 你把信用卡放进钱包了。
2. 她忘了把足球赛门票放在哪儿了。
3. 女孩子的房间里总爱摆各种各样的小玩意儿。
4. 秘书把文件放错了地方,怎么找也找不到了。
5. 在书店看完书要放／摆回原处,别随手乱放。
6. 在屋子里放／摆几盆鲜花,显得很雅致。
7. 他暂时放下手边的事儿,急忙回家去了。
8. 她摆出各种理由,让我相信她。
9. 售货员把商品摆在了货架上。
10. 一个人有自知之明,才能摆正自己的位置,与他人和谐相处。

# 半　一半

**改正"常见错误举例"中的错误。**

Correct the mistakes in the "Examples of common mistakes".

1. 女儿一岁半。
2. 他学了半年中文。(或一年半)
3. 我来了半个钟头。
4. 我休息二周半了。
5. 一个半钟头。

**选词填空。**

Fill in the blanks with the appropriate words.

(半　一半)

1. 在家我当一半家。
2. 这件事只有一半成功的希望，还不能打保票。
3. 赞成票超过半数，便算通过。
4. 家里生活十分困难，大人、孩子半饥半饱。
5. 刚搬到这儿时全靠朋友帮忙，家具、日用品半／一半是朋友送的，半／一半是自己买的。

## 帮忙　帮助

**改正"常见错误举例"中的错误。**
Correct the mistakes in the "Examples of common mistakes".
1. 我请你帮忙借本书。（或请你帮忙给我借本书。）
2. 请你帮我一个忙。

**选词填空。**
Fill in the blanks with the appropriate words.
（帮忙　帮助）
1. 我的车坏了，帮忙修一下。
2. 你帮我，我帮你，团结协作什么事都能办好。
3. 我能帮你做点什么呢？
4. 老朋友，总不能一点儿不帮吧？
5. 不要紧，这件事大家帮你，没问题。
6. 这点忙都不帮，还算什么老朋友？
7. 这个表我不会填，能帮我填一下吗？
8. 出门在外，要互相帮助。

## 保持　保留　保存

**改正"常见错误举例"中的错误。**
Correct the mistakes in the "Examples of common mistakes".
1. 你可以保留申辩的权利。
2. 他希望公司可以保留他的职务。

3. 保存好票据，以后可以凭票退货。
4. 北京的古城墙没有保存下来真可惜。
5. 模特儿要长时间保持一个姿势不变。

**选词填空。**

Fill in the blanks with the appropriate words.

（保留　保持　保存）
1. 我的留言请你们保留三天。
2. 大赛前要求每个运动员保持良好的竞技状态。
3. 运动员都懂如何保存体能，在预赛时常常有所保留。
4. 我们俩大学毕业后一直保持着联系。
5. 她虽然是四十出头的女人，可仍然保持着苗条身材。
6. 牛奶放在冰箱里虽然不易变坏，但长期保存的牛奶总不如鲜奶营养好。
7. 优秀文艺团体都有一些保留节目，久演不衰。
8. 矛盾已经出现了，双方都要保持冷静。
9. 全国各地有很多有特色的古建筑被保存／保留了下来，成为旅游景点。
10. 猫是老虎的师傅，他教了老虎很多本领，可最终保留了一手，没教老虎上树。

# 比　比较

**改正"常见错误举例"中的错误。**

Correct the mistakes in the "Examples of common mistakes".
1. 他的公司不比我的公司大。（否定副词的位置不对　The position of the negative adverb is wrong.）
2. 在中国生活的费用比美国便宜。
3. 纽约的天气和北京比较，差不多。
4. 他学习不比你好。
5. 这个公司工资不比那个公司高。

**选词填空。**

Fill in the blanks with the appropriate words.

（比　比较　不比）
1. 四川菜比湖南菜辣，我比较喜欢吃四川菜。
2. 这个公司的待遇比较好。
3. 他弹琴弹得比我好得多。
4. 这个建议比那个建议更好。
5. 在北京生活比较贵。
6. 他的方案比你的方案合理一点儿。
7. 你这个人可比我会说多了。
8. 我弟弟比我小几个月，可他的中国功夫比我好。
9. 老板每天都比我们上班早。
10. 谁的智商比较高,谁就可能适应比较复杂的工作。

# 必须　必需

### 改正"常见错误举例"中的错误。
Correct the mistakes in the "Examples of common mistakes".
1. 在大城市开销大，因为生活费用高，必需的支出多。
2. 空气和水是每个人生活所必需的。
3. 我有些话必须跟老师谈谈。
4. 这件衣服我买大了，必须换。

### 选词填空。
Fill in the blanks with the appropriate words.
（必须　必需）
1. 饭前必须洗手。
2. 外出旅行应该随身带上必需的日用品。
3. 人与人之间的交流、沟通是必需的。
4. 公民出境旅游必须办签证。
5. 为了提高听说能力，我们必须多说多练。
6. 花粉是蜜蜂酿造蜂蜜所必需的原料。
7. 开车必须注意安全，千万不要抢行。
8. 一本词典是学习汉语必须具备的工具。

9. 政府必须采取有力措施解决普及义务教育所必需的资金问题。
10. 会英语，会电脑，会开车，是现代青年人必需的生存技能。

## 不　没　没有

**改正"常见错误举例"中的错误。**
Correct the mistakes in the "Examples of common mistakes".
1. 昨天我没去老师家。
2. 为什么不想去了？
3. 你没见过我，你记错了。
4. 我没听说他生病住院了。
5. 朋友们从来不相信他会去做生意。

**选词填空。**
Fill in the blanks with the appropriate words.
（不　没　没有）
1. 来中国前，我不会说汉语。
2. 今年圣诞节总经理和太太都没／没有回国。
3. 他没／没有告诉大家他结婚了。
4. 生活不顺心，事情没／没有做好，都不要抱怨。
5. 放心吧，这件事交给他办，一定没／没有问题。
6. 他英语说得很流利，法语说得不太好。
7. 他什么也不说，只是不停地抽烟。
8. 昨天老师讲的课文我还没／没有记住，我担心上课老师问我。
9. 不经过本人同意不能擅自翻他人的东西，这是礼貌。
10. 没有付出，就没有收获；不懂得珍惜的人，就得不到爱情。

## 不大　不太

**改正"常见错误举例"中的错误。**
Correct the mistakes in the "Examples of common mistakes".
1. 他不大去她那里。

2. 不大一会儿，她就睡着了。
3. 他出门不大坐出租车。(或"不太爱坐……")
4. 她在家不大说话。(或"不太爱说话")

**选词填空。**
Fill in the blanks with the appropriate words.
1. 外国朋友大都不大／不太会用筷子。
2. 他们是邻居，可平时不大往来。
3. 她觉得自己还年轻，不大／不太喜欢小孩子叫她奶奶。
4. 电影刚开始不大一会儿，你们快进去吧。
5. 我不大喜欢她，可也不太讨厌她。
6. 他们俩的性格不大／不太一样，办事风格也不大／不太一样。
7. 星期天，女人在家待不住，大都爱逛商店，她却不大喜欢。
8. 他真厉害，不大一会儿工夫，就找到了汽车的毛病。
9. 他下午不大喝咖啡，怕过于兴奋，晚上睡不好觉。
10. 老朋友难得聚会，不免尽情畅饮，不大一会儿工夫，一瓶酒就没了。

# 参加　参与　cānjiā (join, give advice), cānyǔ (take part in)

## ▶ 常见错误举例　Examples of common mistakes

1. 我同女朋友之间的问题，你不要参加。
2. 你不能参与这个俱乐部，你没钱。
3. 这个计划你也参与点儿意见。
4. 今天我参与了一场篮球◆比赛。　　◆篮球　lánqiú　basketball

## ▶ 解析　Explanatory notes

> "参加""参与"都有加入其中的意思。有时可以通用。
> Both cānjiā and cānyǔ have the meaning of joining in, and sometimes they are interchangeable.

例如：（1）他参加 / 参与了学校的管理工作。
　　　（2）众多媒体参加 / 参与了牛奶质量调查。
　　　（3）我们取得的成绩是专家积极参与 / 参加的结果。
　　　（4）儿女的婚礼，全家人都参加 / 参与了讨论。

但是，"参加""参与"也有区别。
But cānjiā and cānyǔ also have differences.

➡ 1. "参加"是加入某种组织或某种活动。"参与"的"与"的本义有伙伴、同伙的意思。所以"参加"侧重在"加入"，"参与"侧重在"加入"并与同伙人一起做某事。同"参加"经常搭配的是表示组织、团体的词语或某种活动的词语，而"参与"不同表示组织、团体的词语搭配。

Cānjiā refers to joining in an organization or an activity. The character yǔ in cānyǔ has the meaning of partners or associates. Therefore, cānjiā emphasizes joining in, while cānyǔ emphasizes partaking, that is, joining in and doing something together. Words that collocate with cānjiā are those indicating an organization, a group, or a certain activity. Cānyǔ does not collocate with words indicating organizations or groups.

例如：（1）我参加了他们的婚礼。

（2）我参与了他们的婚礼。

（3）我参加了网球俱乐部。

（4）这次运动会，我参加了100米和400米两项比赛。

以上例句（1）只说明"我"作为客人到了婚礼现场，例（2）的"我"不只是婚礼上的客人，而且还可能参加了婚礼的筹备（帮助做了许多事）。例句（3）、（4）中的"参加"当然也不能换成"参与"。

Example (1) above indicates that I was at the scene of the wedding as a guest, while in Example (2), I am not just a guest at the ceremony, but may have participated in the preparations for the wedding (helping with many things). In Examples (3) and (4), cānjiā cannot be replaced by cānyǔ.

➡ 2. "参加"还有提出意见的意思。"参与"没有这层意思。

Cānjiā can also express the meaning of giving advice, while cānyǔ does not have this meaning.

例如：（1）这件事请你也参加点意见。

（2）这篇论文是学生们自己写的，我只是参加了一点意见。

（3）你们的事我参加不了什么意见，只能为你们提供一点经济上的支持。

➡ 3. "参加"使用范围广，比较口语化；"参与"使作范围较窄，多用于书面或文言句式。如"参与其事、参与其中、重在参与，等等。

Cānjiā is more colloquial and more widely used, while cānyǔ is used in a more narrow scope, more often in written or classical sentence patterns. Examples are cānyǔ qíshì (get involved), cānyǔ qízhōng (participate), zhòng zài cānyǔ (focusing on participation), etc.

▶ 练习 Exercises

◎ 改正"常见错误举例"中的错误。
**Correct the mistakes in the "Examples of common mistakes".**

◎ 选词填空。
**Fill in the blanks with the appropriate words.**

（参加　参与）

1. 我____了汉语演讲*比赛。　　◆演讲 yǎnjiǎng　make a speech

2. 学生们_____了人类与生存环境大讨论。
3. _____大学生才艺*比赛，能不能得奖*并不重要*，重在_____。
4. 应届*毕业生都去_____了今年首届*人才*市场招聘会*。
5. 这次活动，老师_____了不少意见。
6. 建设*文明和谐*社会，需要全社会成员*的_____。
7. 许多媒体*都_____了牛奶质量*的调查和评估*。

- 才艺 cáiyì  talent and skill
- 得奖 déjiǎng  win a prize
- 重要 zhòngyào  important
- 应届 yīngjiè  this session, this year's (graduates)
- 首届 shǒujiè  first session
- 人才 réncái  talent
- 招聘会 zhāopìnhuì  recruitment fair
- 建设 jiànshè  construct, construction
- 和谐 héxié  harmony, harmonious
- 成员 chéngyuán  member
- 媒体 méitǐ  media
- 质量 zhìliàng  quality
- 评估 pínggū  assess, evaluate, assessment

8. 经理退休后，不再_____公司的事务，一心投身*公益*事业。
9. 他_____了网球俱乐部的高层*领导，并经常带领球队_____比赛。
10. 中国孩子考大学，_____工作，谈恋爱*结婚，父母都要_____，让孩子常常为难。

- 高层 gāocéng  high-level
- 投身 tóushēn  engage in
- 公益 gōngyì  public welfare
- 谈恋爱 tánliàn'ài  be in love

# 曾经　已经
## céngjīng (once, used to), yǐjīng (already)

### ▶ 常见错误举例　Examples of common mistakes

1. 我曾经看一次京剧。
2. 她们刚才曾经认识。
3. 三十年前，我已经教过他的父亲。
4. 我已经和他同住过一个宿舍。

## 解析 Explanatory notes

> "曾经""已经"都是时间副词，但两者意义和用法都有明显区别，不能互相替换；有些句子即使两个词都可以用，句子的意思也不同。
>
> Both céngjīng and yǐjīng are adverbs of time, but they have obvious differences in meaning and usage, and they are not interchangeable. In some sentences, even though both can be used, they would bring different meanings to the sentence.

1. "曾经"只能用来说过去某一特定时间里完成或发生的事。"已经"表示在说话之前或某事发生以前完成或发生了某种事、某种行为。

   Céngjīng can only be used to refer to a thing that happened or was completed at a particular past time, while yǐjīng is used to refer to an act or a behaviour that happened or was completed before the time of speaking or before another event.

   例如：（1）五年前他曾经学过汉语。
   　　　（2）去年我曾经去过一趟老家。
   　　　（3）中国人民的生活水平已经有了很大提高。
   　　　（4）现在已经是二十一世纪了。

2. "曾经""已经"虽都用于过去时，但"曾经"表达的是一种经历，即"过去一度这样，现在不这样了"，或者说"那是以前的事了，现在又当别论"，所以常出现"曾经……过"的形式。这种经历距离说话的当时都比较远甚至很久远；而"已经"强调的是"完成"或"结束"，这个完成或结束的时间，可能就在说话前不久；"已经"还可以表示这种"完成"或"结束"，可能只是某事或某种行为的一部分，事情和行为可能还在继续。

   Although both céngjīng and yǐjīng refer to a past time, céngjīng expresses an experience, that is, it was like that once in the past, but it is no longer so, or that was something in the past, and now it is another matter, and therefore, the formula [céngjīng…guo] is often used. In this situation, there is quite a time gap or even a very long period of time between this experience and the time of speaking. On the other hand, yǐjīng emphasizes a completion or ending, and the time of the completion or ending may have been just a short time before the time of speaking. Yǐjīng can also express that this kind of completion or ending only involves part of a thing or a behaviour, while the thing and the behaviour itself may still be going on.

例如：（1）他曾经在北京工作过三年。（可能是很久以前的一种经历，现在已经不在京北工作了。Expressing a past experience that may have happened long ago; he is not working in Beijing now）

他已经在北京工作了三年。（从三年前到说话的当时，他现在仍然在北京工作。Referring to the period of time starting from three years ago to the time of speaking, indicating that he is still working in Beijing）

（2）我曾经爱过她。（只说明过去的一种经历，现在已经改变了，不爱了。Expressing a past experience and that the speaker no longer loves her）

我已经爱上了她。（说明已经实现了一种行为、一件事，现在仍然持续不变。Expressing that a behavior or a thing has happened and remains unchanged）

➡ 3. "已经"可以放在数量词前，表示经历了多少时间，或到了什么时候，也可表示说话人认为时间长、时间晚或数量多等意思，"曾经"没有这些意思。
Yǐjīng can precede numerals or measure words to express the amount of time passing, or what time it is now, or express that the speaker thinks that the time is long or late, or the quantity is large, while céngjīng does not have these meanings.

例如：（1）中国改革开放已经三十多年了。

（2）这个班已经三十个学生了，不能再增加学生了。

（3）现在已经是六月下旬了，该热了！

（4）中国已经进入国民经济平稳高速发展时期。

➡ 4. "曾经"、"已经"常与"了""过"配合使用，后边不能跟孤零零的单音节动词。
Céngjīng and yǐjīng often collocate with le and guo, and they cannot precede monosyllabic verbs singly.

例如：（1）这本书我曾经读过。

（2）你已经给我很多帮助了。

➡ **练习 Exercises**

◎ 改正"常见错误举例"中的错误。
**Correct the mistakes in the "Examples of common mistakes".**

◎ 选词填空。
**Fill in the blanks with the appropriate words.**

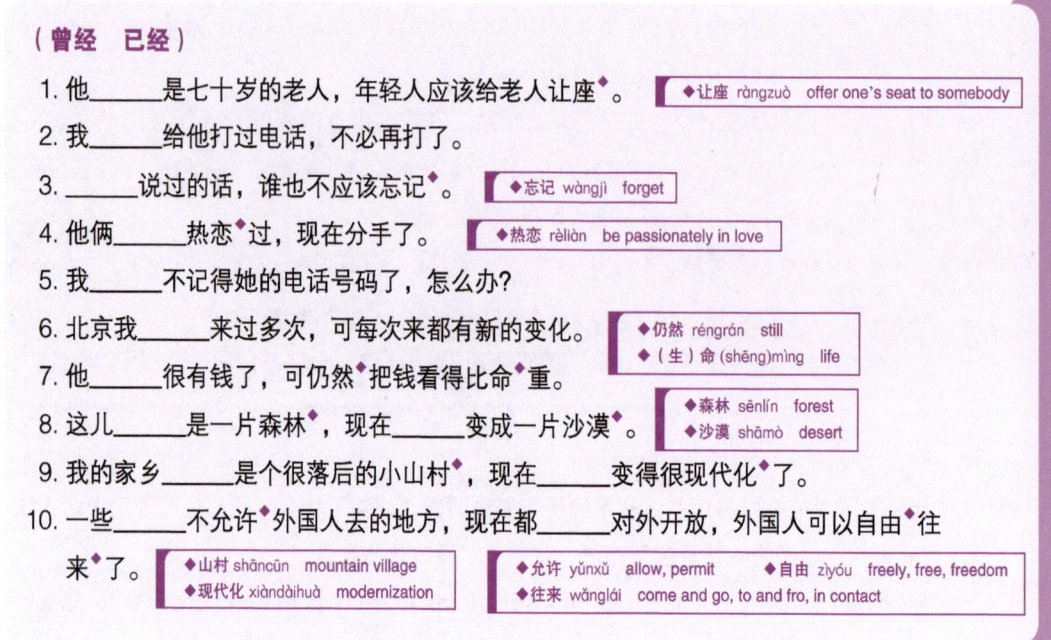

（曾经　已经）

1. 他_____是七十岁的老人，年轻人应该给老人让座。
2. 我_____给他打过电话，不必再打了。
3. _____说过的话，谁也不应该忘记。
4. 他俩_____热恋过，现在分手了。
5. 我_____不记得她的电话号码了，怎么办？
6. 北京我_____来过多次，可每次来都有新的变化。
7. 他_____很有钱了，可仍然把钱看得比命重。
8. 这儿_____是一片森林，现在_____变成一片沙漠。
9. 我的家乡_____是个很落后的小山村，现在_____变得很现代化了。
10. 一些_____不允许外国人去的地方，现在都_____对外开放，外国人可以自由往来了。

# 差不多　差一点（儿）
## chà buduō (about the same), chà yìdiǎnr (not quite good enough)

▶ **常见错误举例**　Examples of common mistakes

1. 他的汉语说得还差不多。
2. 她长得跟她妈妈差一点儿。
3. 他变化真大，我差不多认不出来了。
4. 总经理十分讲究，差不多的衣服都不穿。
5. 差一点儿就可以了，不要要求太高。

## 解析　Explanatory notes

> "差不多"和"差一点"，都可以作副词，表示距离某种情况、程度等的差距小的意思。
> Both chà buduō and chà yìdiǎnr can be used as adverbs, indicating that there is only a small distance from a certain situation or extent.

例如：（1）他差一点错过彩票兑奖期。（意思是他没有错过兑奖期　He claimed the lottery prize within the claim period）

（2）他们的婚礼筹备得差不多了。（意思是快筹备好了　Almost ready）

但是，"差不多"和"差一点"，无论意义还是用法，都有明显不同，彼此不能互换。
However, chà buduō and chà yìdiǎnr have obvious differences both in meaning and in usage, and they cannot be used interchangeably.

"差不多"表示相差很少，接近。
Chà buduō indicates that there is little difference and that things are very close to each other.

例如：（1）他俩的汉语水平差不多。
　　　（2）他兄弟俩长得差不多一般高。
　　　（3）我差不多等了2个小时。
　　　（4）他的年薪差不多是我的1倍。

"差不多"没有否定形式。"我们差不多都不知道这件事"，实际是"我们，差不多的人"同位语作主语，"差不多"是形容词，不是副词。
Chà buduō does not have a negative form. In the sentence wǒmen chà buduō bù zhīdào zhèjiàn shì (People like us know nothing about the matter), it is actually the appositive form wǒmen, chà buduō de rén (we, most people) that function as the subject. In it, chà buduō is an adjective and not an adverb.

"差一点（儿）"，表示某种事情几乎实现而没有实现，或几乎不能实现而终于实现。"点"应读成"点儿（diǎnr）"。口语里常说成"差点儿"。"差一点（儿）所表达的意思有以下几种情况，需仔细辨别。
Chà yìdiǎnr indicates that something comes near to becoming a reality but actually doesn't; or that something that almost cannot be achieved is finally realized. Here diǎn should

be pronounced as diǎnr. In colloquial Chinese, we often say chà diǎnr. chà yìdiǎnr can express the following different meanings and we have to distinguish between them carefully.

➡ 1. 如果"差一点"后边所说的事情是说话人希望的,则肯定形式表示否定的意思,否定形式表示肯定的意思。

If the situation after chà yìdiǎnr is what the speaker wishes to happen, then the positive form has a negative meaning and the negative form has a positive meaning.

例如:(1)真不巧,差一点就赶上了。(肯定式,希望赶上而没赶上 Positive form, hoped to be able to catch it but didn't)

(2)真是万幸,差一点就赶不上了。(否定式,希望赶上而且赶上了 Negative form, hoped to be able to catch it and actually did)

(3)差一点就买着了。(没买着 Did not succeed)

(4)差一点没买着。(买着了 Succeeded)

➡ 2. 如果"差一点"后边所说的事情是说话人不希望的,则不管是肯定形式或否定形式,实际含义都是否定的。在这一类句子中,肯定形式能加"就",否定形式一般不能。

If the situation after chà yìdiǎnr is what the speaker does not wish to happen, then the meaning is always negative whether the form is in the positive or in the negative. In such sentences, jiù can be used with the positive form, but not with the negative form.

例如:(1)差一点就让雨淋了。(肯定式,没淋着雨 Positive form, was not caught by the rain)

差一点没让雨淋了。(否定式,没淋着雨 Negative form, was not caught by the rain)

(2)照片差一点照坏。

照片差一点没照坏。

➡ 3. "差一点"后边的事情对说话人来说无所谓希望不希望,这时候不论是肯定形式还是否定形式,都表示否定的意思。

If it is irrelevant whether the speaker wishes or does not wish the thing to happen, then the sentence always expresses a negative meaning whether the form is in the positive or in the negative.

例如:(1)上个月我差一点去广州。(没去 Didn't go)

上个月我差一点没去广州。(没去 Didn't go)

（2）这个菜我差一点吃完了。

这个菜我差一点没吃完。

## ▶ 练习　Exercises

◎ 改正"常见错误举例"中的错误。
Correct the mistakes in the "Examples of common mistakes".

◎ 选词填空。
Fill in the blanks with the appropriate words.

（差不多　差一点儿　差点儿）

1. 幸亏◆你帮助我，_____赶不上飞机了。　◆幸亏 xìngkuī  fortunately
2. 一着急，_____写错了。
3. 他虽然是自学的英语，可同外国朋友交谈_____他都能听懂了。
4. 不要太干净，_____就行。
5. 13号一个远距离投篮◆，真可惜◆，球在篮筐◆上转了几下，_____就进去了。
6. 这次考试他没考好，_____不及格。
　　◆投篮 tóulán  shoot a basketball goal
　　◆可惜 kěxī  what a pity
　　◆篮筐 lánkuāng  ring of the basket
7. 这么好的机会_____就错过了。
8. 爸爸辛辛苦苦◆挣的这点钱，一场病就_____花完了。　◆辛辛苦苦 xīnxīnkǔkǔ  laboriously, hard work
9. 她特别喜欢吃中餐，_____的菜她都能说出中文菜名。
10. 地上很滑◆他不小心_____摔倒◆了。
　　◆滑 huá  slippery
　　◆摔倒 shuāidǎo  lose one's balance and fall
11. 他骑自行车旅行，_____跑了大半个中国。

◎ 判断下列各句的意思：
Determine the meaning of the following sentences:

1. 他马马虎虎，差一点认错了人。
2. 钱带少了，差一点没买成。
3. 太匆忙了，别人送的礼物，她差一点忘了拿。
4. 我差一点出错。
5. 她差一点丢了工作。
6. 这次车祸◆，她差一点没命了。　◆车祸 chēhuò  car accident

# 持续　继续
# chíxù (continue, sustain), jìxù (continue)

## ▶ 常见错误举例　Examples of common mistakes

1. 希望你持续努力工作。
2. 你还有什么话，持续说吧！
3. 他病得很重，一直继续发烧◆。　　◆发烧 fāshāo　go down a fever
4. 整个晚上他都在继续不断地说梦话◆。　　◆梦话 mènghuà　sleeptalking

## ▶ 解析　Explanatory notes

> "持续""继续"都有延续不断的意思，在同一个句子里，有时两个词都可以用。
> Both chíxù and jìxù have the meaning of continuity, and therefore they can sometimes be used interchangeably in a sentence.

例如：（1）金融危机可能会持续 / 继续几年。
　　　（2）这次会议已经持续 / 继续了三个小时。
　　　（3）他们之间的争论还会持续 / 继续下去。
　　　（4）全球的气候持续 / 继续变暖。

➡ 1. "持续"和"继续"的词义并不完全相同。"持"有保持原来的状态不变的意思；"继"有承继、接续的意思。因此，"持续"和"继续"最大区别在于："持续"是一种状态、一个过程，从始至终保持不变；而"继续"可以是一种状态延续不断，也可能是中断以后（也许中断时间还很长）再连接起来、接续下去。

However, chíxù and jìxù do not have exactly the same meaning. Chí has the meaning of maintaining the original state unchanged, while jì has the meaning of succession or follow-up. Therefore, the biggest difference between chíxù and jìxù is: chíxù indicates that a state remains unchanged from beginning to end, and jìxù indicates that a state may continue to be unchanged or may be continued after interruption (the interruption may be quite long).

例如：（1）他病得很重，几天来他持续高烧不退。
（2）最近几年，中国经济持续高速发展。
（3）你的汉语学得不错，希望你继续努力。
（4）演出休息15分钟以后继续开始。
（5）这场雪从昨天开始时断时续，将持续到下星期一。

例（5）是个比较特殊的例句，"这场雪"分成了若干小过程，持续了一段时间，中断了，又持续一段时间，而整个过程要从"昨天"一直持续到"下星期一"。

Example (5) is a special case. The snow fall is divided into several small occurrences, which after continuing for a period of time, is interrupted, and then continues again for some time. The entire process will last from yesterday until next Monday.

➡ 2. "继续"可以当名词，用作动词"是"的宾语，"持续"没有这种用法。
Jìxù can also be used as a noun, functioning as the object of the verb shì (be), while chíxù cannot be used this way.

例如：（1）他们之间的冷战是激烈争吵的继续。
（2）各国之间的贸易战实际上是政治战的继续。
（3）学习知识有多种途径，深入社会正是在学校学习的继续。

## ▶ 练习 Exercises

◎ 改正"常见错误举例"中的错误。
Correct the mistakes in the "Examples of common mistakes".

◎ 选词填空。
Fill in the blanks with the appropriate words.

（持续　继续）

1. 他在手术已经_____了五个小时。
2. 汽车抛锚◆了，不能_____往前开了。　　◆抛锚 pāomáo　drop anchor, (car) break down
3. 1929年的经济危机，_____了差不多10年。
4. 孩子是父母生命的_____。
5. 这次地震整整_____了十几秒钟！
6. 许多农民进城打工，现在纷纷◆返乡◆，_____种地◆。

◆纷纷 fēnfēn　profuse, one after another
◆返乡 fǎnxiāng　return home
◆种地 zhòngdì　engage in farming

7. 比赛中场◆休息15分钟后，_____开始。  ◆中场 zhōngchǎng (football) halftime
8. 夫妻俩的冷战◆已经_____多年了，看来他们的婚姻难以◆_____下去了。
9. 现代文明的负面◆影响，就是全球生态环境的_____恶化◆。
10. 这场森林大火已经_____了一个星期，现在仍然有_____扩大◆的趋势◆。

◆ 冷战 lěngzhàn　cold war
◆ 难以 nányǐ　hard to, difficult to
◆ 负面 fùmiàn　negative
◆ 恶化 èhuà　deteriorate, go downhill
◆ 扩大 kuòdà　enlarge, expand
◆ 趋势 qūshì　trend, tendency

# 重　再　chóng (once more), zài (once more, continue)

## ▶ 常见错误举例　Examples of common mistakes

1. 旧地再游，他竟不认识了。
2. 时间不多了，说过的话，不要重说了。
3. 他看时间还早，就重要了一杯酒。
4. 表填错了，他要了一份再填。
5. 这个汉字，他擦了写，写了擦，不知再写了几遍。

## ▶ 解析　Explanatory notes

"重"、"再"，都可以作副词用，表示从头另行开始，再做一次。
Both chóng and zài can be used as adverbs, expressing starting again from scratch, or doing it once more.

"重"有时也用"重新"，"重"多用来修饰单音节动词，"重新"多用于修饰双音节动词。

Chóng can also be expressed as chóngxīn. While chóng is more often used to modify a monosyllabic verb, chóngxīn is more often used to modify a disyllabic verb.

例如：（1）时间还早，再睡一会儿吧。

（2）这茶的味道不错，再喝点儿吧！

（3）你听不懂我的话，我就给你重说一遍。

（4）这份合同是重新修改过的。

➡ 1. "重"、"再"都可表示动作重复，但"再"还可表示动作继续，"重"没有这个意义，这时不能用"重"替代"再"。

Both chóng and zài can express repetition of an action, but zài can also express continuation of an action. Chóng does not express this meaning, and in such a situation zài cannot be replaced by chóng.

例如：（1）你再睡，上课可要迟到了！

（2）你再不去公司上班，工作就要丢了。

（3）我再说也没用，他不会同意的。

（4）时间还早，请坐下再聊一会儿。

➡ 2. "再"只能修饰未实现的动作，"重"不受此限制。

Zài can only be used to modify an action that is not realized, while chóng does not have this restriction.

例如：（1）很多新问题有待于我们再认识。（未实现　Unrealized）

（2）上次我已跟他谈好，我会再找他。（未实现　Unrealized）

（3）她度完蜜月，又重新上班了。（已实现　Realized）

（4）这次没有做好，我们可以重来。（未实现　Unrealized）

➡ 3. "重"只能用于肯定式，"再"不受此限制。

Chóng can only be used in the positive form, while zài does not have this restriction.

例如：（1）我再也听不到他的任何消息了。（否定式　Negative）

（2）钱花完了，可以再挣。（肯定式　Positive）

（3）重读早年的日记，有不少感触。（肯定式　Positive）

（4）三十年后，他重回故里，竟物是人非了！（肯定式　Positive）

## 练习　Exercises

◎ 改正"常见错误举例"中的错误。
Correct the mistakes in the "Examples of common mistakes".

◎ 选词填空。
Fill in the blanks with the appropriate words.

（重　重新　再）

1. 新钱包◆丢了三天了，_____也找不回来了，只好_____买一个。　◆钱包 qiánbāo　wallet, purse
2. 老师走了，_____也听不到她亲切◆悦耳◆的声音了。　◆亲切 qīnqiè　close, cordial
　◆悦耳 yuè'ěr　sweet, pleasing to the ear
3. 这部电影我已看了一遍，以后有机会◆我要_____看一遍。　◆机会 jīhuì　opportunity, chance
4. 旧事_____提，_____不会有新鲜感了。
5. 人类应该节约资源◆，许多资源是不能_____生的。　◆资源 zīyuán　resource
6. 不要_____追问了，他不会说的。
7. 这老房子要拆◆了_____建。　◆拆 chāi　pull down, dismantle
8. 你给我的信，昨天我读了一遍，今天一早我又_____读了一遍。
9. 十年前，她去了外国，现在，她_____返◆祖国，无比兴奋◆。　◆返 fǎn　come back, return
　◆兴奋 xīngfèn　excited

# 穿　戴◆　chuān, dài (wear)

◆戴 dài　wear

## 常见错误举例　Examples of common mistakes

1. 我忘了穿眼镜了。
2. 走得急忘了穿手表了。
3. 女儿5岁了，特别喜欢穿妈妈的耳环◆。　◆耳环 ěrhuán　earring
　◆保护 bǎohù　protect
4. 为了保护◆手，他穿了手套干活。

## 解析 Explanatory notes

在英语里，"穿"、"戴"可以用同一个词"wear"来表达。母语是英语的学生，还往往只会用"穿"字，"穿衣服"、"穿鞋子"、"穿眼镜"、"穿手表"，甚至"涂抹口红"也会说成"穿口红"（wear lipstick）。其实，在汉语里，"穿"、"戴"的本义和习惯用法都有所不同。在古汉语中，有很多象形字，就是要表示某物就画一个像某物的图画，如古汉字"日"就画一个太阳，"月"就画半个月亮。"穿"、"戴"都是象形字，"穿"画的是一只老鼠在洞里，要用牙打通孔洞，所以"穿"有通过孔、隙、洞的意思，如"衣服，鞋，袜"之类套在身上用"穿"字；"戴"里边那部分画的是一个人头顶着东西。之后演变成"加在头，手，颈等处"的意思，如"帽子、手套、手表、首饰"等佩戴饰物不能用"穿"，只能用"戴"。我们常听到这样的句子："现在人们生活水平提高了，穿戴也越来越讲究了"，说的就是一个人穿的衣物和随身佩戴的东西都讲究了。

In English, both chuān and dài can be expressed by the same word "wear". Students whose mother tongue is English often only use chuān, for example chuān yī fu, chuān xíezi, chuān yǎnjìng, chuān shǒubiǎo or even chuān kǒuhóng. As a matter of fact, chuān and dài in Chinese have different original meanings and usages. In ancient Chinese, there were many pictographic characters, each of them resembling the picture of a certain thing. For instance, in ancient Chinese the word "sun" looked like the picture of a sun, and the word "moon" looked like half a moon. Both chuān and dài are pictographic. For chuān, the picture was a mouse in a hole opening up the hole with its teeth. Therefore, chuān had the meaning of going through a hole. For things such as clothes, shoes and socks, and other things that cover the body we can use chuān. The picture of dài indicates something that is on a human head, however it later evolved to mean putting something on one's head, hand or neck. For hats, gloves, watches, jewelery or other decorative objects, we can only use dài and not chuān. In Chinese, chuān and dài are used together to indicate what people wear, both their clothes and other decorative objects.

## 练习 Exercises

◎ 改正上面"常见错误举例"中的错误。
   Correct the mistakes in the "Examples of common mistakes".

◎ 选词填空。
   Fill in the blanks with the appropriate words.

（穿　戴）

1. 多数女孩子都喜欢_____裙子♦，而且_____长筒袜。 ◆裙子 qúnzi skirt

2. _____衣_____帽，各有一好。
3. 她头上_____的，身上_____的，手上_____的，脚上_____的，样样都要名牌。
4. 你这么漂亮的眼睛，可不能_____眼镜。
5. 出席盛大◆的晚宴，男士都_____西服系领带◆；女士则_____首饰，_____晚礼服，_____手套。

◆盛大 shèngdà  grand
◆领带 lǐngdài  tie

# 次　遍
## cì, biàn (time)

▶ **常见错误举例　Examples of common mistakes**

1. 我到他家找过他两遍了，他都不在家。
2. 这篇文章我已读过一次了，很不错。
3. 这首歌大家从头到尾◆唱了一次又一次，总也唱不够。
4. 他站起来向朋友们一遍又一遍致谢◆。
5. 爸爸一遍又一遍地帮助我渡过难关。

◆尾 wěi  end, tail
◆致谢 zhìxiè  express thanks

▶ **解析　Explanatory notes**

"次"和"遍"都是计量动作的量词，很多时候可以互换，但意思不同。
Both cì and biàn are quantifiers used to measure actions. On many occasions they can be used interchangeably, but with different meanings.

例如：（1）古典小说《红楼梦》，我看三次了。
　　　（2）古典小说《红楼梦》，我看三遍了。

这两个句子都正确，但例（1）只说明看了三次，但不一定从开头看到结尾；例（2）也说明看了三次，而且是每一次都从开头看到了结尾。从这两个例句可知"次"和"遍"的区别。"遍"，计量从开始到结束一个完整过程的动作;"次",只计量反复出现的动作,但不涉及这个动作完整不完整。

Both these two sentences are correct, but Sentence (1) only says that I read the novel three times, but not necessarily from beginning to end, while Sentence (2), apart from saying that I read it three times, also says that every time I read it from beginning to end. From these two examples we can see the difference between cì and biàn. Biàn measures the repetition of an action from beginning to end, while cì only measures a repetitive action, but with no reference to whether it is complete or not.

所以,在计量有一个完整过程的动作时,只能用"遍",不能用"次",仔细体会下面的例子:

Therefore, when measuring an action involving a complete process, we can only use biàn, not cì. Please note the differences between the following sentences.

(1)古典小说《红楼梦》,我已经从头到尾看了三遍。

(2)我没听明白,请你再说一遍。

(3)这盘民乐我听过不知多少次了,特别喜欢。

(4)我多次劝他别酒后开车,他总不当回事,真让人担心。

(5)这篇课文,他背诵了一遍又一遍,还是背诵不下来。

## 练习 Exercises

◎ 改正"常见错误举例"中的错误。
Correct the mistakes in the "Examples of common mistakes".

◎ 选词填空。
Fill in the blanks with the appropriate words.

( 次　遍 )

1. 我只见过他一＿＿＿＿,印象◆不深。　　◆印象 yìnxiàng　impression

2. 说戒烟◆,戒了几＿＿＿＿,总也没戒掉。　◆戒烟 jièyān　quit smoking

3. 我再重复一＿＿＿＿,你千万要记住。

4. 我是第一＿＿＿＿来贵国,请多关照。

5. 他特别聪明◆,只学了三＿＿＿＿,就会开车了。　◆聪明 cōngmíng　clever, intelligent

6. 他在心里一＿＿＿＿又一＿＿＿＿地叮嘱◆自己,千万别着急。　◆叮嘱 dīngzhǔ　urge, warn

7. 对不起,你的电话号码我忘了,请再说一＿＿＿＿,我记下来。

8. 为了保险◆起见,他又仔细审查◆了一＿＿＿＿合同。

9. 老师一＿＿＿＿又一＿＿＿＿为我们修改发言稿◆,我们很感动◆。

◆保险 bǎoxiǎn　safety, insure, insurance, assurance　　◆审查 shěnchá　examine, check
◆发言稿 fāyángǎo　(speech) script　　◆感动 gǎndòng　moved

# 从来 始终 cónglái (all along), shǐzhōng (from beginning to end)

## 常见错误举例 Examples of common mistakes

1. 王老师始终不跟学生发火。
2. 父亲始终不在背后议论◆别人。  ◆议论 yìlùn  comment, remark
3. 我在北方住了这么多年了，从来不喜欢吃馒头◆。  ◆馒头 mántou  steamed bread
4. 小时候家里穷，她始终没穿过新衣服。
5. 他上课始终不迟到。

## 解析 Explanatory notes

> "从来"和"始终"都表示从过去到说话时、从开始到结束，保持某种状态不变，常可互相替换，但意思不尽相同。
> Both cónglái and shǐzhōng indicate that a status is maintained unchanged from a past time until the present, or from beginning to end. They can often be used interchangeably, but they have differences in meaning.

➡ 1. "从来"、"始终"都常用在否定句中，常说"从来/始终没……过"，也说"从来/始终不……"，但"从来不……"强调的是主观上不做某事，"从来没"多是客观叙述。
Both cónglái and shǐzhōng are often used in a negative sentence. We can say: cónglái/shǐzhōng méi...guò, or cónglái/shǐzhōng bù.... But cónglái bù... emphasizes subjective unwillingness to do something, while cónglái méi more often indicates an objective description.

例如：（1）他从来没坐过飞机。
　　　　　他始终不坐飞机。
　　　　　他从来不坐飞机。
　　　（2）这件事他从来没问过我。
　　　　　这件事他始终不问我。
　　　　　这件事他从来不问我。

➡ 2. "从来不……"，或"从来就（都）……"还强调一种习惯、性情或兴趣爱好等。这类句子中的"从来"也可以用"始终"替换，但"从来"强调的是时间，因为任何习惯、性情或兴趣、爱好都是长期形成的，"始终"强调的则是主观意志、意愿。

Cónglái bù... or cónglái jiù (dōu)... also stresses a habit, a temperament, or a hobby. In these sentences, cónglái can be replaced by shǐzhōng. But cónglái emphasizes time, as any habit, temperament or hobby is formed over a long period of time, while shǐzhōng emphasizes subjective will or desire.

例如：（1）他生病从来不吃药。

他生病始终不吃药。

（2）她从来不穿袒胸露肩、过于暴露的衣服。

她始终不穿袒胸露肩、过于暴露的衣服。

（3）我从来都一是一，二是二。

我始终都一是一，二是二。

➡ 3. 用"始终"的句子，或明或暗都有个起止时间，用"从来"的句子，时间模糊不清。"从来"所指的时间可能很长、很久远，"始终"从起始到终止所含时间可能很长，也可能比较短。所含时间较短的句子中，只能用"始终"，不能用"从来"。

Sentences with shǐzhōng imply a beginning and an ending time overtly or covertly, while in sentences with cónglái, the time reference is vague. Cónglái may refer to a long duration of time far away, while the time duration referred to by shǐzhōng may either be long or short. In sentences containing a short duration of time, we can only use shǐzhōng, not cónglái.

例如：（1）他静静地坐在窗口，从早晨到现在始终这样。

（2）他从进门到现在始终没说过一句话。

（3）在交际场合中，从来都是男士请客，男士埋单。

（4）人们常说无风三尺浪，大海从来就没平静过。

➡ 练习  Exercises

◎ 改正"常见错误举例"中的错误。
**Correct the mistakes in the "Examples of common mistakes".**

◎ 选词填空。
**Fill in the blanks with the appropriate words.**

（从来　始终）

1. 我们家的人_____不喝酒抽烟。
2. 老师傅的手艺◆就是好，他做的菜_____受欢迎。　　◆手艺 shǒuyì　workmanship
3. 他虽然穷，但_____不欠债◆。　　◆欠债 qiànzhài　in debt
4. 他离开家乡已经十几年了，可_____不忘家乡的山山水水。
5. 我在北京学了半年汉语，_____没去过长城。
6. 她只要想起那些不平凡◆的岁月，她的心就_____没有平静◆过。　　◆平凡 píngfán　ordinary　◆平静 píngjìng　calm, tranquil
7. 她说了好些话，可我_____没听明白她说什么。
8. 重大投资失误◆，_____都是由纳税人埋单◆。　　◆失误 shīwù　fault, error　◆埋单 máidān　pay the bill
9. 女孩子特别爱吃零食◆，从起床到睡觉，嘴里_____不闲着◆。　　◆零食 língshí　snack　◆闲着 xiánzhe　idle
10. 教育◆有方◆的父母_____不打骂孩子。　　◆教育 jiàoyù　education　◆有方 yǒufāng　in the right way
11. 我和太太结婚以后_____没为钱吵过架。
12. 我俩虽说很亲密◆，可从认识到现在，他_____没问过我的过去。　　◆亲密 qīnmì　intimate

# 凑巧　正巧　恰巧
# còuqiǎo (luckily), zhèngqiǎo (coincidentally), qiàqiǎo (by chance)

### ▶ 常见错误举例　Examples of common mistakes

1. 你来得凑巧，我们一起去吧。
2. 哪有那么正巧的事，你需要什么就有什么。
3. 我不喜欢吃面条，他凑巧相反，最爱吃面条。
4. 你来得真不正巧，我刚要出门。
5. 小王你来得凑巧，正好我要去找你。

> **解析** Explanatory notes

"凑巧"、"正巧"、"恰巧"三个词都有一个"巧"字,"巧"在这三个词里的意思是"正好,正遇在某种机会上"。这是这三个词的共同处,所以三个词常可互换。但三个词又有不同的字,这就形成三个词的词义和用法的区别。

Còuqiǎo, zhèngqiǎo and qiàqiǎo all contain the Chinese character qiǎo, which in these three words, means "just right; happen to meet a certain opportunity". That is what these three words have in common, and therefore they can often be used interchangeably. But each of these three words also contain a different Chinese character, and that forms their differences in meaning and usage.

1. "正巧"、"恰巧"、"凑巧"都表示一种偶然发生、碰上,刚好巧合、正好巧合,常可互换。但"正巧"多用于好事、希望发生的事;"恰巧"可用于希望发生的事或不希望发生的事。"凑巧"表示时间、地点和事情非常偶然,更强调偶然性。

   Zhèngqiǎo, qiàqiǎo and còuqiǎo all express coincidence and things that happen by chance, and they are often interchangeable. However, zhèngqiǎo more often refers to something you wish to happen. Qiàqiǎo can refer to something you wish or do not wish to happen, and còuqiǎo indicates that the event, its time, and its place are all accidental, laying more emphasis on contingency.

   例如:(1)她看中了一套衣服,可没带钱,正巧我带了。
   　　　(2)她看中了一套衣服,恰巧没带钱。
   　　　(3)她看中了一套衣服,可没带钱,凑巧我带了。

2. 当强调两事正好相反或相对时用"正巧"、"恰巧"。"凑巧"没有这种用法。

   When emphasizing that two things are opposite to each other, we can use zhèngqiǎo or qiàqiǎo, but not còuqiǎo.

   例如:(1)我不喜欢做饭,她正巧/恰巧相反,最喜欢做饭。
   　　　(2)我喜欢冒险,他正巧/恰巧相反,喜欢安静。

3. "凑巧"、"正巧"可作形容词,"凑巧"作谓语、定语和补语,可受"真"、"很"、"太"、"不"等副词修饰;"正巧"可作补语但不受副词修饰。"恰巧"是副词,不能作补语。

   Còuqiǎo and zhèngqiǎo can be used as adjectives. When còuqiǎo is used as a predicate, an attribute or a complement, it can be modified by such adverbs as zhēn (really), hěn (very), tài (too) and bù (no). Zhèngqiǎo can be used as a complement but cannot be modified by adverbs. Qiàqiǎo is an adverb and it cannot function as a complement.

例如：（1）你来得正巧。

（2）你来得真 / 不 / 很凑巧。

（3）这件事非常不凑巧，我干不了。

（4）这会儿钱很不凑巧，没带够，下次再买吧。

（5）哪有这么凑巧的事，让你给碰上了！

## 练习 Exercises

◎ 改正"常见错误举例"中的错误。
Correct the mistakes in the "Examples of common mistakes".

◎ 选词填空。
Fill in the blanks with the appropriate words.

（凑巧　正巧　恰巧）

1. 这次招生◆，_____还有一个名额◆，你去报名◆吧。

◆招生 zhāoshēng　enroll new students
◆名额 míng'é　quota
◆报名 bàomíng　apply, sign up, register

2. 很不_____，等我赶到，火车刚开走，没能见上一面。

3. 钱_____够，你就买了吧。

4. 我去得_____，他刚到家。

5. 我买的肯德基◆_____人手一份，不多不少。

◆肯德基 Kěndéjī　KFC

6. _____不_____，正说你呢，你就来了。

7. 我的一位老朋友_____来北京，我们找时间聚◆一聚吧。

◆聚 jù　get together

8. 我正愁钱呢，你却正在找投资对象◆，有这么_____的事！

◆对象 duìxiàng　object

9. 他一向不善◆交际◆，他太太_____相反，能说会道，交际能力极强。

10. 他从来不做冒◆风险◆的事，_____他在家，让他给你讲讲当前的经济◆形势吧。

◆善（于）shàn(yú)　be good at
◆交际 jiāojì　communication
◆冒 mào　run (the risk)　◆风险 fēngxiǎn　risk
◆经济 jīngjì　economy

# 参考答案 Reference Answers

## 参加　参与

**改正"常见错误举例"中的错误。**
Correct the mistakes in the "Examples of common mistakes".
1. 我同女朋友之间的问题，你不要参与。
2. 你不能参加这个俱乐部，你没钱。
3. 这个计划你也参加点儿意见。
4. 今天我参加了一场篮球比赛。

**选词填空。**
Fill in the blanks with the appropriate words.
（参加　参与）
1. 我参加了汉语演讲比赛。
2. 学生们参加了人类与生存环境大讨论。
3. 参加大学生才艺比赛，能不能得奖并不重要，重在参与。
4. 应届毕业生都去参加了今年首届人才市场招聘会。
5. 这次活动，老师参加了不少意见。
6. 建设文明和谐社会，需要全社会成员的参与。
7. 许多媒体都参加/参与了牛奶质量的调查和评估。
8. 经理退休后，不再参与公司的事务，一心投身公益事业。
9. 他参与了网球俱乐部的高层领导，并经常带领球队参加比赛。
10. 中国孩子考大学，参加工作，谈恋爱结婚，父母都要参与，让孩子常常为难。

## 曾经　已经

**改正"常见错误举例"中的错误。**
Correct the mistakes in the "Examples of common mistakes".
1. 我曾经看过一次京剧。

2. 她们刚才已经认识。
3. 三十年前，我曾经教过他的父亲。
4. 我曾经和他同住过一个宿舍。

**选词填空。**
Fill in the blanks with the appropriate words.
（曾经　已经）
1. 他已经是七十岁的老人，年轻人应该给老人让座。
2. 我已经给他打过电话，不必再打了。
3. 曾经／已经说过的话，谁也不应该忘记。
4. 他俩曾经热恋过，现在分手了。
5. 我已经不记得她的电话号码了，怎么办？
6. 北京我已经来过多次，可每次来都有新的变化。
7. 他已经很有钱了，可仍然把钱看得比命重。
8. 这儿曾经是一片森林，现在已经变成一片沙漠。
9. 我的家乡曾经是个很落后的小山村，现在已经变得很现代化了。
10. 一些曾经不允许外国人去的地方，现在都已经对外开放，外国人可以自由往来了。

# 差不多　差一点（儿）

**改正"常见错误举例"中的错误。**
Correct the mistakes in the "Examples of common mistakes".
1. 他的汉语说得还差一点儿。
2. 她长得跟她妈妈差不多（一样漂亮　as beautiful as her mother）
3. 他变化真大，我差一点儿认不出来了。
4. 总经理十分讲究，差一点儿的衣服都不穿。
5. 差不多就可以了，不要要求太高。

**选词填空。**
Fill in the blanks with the appropriate words.
（差不多　差一点儿　差点儿）
1. 幸亏你帮助我，差点儿赶不上飞机了。
2. 一着急，差点儿写错了。
3. 他虽然是自学的英语，可同外国朋友交谈，差不多他都能听懂了。

4. 不要太干净，差不多就行。
5. 13号一个远距离投篮，真可惜，球在篮筐上转了几下，差一点就进去了。
6. 这次考试他没考好，差点儿不及格。
7. 这么好的机会，差一点就错过了。
8. 爸爸辛辛苦苦挣的这点钱，一场病就差不多花完了。
9. 她特别喜欢吃中餐，差不多的菜她都能说出中文菜名。
10. 地上很滑，他不小心差点儿摔倒了。
11. 他骑自行车旅行，差不多跑了大半个中国。

**判断下列各句的意思：**
Determine the meaning of the following sentences:
1. 他马马虎虎，差一点认错了人。（最终没认错人　finally did not make any mistake）
2. 钱带少了，差一点没买成。（最终买成了　bought it eventually）
3. 太匆忙了，别人送的礼物，她差一点忘了拿。（最后没忘　did not forget in the end）
4. 我差一点出错。（最终没出错　did not make any mistake in the end）
5. 她差一点丢了工作。（最终没丢　did not lose it in the end）
6. 这次车祸，她差一点没命了。（最终保住了性命　was ultimately alive）

# 持续　继续

**改正"常见错误举例"中的错误。**
Correct the mistakes in the "Examples of common mistakes".
1. 希望你继续努力工作。
2. 你还有什么话，继续说吧！
3. 他病得很重，一直持续高烧不退。
4. 整个晚上他都在持续不断地说梦话。

**选词填空。**
Fill in the blanks with the appropriate words.
（持续　继续）

1. 他在手术，已经持续/继续了五个小时。
2. 汽车抛锚了，不能继续往前开了。
3. 1929年的经济危机，持续了差不多10年。
4. 孩子是父母生命的继续。
5. 这次地震整整持续了十几秒钟！
6. 许多农民进城打工，现在纷纷返乡，继续种地。
7. 比赛中场休息15分钟后，继续开始。
8. 夫妻俩的冷战已经持续多年了，看来他们的婚姻难以继续下去了。
9. 现代文明的负面影响，就是全球生态环境的持续恶化。
10. 这场森林大火已经持续了一个星期，现在仍然有继续扩大的趋势。

## 重　再

### 改正"常见错误举例"中的错误。
Correct the mistakes in the "Examples of common mistakes".
1. 旧地重游，他竟不认识了。
2. 时间不多了，说过的话，不要再说了。
3. 他看时间还早，就再要了一杯酒喝。
4. 表填错了，他要了一份重填。
5. 这个汉字，他擦了写，写了擦，不知重写了几遍。

### 选词填空。
Fill in the blanks with the appropriate words.
（重　重新　再）
1. 新钱包丢了三天了，再也找不回来了，只好再买一个。
2. 老师走了，再也听不到她亲切悦耳的声音了。
3. 这部电影我已看了一遍，以后有机会我要再/重看一遍。
4. 旧事重提，再不会有新鲜感了。
5. 人类应该节约资源，许多资源是不能再生的。
6. 不要再追问了，他不会说的。
7. 这老房子要拆了重建。
8. 你给我的信，昨天我读了一遍，今天一早我又重读了一遍。

9. 十年前,她去了外国,现在,她重返祖国,无比兴奋。

# 穿　戴

### 改正"常见错误举例"中的错误。
Correct the mistakes in the "Examples of common mistakes".
1. 我忘了戴眼镜了。
2. 走得急忘了戴手表了。
3. 女儿5岁了，特别喜欢戴妈妈的耳环。
4. 为了保护手，他戴了手套干活。

### 选词填空。
Fill in the blanks with the appropriate words.
(穿　戴)
1. 多数女孩子都喜欢穿裙子，而且穿长筒袜（连裤袜）。
2. 穿衣戴帽，各有一好。
3. 她头上戴的，身上穿的，手上戴的，脚上穿的，样样都要名牌。
4. 你这么漂亮的眼睛，可不能戴眼镜。
5. 出席盛大的晚宴，男士都穿西服系领带；女士则戴首饰，穿晚礼服，戴手套。

# 次　遍

### 改正"常见错误举例"中的错误。
Correct the mistakes in the "Examples of common mistakes".
1. 我到他家找过他两次了，他都不在家。
2. 这篇文章我已读过一遍了，很不错。
3. 这首歌大家从头到尾唱了一遍又一遍，总也唱不够。
4. 他站起来向朋友们一次又一次致谢。
5. 爸爸一次又一次地帮我渡过难关。

### 选词填空。
Fill in the blanks with the appropriate words.
（次　遍）

1. 我只见过他一次,印象不深。
2. 说戒烟,戒了几次,总也没戒掉。
3. 我再重复一遍,你千万要记住。
4. 我是第一次来贵国,请多关照。
5. 他特别聪明,只学了三次,就会开车了。
6. 他在心里一遍又一遍地叮嘱自己,千万别着急。
7. 对不起,你的电话号码我忘了,请再说一遍,我记下来。
8. 为了保险起见,他又仔细审查了一遍合同。
9. 老师一次(遍)又一次(遍)为我们修改发言稿,我们很感动。

## 从来　始终

**改正"常见错误举例"中的错误。**
Correct the mistakes in the "Examples of common mistakes".
1. 王老师从来不跟学生发火。
2. 父亲从来不在背后议论别人。
3. 我在北方住了这么多年了,始终不喜欢吃馒头。
4. 小时候家里穷,她从来没穿过新衣服。
5. 他上课从来不迟到。

**选词填空。**
Fill in the blanks with the appropriate words.
(从来　始终)
1. 我们家的人从来不喝酒抽烟。
2. 老师傅的手艺就是好,他做的菜始终受欢迎。
3. 他虽然穷,但从来不欠债。
4. 他离开家乡已经十几年了,可始终不忘家乡的山山水水。
5. 我在北京学了半年汉语,始终没去过长城。
6. 她只要想起那些不平凡的岁月,她的心就从来没有平静过。
7. 她说了好些话,可我始终没听明白她说什么。
8. 重大投资失误,从来都是由纳税人埋单。
9. 女孩子特别爱吃零食,从起床到睡觉,嘴里始终不闲着。
10. 教育有方的父母从来不打骂孩子。

11. 我和太太结婚以后从来没为钱吵过架。
12. 我俩虽说很亲密,可从认识到现在,他始终没问过我的过去。

# 凑巧　正巧　恰巧

**改正"常见错误举例"中的错误。**
Correct the mistakes in the "Examples of common mistakes".
1. 你来得正巧,我们一起去吧。
2. 哪有那么凑巧的事,你需要什么就有什么。
3. 我不喜欢吃面条,他正巧/恰巧相反,最爱吃面条。
4. 你来得真不凑巧,我刚要出门。
5. 小王你来得正巧,正好我要去找你。

**选词填空。**
Fill in the blanks with the appropriate words.
（凑巧　正巧　恰巧）
1. 这次招生,正巧还有一个名额,你去报名吧。
2. 很不凑巧,等我赶到,火车刚开走,没能见上一面。
3. 钱正巧够,你就买了吧。
4. 我去得正巧,他刚到家。
5. 我买的肯德基正巧/恰巧人手一份,不多不少。
6. 凑巧不凑巧,正说你呢,你就来了。
7. 我的一位老朋友正巧/恰巧来北京,我们找时间聚一聚吧。
8. 我正愁钱呢,你却正在找投资对象,有这么凑巧的事!
9. 他一向不善交际,他太太正巧/恰巧相反,能说会道,交际能力极强。
10. 他从来不做冒风险的事,正巧他在家,让他给你讲讲当前的经济形势吧。

# 打算 计划 dǎsuàn jìhuà (plan)

### ▶ 常见错误举例　Examples of common mistakes

1. 打算得再好也没用，变化太快。
2. 遇到什么事他习惯先为自己计划。
3. 她还小，还不计划嫁人♦。　　♦嫁人　jiàrén　(for a woman) get married
4. 你计划到哪家公司工作?

### ▶ 解析　Explanatory notes

> "打算"、"计划"都是动词，有在行动以前先考虑做什么、怎么做的意思，宾语都是小句或短语；"打算"、"计划"又都是名词，可作主语或宾语。在表达这种意思的句子中，两个词可以互换。
> Both dǎsuàn and jìhuà are verbs meaning considering what to do and how to do it before taking an action. Their object is either a phrase or a clause. Dǎsuàn and jìhuà are also nouns that can function as the subject or the object. In sentences expressing such meanings, the two words are interchangeable.

例如：（1）这个暑假你打算/计划做什么?
　　　（2）大学毕业后你有什么打算/计划?
　　　（3）你就对我们说说你的具体打算/计划吧!
　　　（4）他们打算/计划结婚后到旅游胜地度蜜月。
　　　（5）这个周末他打算计划和朋友们一起去公园。
　　　（6）现在许多孩子都打算/计划中学毕业后就出国留学。

　　但是，"打算"和"计划"又有明显区别。
However, dǎsuàn and jìhuà also have obvious differences.

"打算"和"计划"结构和词义范围不同。"打算"是动宾结构，"打算、打扮、打听"一类词中的"打"，同"打人、打锣、打鼓"一类词中的"打"表示一种具体动作不同，它要与某些动词性词素结合成为一个动词，才能表示某种行为。"算"是计数的一种工具、筹码，"打算"本义就是用筹码计数的意思，后引申出考虑、计划的意义。"计划"是一种联合结构的动词，词义是两个语素意义相加。"计"就是"计算"的意思,"划"还有筹划、谋划的意思,即想办法、出主意、制定策略、拟出行动步骤的意思。两个词因为结构和词义范围不同,用法也有不同。"打算"的主语多是个体,而"计划"的主语多是集体、单位、国家等,同时也可用于个体。(见上面的例句)

Dǎsuàn and jìhuà have different structures and semantic scopes. Dǎsuàn has a structure of [verb + object]. The character dǎ in such words as dǎsuàn (plan), dǎbàn (dress up) and dǎtīng (ask about) is different from the character dǎ in such words as dǎrén (beat people), dǎluó (beat the gong), and dǎgǔ (beat the drum). Here dǎ indicates a specific action (beating), while the dǎ in dǎsuàn needs to collocate with some other verbal morphemes to form a verb referring to a certain action. The word suàn was originally the name of a tool which was used for counting things such as chips, and dǎsuàn meant to use chips for counting. Later, the word dǎsuàn took on the added meanings of consideration and planning.

Jìhuà is a verb with a joint structure, combining the meaning of the two morphemes. Jì means calculating, while huà means chóuhuà (make a plan) or móuhuà (try to find a solution), that is, trying to find a way out, putting forth ideas, developing strategies, or working out a plan of action.

Because of their differences in structure and semantic scope, they also have different usages. The subject of dǎsuàn is often an individual, while the subject of jìhuà is often a collective, an organization or the state. Jìhuà can also be used with individuals. (Please refer to the above examples.)

例如:(1)这个工厂的生产计划已经排到明年。
　　　(2)新的教育计划突出了农民工子女的义务教育问题。
　　　(3)金融风暴袭来以后,世界各国都出台了振兴经济计划。
　　　(4)学校计划今年扩大招生。

以上这些例句中的"计划"都不能用"打算"替换。

In the above examples, jìhuà cannot be replaced by dǎsuàn.

又例如:(1)她这个人太自私,凡事都为自己打算。
　　　　(2)你总是替别人着想,为什么不替自己打算打算?
　　　　(3)他根本就没有打算要同我结婚!
　　　　(4)我打算同她好好谈谈,消除误会。

以上例句中的"打算"是想、考虑、计算得与失的意思,不能用"计划"替换。

In the above examples, dǎsuàn has the meaning of thinking, considering, or calculating gains and losses, and therefore it cannot be replaced by jìhuà.

## 练习 Exercises

◎ 改正"常见错误举例"中的错误。
Correct the mistakes in the "Examples of common mistakes".

◎ 选词填空。
Fill in the blanks with the appropriate words.

（打算　计划）

1. 他没有_____报考◆国家公务员◆。　　◆报考 bàokǎo　sign up for an examination
　　　　　　　　　　　　　　　　　　　　◆公务员 gōngwùyuán　civil servant
2. 他_____先考察中国市场，然后决定投资项目◆。　◆项目 xiàngmù　programme
3. 他这次出国就没_____回来。
4. 出国后，他_____先过语言关◆，再选读一个热门专业。　◆关 guān　pass, barrier, difficulty
5. 他们还没有去国外旅游胜地◆度蜜月的_____。　◆旅游胜地 lǚyóushèngdì　tourist resort
6. 农民工子女的义务教育_____正在加紧实施。　◆有效 yǒuxiào　effective
7. 金融风暴爆发后，世界各国都制订了有效◆振兴经济的_____。　◆振兴 zhènxīng　revitalize, rejuvenate, invigorate
8. 你们之间好像产生了难以消除的误会，你_____怎么办？
9. 老板对我说，你的想法很好，你尽快拿出一份具体◆_____来。　◆具体 jùtǐ　concrete, specific
10. 凡◆事都为自己_____，不替别人着想◆，这种人不会有朋友。
　　　　　　　　　　　　　　　　　　　　　　◆凡 fán　all, every, any
　　　　　　　　　　　　　　　　　　　　　　◆着想 zhuóxiǎng　consider

# 大约　大概　恐怕　dàyuē (approximately), dàgài (probably), kǒngpài (be afraid)

## 常见错误举例 Examples of common mistakes

1. 问题大约不大。
2. 我只听懂了个大约的意思。
3. 他嘴里不说，心里却明白了大概。
4. 老人家恐怕六十岁了。
5. 对这件事，我有个大约的印象。

大约　大概　恐怕　D

> **解析　Explanatory notes**

"大约"、"大概"、"恐怕"，作副词，都能表示推测和估计的意思，很多时候，意思和用法相同，但它们也有一些区别。
Dàyuē, dàgài and kǒngpà, when used as adverbs, all express the meaning of projections and guesses. On many occasions, they have the same meaning and usage, but they also have some differences.

1. "大概"表示对情况的推测、估计，而且这种情况存在的概率和可能性很大；而"大约"不表达这种意义；"恐怕"同"大概"表达的意思相近，但"大概"的肯定语气重，"恐怕"则语气委婉，常有商量、担心、忧虑的意思，而"大概"没有这层意思。
Dàgài expresses speculation or estimation of a situation, and the probability and possibility of the existence of such a situation is great, while dàyuē does not express this meaning. Kǒngpà expresses a meaning similar to dàgài, but dàgài carries a heavier positive tone. Kǒngpà carries a euphemistic tone, with the meaning of consultation, concern or worry, while dàgài does not have this meaning.

例如：（1）你大概还不了解她，她是个很随和的人。
　　　（2）他大概有什么事留住了，要不早来了。
　　　（3）他恐怕是忘了，你再打一个电话吧。
　　　（4）这点钱恐怕不够吧！

这几个例句中的"大概"和"恐怕"可以互相替换，但表达的意思和语气有一些区别。都不能用"大约"替换。
In the above examples, dàgài and kǒngpà can be used interchangeably, but they have slight differences in meaning and tone. However, they cannot be replaced by dàyuē.

2. 在表示对时间和数量的估计、推测时，"大概"、"大约"没有什么区别，可以互换，只是更多的时候用"大约"，而对情况的估计、推测则多用"大概"。"大概"、"大约"后面可以直接跟数量词，或表数量的名词，"恐怕"不能。
When expressing an estimation or speculation about time or quantity, dàgài and dàyuē have very little difference, and they can be used interchangeably, but dàyuē is more often used. When expressing an estimation or speculation of a situation, dàgài is more often used. Dàyuē can be directly followed by numerals or nouns indicating quantity, while kǒngpà cannot be used this way.

例如：（1）我每天大约6:30起床，7:30出门。

（2）中国大约有五千多年的文明史。

（3）北京市的常住人口大约是1600万。

（4）老人家恐怕有六十岁了吧。

（5）这本书大约五十万字。

➡ 3. "大概"还是形容词，表示大略，不十分精确、详尽的意思，在句子中可作定语、宾语。
Dàgài can also be used as an adjective, expressing the meaning of being general, not precise or detailed. It can function as an attribute or object in a sentence.

例如：（1）因为时间关系，我现在只能介绍个大概情况。

（2）我的汉语水平不高，中国人说话我还只能听懂一个大概意思。

（3）你把事情的大概经过说一说就可以了。

（4）这件事我只知道个大概，具体的我也说不清。

## ▶ 练习 Exercises

◎ 改正"常见错误举例"中的错误。
Correct the mistakes in the "Examples of common mistakes".

◎ 选词填空。
Fill in the blanks with the appropriate words.

（大概　大约　恐怕）

1. 二十世纪◆八十年代◆出生的年轻人，中国_____有两亿。

   ◆世纪 shìjì　century
   ◆年代 niándài　age, decade

2. _____情况_____你已经熟悉了，就开始工作吧。

3. 他的情况我只知道个_____。

4. 飞机_____还有一个小时就要起飞了，他_____赶不上飞机了。

5. 你别着急，这会儿他_____已经在家等你了。

6. 你别瞎◆琢磨◆了，事情_____不像你想的那么坏。

   ◆瞎 xiā　blind
   ◆琢磨 zuómo　think over, ponder

7. 这房子_____要120万才买得下来。

8. 你这样做_____总经理不会同意◆。

9. 她是个很随和◆的人，但你伤◆透◆了她的心，她_____不会回心转意◆了。

10. _____是经过一次失败◆的婚姻，他才学会了如何去爱。

◆同意 tóngyì　agree
◆随和 suíhé　amiable, obliging
◆透 tòu　thoroughly
◆失败 shībài　lose, be defeated
◆伤 shāng　injure, harm
◆回心转意 huíxīnzhuǎnyì　change one's view

# 带 拿  dài (bring), ná (take)

## 常见错误举例  Examples of common mistakes

1. 我把书拿去楼上了。
2. 他从书包里拿来一本新的汉语词典。
3. 先生大声喊:"拿来衣服!"
4. 对不起,因为忙,一直没时间拿来你要的书。
5. 请你顺便把报拿去办公室。
6. 下大雨了,大家都没有带来伞◆,走不了啦。

◆伞 sǎn  umbrella

## 解析  Explanatory notes

"拿"、"带"有用手或其他方式抓住、搬动(东西)的意思。在用法上也有很多相同之处,如都可后跟"着、了、过";跟补语"来、去、出来、进去","在……上"等等。
Both ná and dài indicate grasping or moving things by using the hand or in some other way. They have many similarities in their usage. For instance, both can be followed by zhe, le and guò, and by such complements as lái, qù, chūlái, jìnqù, zài...shàng, etc.

例如:(1)我从家里拿/带了些钱去学校。
  (2)你把这些书拿出去晒晒。
  (3)我给你带来一点儿吃的。
  (4)他把这些钱拿在手上,想说点什么,但又说不出来。

但"拿"、"带"的区别也很明显,都有各自不同的意义和用法。
However, ná and dài also have obvious differences, and their own distinctive meanings and usages.

➡ 1. "带"区别于"拿"的一个最基本的意义是"随身拿着",强调拿着从一处到另一处,也就是物随人走。"拿"没有这个意义。
A fundamental meaning of dài is to carry something on somebody, emphasizing carrying it from one place to another, i.e., the thing goes with the person. Ná does not have this meaning.

例如：（1）我从家里给你带来几件衣服。

（2）王小姐从公司带来一个好消息。

（3）我托人带给你的话带到了吗？

例句（2）（3）里的"带"，都不能换用"拿"，例（1）里的"带"可换成"拿"，但"人随物走"的意义就淡化了。下面的例句，也是这样，句子中"带"和"拿"可以通用互换，但表达意思、强调角度不同。

Dài in Examples (2) and (3) above cannot be replaced by ná. Dài in Example (1) can be replaced by ná, but the implication of "the thing goes with the person" is softened. In the following examples, dài and ná can be used interchangeably, but with different meanings and emphases.

例如：（1）一次你能拿多少行李？（问"你"的能力　Asking about your ability）

一次你能带多少行李？（可能性是问航空公司对行李的限制　Perhaps asking about the luggage limitation set by the airline）

（2）这些东西都是你拿来的?

这些东西都是你带来的?

➡ 2. "拿"还有用强力捉拿、攻取的意思。

Ná means to capture or to seize by force.

例如：（1）这可是件宝贝，你拿住了，别掉地上摔碎了。（用强力拿着　Hold it tightly）

（2）谈判对手可不好对付，你能把他拿下吗？（用强劲手段和智慧攻取　To win him over by force or wisdom）

▶ 练习　Exercises

◎ 改正"常见错误举例"中的错误。
Correct the mistakes in the "Examples of common mistakes".

◎ 选词填空。
Fill in the blanks with the appropriate words.

（拿　带）

1. 这是我给妈妈的礼物，请你_____回国，好吗？

2. 她第一次来公司，请你_____她来见我。

3. 小姐，请你把那一款手机_____给我看看。

4. 你手里_____的是什么，能给我看一下吗？

5. 空姐◆服务时，总是面_____笑容◆。  ◆空姐 kōngjiě  air stewardess
   ◆笑容 xiàoróng  smile
6. 这份合同还有一些附◆_____条件。  ◆附 fù  accompanying
7. 你姐是去赴约◆，怎么能_____你去！  ◆赴约 fùyuē  keep an appointment
8. 北京人喜欢骑着自行车上下班，一路上捎_____买点东西，十分方便，许多骑自行车的还_____人呢。
9. 经理让我____个口信◆给你，你明天不用上班了。  ◆口信 kǒuxìn  spoken message
10. 我不去看她，你要是见到她，就给她_____个好吧。

# 倒　却　dào (contrary to what is expected), què (weaker than dào)

### ▶ 常见错误举例　Examples of common mistakes

1. 你却是说话呀，去还是不去？
2. 我却没关系，不过不知他是什么态度。
3. 哼，我却要先听听他怎么说。
4. 他却是想说几句，倒是怎么也说不出口。

### ▶ 解析　Explanatory notes

"倒"和"却"，都可作副词，表示事情出人意料，与一般情理相反，在句中起转折作用。在这种句子里，"却"和"倒"相同，只是转折语气较轻。此外，"倒"多用于口语，"却"多见于书面语。

Both dào and què can be used as adverbs to give a sense that some thing is out of expectation or contrary to common sense, and indicate a turning point in a sentence. In such sentences, què and dào are much the same, except that què's turning tone is weaker than dào. In addition, dào is more often used in spoken Chinese, while què is more often used in written Chinese.

例如：（1）他的话不多，倒/却句句有分量。

（2）事情没办成，倒/却也开了眼界。

（3）没钱时，生活得倒/却也平静。

"倒"的意义和用法，比"却"要丰富和复杂，许多时候，"倒"和"却"不能互换。

Dào is richer and more complicated than què in meaning and usage. On many occasions dào and què are not interchangeable with each other.

➡ 1. 表示反常或表示跟意料相反。在相反的意思较轻的句子中，"倒"可以换成"却"，如上面的例子；在相反意思较明显、较重的句子中，只能用"倒"或"反倒"，不能换用"却"。同理，相反意思不是特别明显、严重，语气较轻的句子，也只能用"却"；用"倒"也不合适。

When they are used to express something that is out of normal expectations as in the above examples, and a weaker meaning of contradiction, dào can be replaced by què. If the meaning is obvious and strong, then only dào or fǎndào can be used; and we cannot use què instead. For the same reason, when the meaning of contradiction in a sentence is not particularly obvious and strong, but has a weaker implication, then only què can be used, because dào would be inappropriate.

例如：（1）你有什么理由不孝敬父母，我倒要听听。

（2）事情办坏了，我不说他，他（反）倒说起我来了。

（3）我好心好意帮她，我倒成了罪人！

（4）他说爱她，却又不愿意跟她结婚。

（5）他就是这么一个人，满肚子话，却一句也说不出来。

➡ 2. 表示祈使，含有催促、深究甚至不满；表示事情不是那样，有反说的语气。这类句子用"倒"或"倒是"，不能用"却"。

When the sentence expresses an imperative, containing a meaning of urging, getting to the bottom of a matter or even dissatisfaction, indicating something is not like that, with a tone of reverse, we can only use dào or dàoshì, not què.

例如：（1）你别见死不救，倒（是）伸把手呀。

（2）你说得倒（是）轻松，你来做做试试。

（3）到底发生了什么事，你倒（是）说啊！真急死人了！

（4）我忙得连坐的工夫都没有，你倒心安理得在一边看电视。

### 3. 在表示让步关系的句子里，只能用"倒"，不能用"却"。

In a sentence that expresses concession, we can only use dào or dàoshì, not què.

例如：（1）我倒没意见，不知经理会不会同意。

（2）写不写信倒没什么，只要别忘了老朋友就好。

（3）我倒愿意，可不知对方怎么想。

（4）我爱人倒是天天回家，可家务活他也帮不了什么忙。

## 练习　Exercises

◎ 改正"常见错误举例"中的错误。
Correct the mistakes in the "Examples of common mistakes".

◎ 选词填空。
Fill in the blanks with the appropriate words.

（倒　倒是　却）

1. 你自己做错了事，_____抱怨◆我。　　◆抱怨 bàoyuàn　complain, grumble
2. 夫妻之间固然◆需要爱，_____更需要互相尊重◆、理解。　　◆固然 gùrán　of course, admittedly　◆尊重 zūnzhòng　respect
3. 他想说几句感谢的话，_____怎么也说不出口。
4. 他_____是有钱，只是舍不得◆花。　　◆舍不得 shěbude　hate to part with, be reluctant to
5. 认识_____认识，只是名字一下子想不起来了。
6. 他嘴上不说，心里_____有数◆。　　◆心里有数 xīnlǐyǒushù　know exactly how things stand
7. 他工作能力_____有，只是态度不好。
8. 本想走近路，省点时间，不料反_____绕远◆了。　　◆绕远 ràoyuǎn　make an unnecessary detour
9. 做错了_____没什么，我气他不该骗◆我。　　◆（欺）骗 (qī) piàn　cheat
10. 孩子_____都大了，负担◆_____不见轻。　　◆负担 fùdān　burden, load
11. 她总想找份挣钱多又不费力◆的工作，_____总也找不到。
12. 请他帮忙他不来，不请他帮忙他_____来了。　　◆费力 fèilì　needing great effort, strenuous

# 的 de (auxiliary word indicating attribution or possession)

## 常见错误举例 Examples of common mistakes

1. 他是谁朋友？
2. 我日本的朋友很讲礼貌◆。  ◆礼貌 lǐmào  courtesy, politeness
3. 公司提供热情的周到的服务。
4. 去参观同学在学校南门外公共汽车站集合。

## 解析 Explanatory notes

助词"的"是个使用频率很高的词，用来连接修饰语和中心词，或与形容词、动词组成"的"字结构（参看"是……的"词条）。用"的"字连接修饰语和中心词有多种情况。

The auxiliary word de is a word frequently used to link the modifying expression with the head word. It can also be collocated with an adjective or a verb to form a structure with de (Please refer to the entry "shì…de"). De is used to link the modifying expression with the head word, to create various circumstances.

➡ 1. 名词、动词、形容词常可直接修饰名词，不需用"的"，尤其是专业化了的名词不用"的"。例如：龙井茶、旧衣服、汉语老师、电影演员、京剧表演艺术家、现代化大都市，等等。

Nouns, verbs and adjectives can often be used to modify a noun without using de, especially if the noun is already specialized. Examples include: Lóngjǐngchá, jiù yīfu, Hànyǔ lǎoshī, diànyǐng yǎnyuán, jīng jù biǎo yǎn yì shù jiā, xiàn dài huà dà dū shì, etc. 但单音节名词修饰的中心语如果是抽象名词，一般要用"的"。例如：线的长度、铁的纪律、血的教训、人的名望、茶的品质等等；名词修饰名词，还有一种比较特殊，也需要注意，比如："日本朋友≠日本的朋友"，前者是日本人，后者是指除日本人以外的其他国家的人。前者不能插入"的"，后者的"的"不能省。

However, if the head word modified by a monosyllabic noun is an abstract noun, the word de should normally be used, as in xiàn de chángdù, tiě de jì lǜ, xuè de jiào xùn, rén de míng wàng, chá de pǐn zhì, etc. There is another special case of a noun modifying another noun that deserves our attention. For instance, "日本朋友≠日本的朋友". The former refers to Japanese friends, while the latter refers to Japan's friends who come from countries other than Japan. Therefore, we cannot insert de in the former, nor can we delete de from the latter.

➡ 2. 单音节形容词后一般不用"的"，但为加强语气，也可以用。例如：傻小子、穷学生、高水平、好脾气；旧的（衣服）不去，新的（衣服）不来，等等。

De is normally not added to monosyllabic adjectives. However, de can be inserted for emphasis, as in shǎ xiǎozǐ, qióng xuéshēng, gāo shuǐ píng, hǎo píqì, jiù de bú qù, xīn de bú lái, etc.

➡ 3. 修饰语和中心名词不经常组合的，必须用"的"。例如：常洗常换的衣服、刚擦好的皮鞋、高级白领的烦恼、大学生活的一天，等等。修饰语和中心名词经常组合或组合紧密，"的"可用可不用。例如：他（的）爸、我（的）妈、中国（的）人民、我们（的）学校、历史（的）经验、幸福（的）生活、投资（的）环境，等等。

If the modifier and the noun head are not frequently collocated, de must be used, as in cháng xǐ cháng huàn de yīfú, gāng cā hǎo de píxié, gāojí báilǐng de fánnǎo, dàxué shēnghuó de yì tiān; etc. If the modifier and the noun head are often collocated, or they are closely linked, the use of de is optional, as in tā (de) bà, wǒ (de) mā, Zhōngguó (de) rénmín, wǒmen (de) xuéxiào, lìshǐ (de) jīngyàn, xìngfú (de) shēnghuó, tóuzī (de) huánjìng, etc.

➡ 4. 一个中心词前往往不只一个修饰语，可能有多重修饰，不一定每一个修饰语后都要用"的"，那么，怎么用"的"字呢？一般地说，必须在新加修饰语的后面加"的"。下面是几组"修饰语＋中心词"的扩展例句：

A head word may be modified by more than one modifier, and it may not be the case that each modifier needs to be followed by de. What should we do in this case? Generally speaking, de is added after the newly introduced modifier. Please look at the following extension examples of "modifier + noun head".

(1) 热牛奶
　　热的牛奶
　　新鲜的热的牛奶
　　新鲜的热牛奶

（2）女朋友
　　漂亮的女朋友
　　新交的漂亮的女朋友
　　新交的漂亮女朋友
（3）热情周到服务
　　热情周到的服务
　　公司的热情周到的服务
　　公司的热情周到服务

➡ 5. 上列的"的"字短语，如果还要继续扩展，中心语前形成多层次修饰语，每一个修饰语后都用一个"的"字，不仅啰唆，而且容易引起语义不清，层次不明，应该尽量避免这种句子。
If the above phrases with de need to be further extended, the noun heads will be modified by multiple layers of modifiers where each modifier takes a de. It is not only wordy and repetitive, but easily leads to semantic confusion. Such sentences should be avoided as much as possible.

**处理方法有两种：**

There are two ways to handle it.

[1] 简化层次。

　　The first is to simplify the layers.

　　例如：（1）这是我新买的日本的丰田小轿车。
　　　　　　　这是我新买的日本丰田小轿车。
　　　　（2）这是一栋现代化的高级的漂亮的海滨别墅。
　　　　　　　这是一栋现代化的高级漂亮的海滨别墅。
　　　　（3）我的房间的窗户朝南。
　　　　　　　我的房间窗户朝南。

[2] 改变句式。

　　The second is to change the sentence pattern.

　　例如：（1）这是一辆日本丰田小轿车，我新买的。
　　　　（2）这是一栋现代化的高级海滨别墅，真漂亮。
　　　　（3）我的房间，窗户朝南。

## 练习　Exercises

◎ 改正"常见错误举例"中的错误。
Correct the mistakes in the "Examples of common mistakes".

◎ 把"的"字填入适当位置。
Insert de in the appropriate position.

1. 我们汉语王老师是上海人。
2. 她唱那首歌儿真好听。
3. 大娘说，孩子他爸现在成了她好帮手◆了。
4. 不少人总是酒后开车，忘了太多血◆教训◆。
5. 来中国做生意外国商人对中国投资◆环境◆非常满意。
6. 情人节◆那天，她收到心爱人送来一束情调◆浪漫◆新鲜红玫瑰◆。
7. 空姐热情周到服务让旅客们赞不绝口◆。
8. 我挣那点儿工资不够我女朋友一个人花销◆。
9. 现在好看有意思电视节目真不多。
10. 单亲家庭◆孩子缺少◆父亲爱或者母亲爱。

◆ 帮手 bāngshǒu  helper, assistant
◆ 血 xuè  blood   ◆ 教训 jiàoxùn  lesson
◆ 投资 tóuzī  invest, investment
◆ 环境 huánjìng  environment
◆ 情人节 Qíngrén Jié  Valentine's Day
◆ 情调 qíngdiào  sentiment, taste
◆ 浪漫 làngmàn  romantic
◆ 玫瑰 méigui  rose
◆ 花销 huāxiāo  expense
◆ 赞不绝口 zànbùjuékǒu  be full of praise
◆ 单亲家庭 dānqīn jiātíng  single parent family
◆ 缺少 quēshǎo  lack, be short of

# 的　地　得　de, de, de (grammatical particles)

## 常见错误举例　Examples of common mistakes

1. 花丛◆中蜜蜂成群◆的飞。
   ◆ 花丛 huācóng  flowers in clusters
   ◆ 成群 chéngqún  in groups, in herds
2. 他一个劲的喊渴，端起杯子大口、大口的喝着。
3. 菜太辣了，他辣的说不出话来。
4. 他汉语已经说的很流利了。

## 解析　Explanatory notes

"的""地""得"都是结构助词，没有实际意义，只起语法作用，在句子中的作用和地位本来十分明确，但因三个词的发音完全相同，都读轻声"de"，不只是外国学习者常常出错，现在越来越多的中国人，也经常混用。

All these three are structural particles. They do not have actual meanings, but function grammatically. Their role and status in a sentence are actually very clear. However, as all three are pronounced the same way, in a light de tone, not only foreign learners, but more and more Chinese often mix them up.

➡ 1. "的"用在定语的后面，"地"用在状语的后面，"得"用在补语的前面。三个词在句子中的位置如下所示：

De (的) follows an attribute, de (地) follows an adverbial, and de (得) precedes a complement. Their positions in a sentence are shown as follows:

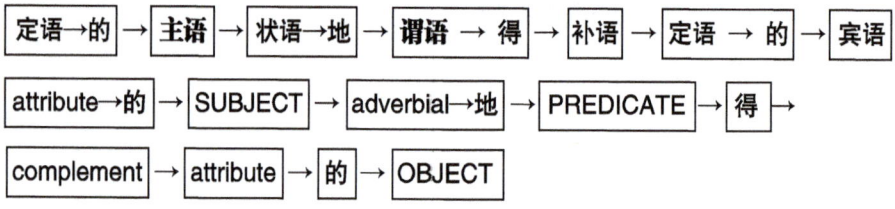

➡ 2. 定语"的"后面是中心词语。充当中心词语的大多是名词，也有词组。定语与中心词语的关系有多种：[1] 修饰关系，如红的花，绿的叶，重要的会议，有趣的事等；[2] 领属关系，如：爸爸的书，我的手机，他的词典，中国的客人等；[3] 限制关系，如：下午五点的机票，办公室的灯，三分钟的时间等；[4] 用在谓语动词、动宾结构后，定语表示中心词语的方式、状态，如：买的礼物，看电影的人，参观展览的外国留学生等。

De (的) following the attribute introduces the headword, which is either a noun or a nominal phrase. The relationships between the attribute and the headword are various: (1) The relationship of modification, as in hóng de huā (red flowers), lǜ de yè (green leaves), zhòngyào de huìyì (an important meeting), yǒuqù de shì (interesting things), etc. (2) The relationship of possession, as in bàba de shū (my father's books), wǒ de shǒu jī (my cell phone), tā de cídiǎn (his dictionary), zhōngguó de kèrén (guests of China), etc. (3) The relationship of restriction, as in xiàwǔ wǔdiǎn de jīpiào (the air ticket for 5:00 p.m.), bàngōngshì de dēng (office lights), sān fēnzhōng de shíjiān (three minutes' time), etc. (4) When it is placed after the predicate verb or a [verb + object] structure, the attribute expresses the way or status of the headword, as in mǎi de lǐwù (the gift bought), kàn diànyǐng de rén (people who watched the movie), cānguān zhǎnlǎn de wàiguó liúxuéshēng (foreign students who visit the exhibition), etc.

➡ 3. "地"的前面是状语，"地"的后面是谓语。谓语由动词、形容词或词组充当。充当状语的多是副词、形容词，如：大声地说，飞快地跑，渐渐地变老，兴高采烈地跳，等等。

De (地) following the adverbial precedes the predicate, which is realized by a verb, an adjective or a phrase. Adverbials are often performed by an adverb or an adjective, as in dàshēng de shuō (speak loudly), fēikuài de pǎo (run fast), jiànjiàn de biàn lǎo (grow old gradually), xìnggāo-cǎiliè de tiào (jump happily), etc.

➡ 4. "得"的前面是谓语，"得"的后面是补语。补语是谓语的补充说明成分，[1] 表示可能，如拿得动，吃得下，做得完；[2] 表示程度，如：说得很清楚，冷得不得了，热得要命，办得漂亮等。

De (得) following the predicate introduces the complement, which is an additional explaining element to the predicate. (1) Indicating possibility, as in ná de dòng (can carry something), chī de xià (can eat something), zuò de wán (can finish something); (2) Indicating degree, as in shuō de hěn qīngchu (made it very clear), lěng de bùdeliǎo (very cold), rè de yào mìng (extremely hot), bàn de piàoliang (did a nice job), etc.

## ➡ 练习  Exercises

◎ 改正"常见错误举例"中的错误。
Correct the mistakes in the "Examples of common mistakes".

◎ 选词填空。
Fill in the blanks with the appropriate words.

（的　地　得）

1. 考试前他紧张_____睡不着觉。
2. 挫折会成为成功后最美好_____回忆◆。　　◆回忆 huíyì  recall, recollect
3. 我给孩子们上英语课，知道他们懂_____不多，我尽量◆说_____慢点，讲_____简单些。　　◆尽量 jǐnliàng  as far as possible

4. 我来中国，最初_____目的是学好汉语，然后回国找一份好_____工作。
5. 我们四个人用汉语、英语和手比画◆，高高兴兴_____聊了起来。 ◆比画 bǐhuà gesture, gesticulate
6. 妈妈正在睡觉，爸爸悄悄_____起床，轻脚轻手_____走了出去。
7. 爸爸妈妈每天见面和分别时，都要深情◆_____吻◆对方。 ◆深情 shēnqíng deep feeling, deep love ◆吻 wěn kiss
8. 每次听到《我心永恒》◆的歌声◆，我都感动_____热泪盈眶◆。
9. 他来中国后，幸运◆_____遇上了他将终身◆心爱____姑娘。
10. 在经济不景气_____形势下，如何增加就业◆机会，是全社会都在关注◆_____问题。

◆《我心永恒》Wǒ Xīn Yǒnghéng  My Heart Will Go On
◆歌声 gēshēng  sound of singing, song
◆热泪盈眶 rèlèi-yíngkuàng  tears well up in one's eyes
◆就业 jiùyè  obtain employment
◆关注 guānzhù  pay close attention to
◆幸运 xìngyùn  lucky
◆终身 zhōngshēn  lifelong

# 都　全　dōu, quán (all)

## ▶ 常见错误举例　Examples of common mistakes

1. 都学生喜欢我。
2. 把一切告诉他。
3. 什么中国菜她爱吃。
4. 我看到的每一个中国人是很热情◆的。　◆热情 rèqíng  zeal, enthusiasm
5. 差不多每一个中国人的家有一辆自行车。
6. 不都雇员◆是本国人。　◆雇员 gùyuán  employee

## ▶ 解析　Explanatory notes

副词"都"，表示总括全部。所以"都"前还可加副词"全"。

The adverb dōu indicates the inclusion of the sum total and therefore it can follow the other adverb quán.

➡ 1. 除问话外，总括的对象必须放在"都"的前面。

Except in interrogative sentences, the word indicating the sum should precede dōu.

例如：（1）学生都喜欢这位汉语老师。（意指所有学生 All the students like him.）

（2）他真能干，一会儿就把这些事全都办完了。（指所有的事 Referring to all things）

➡ 2. 总括的对象可以是表人或事物的名词，也可以用表示任指的疑问代词，意思是没有例外。

The sum can be expressed by a noun denoting people or things. It can also be expressed by an interrogative pronoun of indefinite indication, meaning no exception.

例如：（1）什么条件都答应。

（2）你说吧，怎么办都可以。

（3）这事让谁去办都行。

➡ 3. 在问句中，总括的对象（疑问代词）放在"都"的后边。试比较：

In an interrogative sentence, the interrogative pronoun indicating the sum follows the word dōu. Please compare the following two pairs of sentences.

例如：（1）你都听到什么了？

我什么都没听到。

（2）你都到哪些地方旅行了？

我哪儿都没去。

➡ 4. "都"字的否定句，通常情况下，"都"用在否定词的前边：

In a negative sentence with dōu, the word dōu normally precedes the word expressing negation.

[1] "都"字前后用同一个动词，前一个肯定，后一个否定。这种句子的常见格式为：动词 + 都 + 不/没 + 动词

Dōu can occur in between two exactly the same verbs, with the first one in the positive form and the second one in the negative. The normal format of such sentences is: [verb + dōu + bù/méi + verb].

例如：（1）你怎么问都不问我一声？

（2）一下午我坐在图书馆动都没动一下。

[2] 常见格式为"一 + 量词+名词+ 都 +不/没 + 动词"的句子：

Sentences in the format of [yī + measure word +...... dōu + bù/méi + verb]:

例如：（1）一口酒都不喝。

（2）一个人都没见。

（3）刮了一阵风，一滴雨都没下。

"不"放在"都"前，放在"都"后，意思不同。试比较：

When bù is placed before or after dōu, the sentences have different meanings.

（1）他们不都学汉语。(意思是他们中有学汉语的，还有不学汉语的。 Some of them are learning Chinese, but not all of them.)

（2）他们都不学汉语。(意思是他们没有一个学汉语。 None of them are learning Chinese.)

**副词"都"和"全"的区别：**

The difference between the adverbs dōu and quán:

"全"，表示某种性质及事务的全部，有完全的意思。

Quán describes the entirety of a certain feature or affair, and has the meaning of completeness.

例如：（1）教学设备是全新的。

（2）他做人处事全不想自己，只想别人。

只有这时，"全"不能用"都"来代替，其他情况都可以互换。"全""都"常常一起连用，概括作用更强。

When it is used like this quán cannot be replaced by dōu. In all other circumstances, they are interchangeable. Quán and dōu are often used together to express an emphasis of summing up.

例如：（1）他一来学生全都不说了。

（2）他一乐，大家全都乐了。

（3）这么多饭菜，他一下子全都吃光了。

## ▶ 练习 Exercises

◎ 改正"常见错误举例"中的错误。
Correct the mistakes in the "Examples of common mistakes".

◎ 选词填空。
Fill in the blanks with the appropriate words.

（都　全）

1. 这几句简单\*的汉语谁_____会说。　◆简单 jiǎndān　simple

2. 谁会什么，_____说说。
3. 经理想说什么谁_____知道，只是没有人肯◆说。 ◆肯 kěn　be ready to, be willing to
4. 你把一切_____告诉他，没关系。
5. 他真是_____心_____意为大家。
6. 我知道的已经_____告诉你了。
7. 我能给你的_____给你了，你还不满意吗？
8. 年轻人_____喜欢他，_____愿意◆和他交朋友。 ◆愿意 yuànyì　willing
9. 怎么你连问_____不问我一声便同意◆了？ ◆同意 tóngyì　agree

# 对　对于　duì，duìyú（with regard to, concerning）

## 常见错误举例　Examples of common mistakes

1. 她对于人很热情◆。 ◆热情 rèqíng　zeal, enthusiasm
2. 老师对于我点了点头。
3. 他对于你的态度是有看法的。
4. 对于妻子他认识不足。

## 解析　Explanatory notes

"对于"、"对"，介词，都用来引进动作涉及的对象，表示人、事物、行为之间的对待关系，所以在句子中常可互换。

Both duìyú and duì are prepositions which are used to introduce objects involved in actions, indicating the relationship between people, things and acts. Therefore, they are often interchangeable in sentences.

例如：（1）他对（对于）这种事不感兴趣。
（2）对（对于）这些意见，我们要给予足够的重视。
（3）公司老总对于你的新奇想法十分感兴趣。

一般来说，用"对于"的句子，基本上都可用"对"替换；而在用"对"的句子中，有的可用"对于"替换"对"，有的则不可。二者的主要区别是：

Generally speaking, duìyú can be replaced by duì in sentences, but not necessarily vice versa. Sometimes duì can be replaced by duìyú and sometimes it can't. Their main differences are as follows.

➡ 1. 介词"对"，有"朝""向"的意思，用来指示动作对象，"对于"则没有这种用法。

The preposition duì has the meaning of "be directed at", used to refer to the object of an action, while duìyú does not have this usage.

例如：（1）她对我不错。
（2）他对我说了这件事。
（3）你对他都做了些什么，让他这么恨你！

➡ 2. 如果"对"的宾语是单独的名词或代词，前面没有附加限制、修饰成分，或在表示人与人之间的关系时，不可用"对于"。

In the following cases duì cannot be replaced by duìyú: the prepositional object is a single noun or pronoun without any restricitve or modifying element; duì is used to express the relationship between people.

例如：（1）母亲对孩子非常关心。
（2）学生们对老师都十分尊敬。
（3）我对钱一向都看得很淡。

➡ 3. 在句中的位置不同。"对于"常用于句首，而"对"则常用于主语后、动词谓语前。在有助动词、副词的句子里，"对"的位置很灵活，可用在助动词（如：会、能、可以、应该等）、副词（如：都、特别、尤其等）的前面或后面，也可以用在主语前。"对于"则只能用在助动词、副词或主语前。也就是说，用在助动词、副词后面的"对"不能够用"对于"替换。

They have different positions in the sentence. Duìyú is often placed at the beginning of a sentence, while duì often appears after the subject and before the predicate verb. In a sentence with an auxiliary verb, the place of duì is quite flexible. It can be placed before or after the auxiliary verb (such as huì, néng, kěyǐ, yīnggāi, etc.) or the adverb (such as dóu, tèbié, yóuqí, etc.) It can also be placed before the subject. Duìyú can only be placed before the auxiliary verb, the adverb or the subject. In other words, duì that is put after the auxiliary verb or the adverb cannot be replaced by duìyú.

例如：（1）他们会对这件事采取措施。
（2）每个人都会对这件事有自己的看法。
（3）他对你特别客气。/对你他特别客气。
（4）对每一个人，尤其是对老年人，我们都应该有爱心。

▶ 4. "对于"常带比较复杂的宾语，用在修饰成分较多的长句里，书面色彩比较浓。"对"则多用于简短一些的句子，口语中用得更多。

Duìyú often takes a complex object and is used in a long sentence with multiple modifying elements, implying a formal tone. Duì is more often used in simpler sentences, especially in oral Chinese.

例如：（1）她对我很有感情。
（2）对客人要有礼貌。
（3）对于公司的远期发展规划和近期效益目标，我们还要深入讨论。
（4）对于人类社会的进步给自然生态环境带来的空前破坏，各国政府都要高度重视。

▶ 5. "对"，还可以作动词、形容词、量词，"对于"只是介词。下面例句中的"对"都不能换成"对于"。

Duì can also be used as a verb, an adjective, or a measure word, while duìyú is only a preposition. In the following examples, duì cannot be replaced by duìyú.

例如：（1）今天比武，是一对一，双方都不准换帮手。（"对"是动词　Duì as a verb）
（2）他们俩真是天生一对。（"对"是量词　Duì as a measure word）
（3）你说得很对，我听你的。（"对"是形容词　Duì as an adjective）

▶ 练习　Exercises

◎ 改正"常见错误举例"中的错误。
**Correct the mistakes in the "Examples of common mistakes".**

◎ 选词填空。
**Fill in the blanks with the appropriate words.**

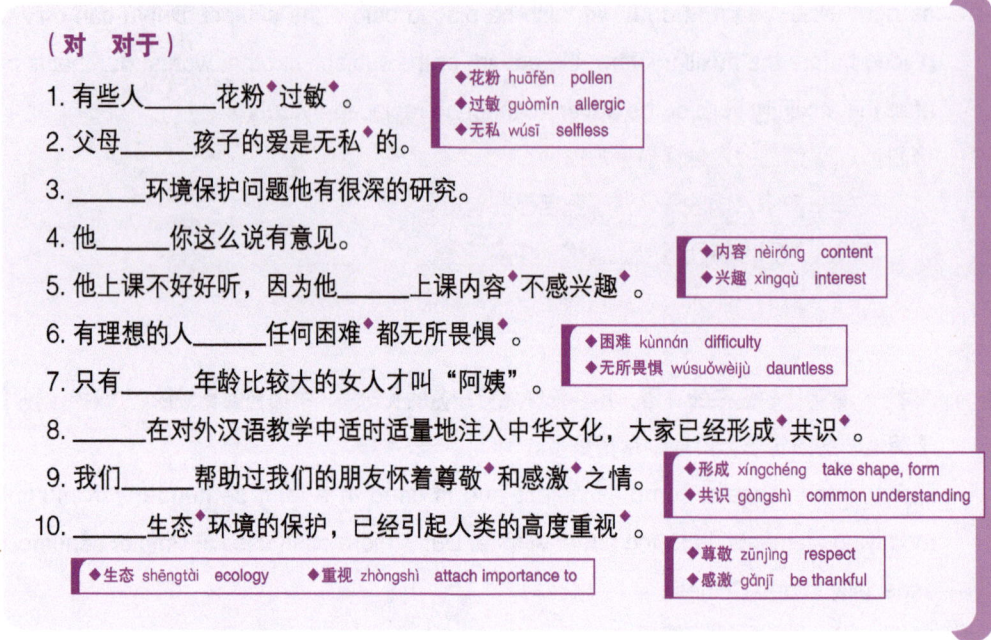

# 对 向 冲 朝
## duì, xiàng, chōng, cháo (towards)

▶ **常见错误举例　Examples of common mistakes**

1. 老板对我打招呼。　◆招呼 zhāohu　greet, beckon
2. 火车开动了，我冲来送我的朋友说："再见！"
3. 我刚走到马路中间，一辆卡车对我开来了。
4. 刚生了点病，你怎么尽对着坏的方面去想？
5. 是我错了，我朝你道歉！　◆道歉 dàoqiàn　apologize, apology

## 解析 Explanatory notes

> 介词"对"、"向"、"冲"、"朝"都不能单独使用,必须后跟宾语组成介词结构,介绍出动作和行为的对象或方向,有时候可以互换,有时候不能互换。它们的相同处是都能表示动作的对象或方向。
>
> Duì, xiàng, chòng and cháo are prepositions and so they cannot be used independently. They have to take prepositional objects to form prepositional phrases, introducing the object or the direction of an act or behaviour. They are interchangeable under certain circumstances, but not under others. The similarity between them is that they can all indicate the object or the direction of an act.

例如:(1)姑娘冲/对/朝我笑了笑。
（2）我家大门冲/朝/向南开。
（3）汽车冲/朝/向我开过来。

下面是这几个词的主要区别,它们不能互换:

The following are the major differences between them and under these circumstances they are not interchangeable.

➡ 1. "对"有"对待""对付"的意思,即以某种态度、情感或行为施加于人或事,其他三个词没有这个意义和用法。

Duì implies to treat or to cope with, that is, imposing an attitude, emotion or behaviour on somebody or something, while the other three do not have this meaning or usage.

例如:(1)大娘对人一向都很热情和友好。
（2）你这么做,对她不公平!
（3）我们对克服经济危机带来的困难充满信心。
（4）学校对学生家长来访的接待,非常热情、周到。

➡ 2. "向"、"冲"、"朝"都能表示动作的方向,后面跟的大都是表方向、场所的词语,而"对"没有这个意义和用法。

Xiàng, chòng and cháo can all describe the direction of an act, and they are usually followed by expressions indicating direction, while duì does not have this meaning or usage.

例如：（1）小姑娘向/朝/冲我跑过来。

（2）火车向/朝上海开去。

➡ 3. "冲"，多用于口语（北方），动作性较强，一般不用于比较书面化、抽象化的句子。"朝"的用法较接近"冲"，可用于比较书面化、抽象化的句子。

Chòng is more often found in northern dialects, with a strong implication of action. It is not normally found in abstract written sentences. Cháo's usage is similar to that of chòng, but used in more abstract written sentences.

例如：（1）很奇怪，一个陌生人朝/冲我们直点头。

（2）一个熟人老远就朝/冲我打招呼。

（3）我们朝着既定目标前进。

（4）拜托，你们别尽朝不好的的方面想好不好！

➡ 4. "向"组成的介词结构表示趋向意义时，可作状语，也可作补语。其他几个介词组成的介词结构不能用在动词后作补语。

The prepositional expressions formed with xiàng to express a trend can function as an adverbial or complement in a sentence, while the prepositional expressions formed with the other prepositions cannot follow a verb to function as a complement.

例如：（1）我们绝不向困难低头。

（2）请代我们向老师问候！

（3）中国人民正从小康走向富裕。

（4）长江，黄河，日日夜夜唱着欢乐的歌奔向大海。

➡ 5. "对"引出行为、动作对象，跟指人的名词、代词组成介词结构，并有较明显的表趋向的意义而无对待意义，这种介词结构用在动词前作状语，句中的"对"可用"向"替换。

Duì can be followed by nouns referring to persons to form prepositional phrases introducing the object of an action or behaviour. Under such circumstances, it has an obvious meaning of trend and not treatment. These prepositional phrases precede the verb to function as an adverbial, and duì in these sentences can be replaced by xiàng.

例如：（1）他对/向你说了些什么？

（2）妻子莫名其妙地向/对丈夫发了一通脾气。

（3）对/向学生负责是教师的职业道德。

## 练习　Exercises

◎ 改正"常见错误举例"中的错误。
Correct the mistakes in the "Examples of common mistakes".

◎ 选词填空。
Fill in the blanks with the appropriate words.

（对　向　朝　冲）

1. 我们的车_____着太阳♦升起的地方开去。　◆太阳 tàiyáng　sun
2. 我们这样做，是_____人不_____事，希望你能理解。
3. 我们___困难的态度，一是不怕，二是战而胜之♦。　◆战而胜之 zhàn'érshèngzhī　fight and win
4. 汽车_____左猛一拐♦，直_____大桥♦撞去了。　◆猛拐 měng guǎi　a sharp turn
　　　　　　　　　　　　　　　　　　　　　　　　◆大桥 dà qiáo　bridge
5. 你有气，就_____我来，别摔东西，莫名其妙♦乱发脾气♦。
　　　　　　　　　　　　　　　　　　　　　　　◆莫名其妙 mòmíng-qímiào
　　　　　　　　　　　　　　　　　　　　　　　　　be baffled, no one can explain it
　　　　　　　　　　　　　　　　　　　　　　　◆脾气 píqi　temper
6. 主人_____他十分客气，又是让座，又是递♦烟。
7. 他_____女士一向很有礼貌，_____年轻小姐更是客气。　◆递 dì　hand over
8. 我们的工作又_____前迈♦进了一大步，但我们不能满足。　◆迈 mài　make a step
9. 学校_____学生家长♦来访♦的接待工作，十分重视。　◆家长 jiāzhǎng　parent
　　　　　　　　　　　　　　　　　　　　　　　◆来访 láifǎng　come to visit
10. _____工作采取什么态度，反映了一个人的职业♦道德♦。
　　　　　　　　　　　　　　　　　　◆职业 zhíyè　occupation, profession
　　　　　　　　　　　　　　　　　　◆道德 dàdé　moral, morality

# 多　duō (many, much)

## 常见错误举例　Examples of common mistakes

1. 学习汉语会有多困难，但是不要着急♦。　◆着急 zháojí　worry about
2. 北京王府井有多人。
3. 刚来中国时我不习惯♦，中国朋友给我多帮助。　◆习惯 xíguàn　habit, custom
4. 钱花多不一定吃得好。

## ▶ 解析　Explanatory notes

> **形容词"多",表示数量大,它的反义词是"少"。**
> The adjective duō means a large quantity (amount), and its antonym is shǎo.

➡ 1. "多"修饰名词时,前面必须带其他修饰词语,不能单独作定语。常与"多"搭配的有:"很、这么、那么、好、太"等程度副词。

When duō modifies a noun, it has to be preceded by some other modifying expressions and cannot be used as an attributive on its own. Adverbs of degree such as hěn, zhème, nàme, hǎo, and tài are often collocated with duō.

例如:(1)很多人第一次来中国便爱上了中国。
　　　(2)炒菜不能放太多的水。
　　　(3)公共汽车站有好多人等车。

单独修饰名词时,只限于少数固定词语。如:"多年的老朋友老交情。"
It is only with a small number of fixed collocations that it can modify a noun on its own.

➡ 2. 可单独修饰动词;用在客套话时,可重叠。

It can be used alone to modify a verb and duplicated when used in courtesy expressions.

例如:(1)不必多说。
　　　(2)请多多关照。
　　　(3)学汉语要多听多说多练习。
　　　(4)多做比多说好。

➡ 3. 作谓语和补语。作补语时,多用于比较,表示相差程度大。

It can be used as a predicate or a complement. When used as a complement, it often indicates a comparison, expressing a large extent of difference.

例如:(1)路上车多开不快。
　　　(2)新鲜事多着呢。
　　　(3)身体比以前好多了。
　　　(4)这儿空气新鲜多了。
　　　(5)在北京骑自行车比坐公共汽车方便得多。

➡ 4. 用在动词前作状语，动词后有数量词。

When it is used before a verb as an adverbial, the verb has to be followed by a numeral and a measure word.

例如：（1）今天他比平时多学习了一个小时（汉语）。

（2）他今天高兴多喝了一杯。

## ▶ 练习　Exercises

◎ 改正"常见错误举例"中的错误。
Correct the mistakes in the "Examples of common mistakes".

◎ 用"多"字填空，并谈谈句中"多"属于上述哪种用法。
Fill in the blanks using expressions with duō, and explain which of the above mentioned usages is used in each sentence.

1. 你去了很_____地方，一定知道很_____新鲜事，能谈谈吗？

2. 人_____嘴杂◆，很难让大家满意。　◆嘴杂 zuǐzá　many mouths

3. 老人_____喝酒对身体不好；_____走路对身体好。

4. 很_____中国人不喜欢吃奶酪◆。　◆奶酪 nǎilào　cheese

5. 几年没见，变化◆_____大啊，临走◆再_____看几眼吧。
　◆变化 biànhuà　change
　◆临走 línzǒu　on the point of leaving

6. 今天冷，他比昨天_____穿了一件衣服。

7. 他汉语听力不好，请_____帮助他。

8. _____年不见，很_____朋友都不认识了。

# D 参考答案 Reference Answers

## 打算　计划

**改正"常见错误举例"中的错误。**
Correct the mistakes in the "Examples of common mistakes".
1. 计划得再好也没用，变化太快。
2. 遇到什么事他习惯先为自己打算。
3. 她还小，还不打算嫁人。
4. 你打算到哪家公司工作？

**选词填空。**
Fill in the blanks with the appropriate words.
（打算　计划）
1. 他没有打算报考国家公务员。
2. 他打算／计划先考察中国市场，然后决定投资项目。
3. 他这次出国就没打算回来。
4. 出国后，他打算／计划先过语言关，再选读一个热门专业。
5. 他们还没有去国外旅游的打算／计划。
6. 农民工子女的义务教育计划正在加紧实施
7. 金融风暴暴发后，世界各国都制订了有效振兴经济的计划。
8. 你们之间好像产生了难以消除的误会，你打算怎么办？
9. 老板对我说，你的想法很好，你尽快拿出一份具体计划来。
10. 凡事都为自己打算，不替别人着想，这种人不会有朋友。

## 大约　大概　恐怕

**改正"常见错误举例"中的错误。**
Correct the mistakes in the "Examples of common mistakes".

1. 问题大概／恐怕不大。
2. 我只听懂了个大概的意思。
3. 他嘴里不说，心里却明白了一个大概。
4. 老人家大约六十岁了。（或"恐怕有六十岁了"）
5. 对这件事，我有个大概的印象。

**选词填空。**
Fill in the blanks with the appropriate words.
（大概　大约　恐怕）
1. 二十世纪八十年代出生的年轻人，中国大约有2亿。
2. 大概情况恐怕你已经熟悉了，就开始工作吧。
3. 他的情况我只知道个大概。
4. 飞机大约／大概还有一个小时就要起飞了，他恐怕赶不上飞机了。
5. 你别着急，这会儿他大概／恐怕已经在家等你了。
6. 你别瞎琢磨了，事情大概／恐怕不像你想的那么坏。
7. 这房子大概／大约要120万才买得下来。
8. 你这样做大概／恐怕总经理不会同意。
9. 她是个很随和的人，但你伤透了她的心，她大概／恐怕不会回心转意了。
10. 大概是经过一次失败的婚姻，他才学会了如何去爱。

# 带　拿

**改正"常见错误举例"中的错误。**
Correct the mistakes in the "Examples of common mistakes".
1. 我把书拿楼上去了／上楼去了。
2. 他从书包里拿出来一本新的汉语词典。
3. 先生大声喊："拿衣服来!／把衣服拿来!"
4. 对不起，因为忙，一直没时间把你要的书带来。
5. 请你顺便把报拿到办公室去。
6. 下大雨了，大家都没有带伞，走不了啦。

**选词填空。**

Fill in the blanks with the appropriate words.

（拿　带）

1. 这是我给妈妈的礼物，请你带回国,好吗?
2. 她第一次来公司，请你带她来见我。
3. 小姐，请你把那一款手机拿给我看看。
4. 你手里拿的是什么，能给我看一下吗?
5. 空姐服务时，总是面带笑容。
6. 这份合同还有一些附带条件。
7. 你姐是去赴约，怎么能带你去！
8. 北京人喜欢骑着自行车上下班，一路上捎带买点东西，十分方便，许多骑自行车的还带人呢。
9. 经理让我带口信给你，你明天不用上班了。
10. 我不去看她，你要是见到她，就给她带个好吧。

# 倒　却

**改正"常见错误举例"中的错误。**

Correct the mistakes in the "Examples of common mistakes".

1. 你倒是说话呀，去还是不去？
2. 我倒没关系，不过不知他是什么态度。
3. 哼，我倒要先听听他怎么说。
4. 他倒是想说几句，却是怎么也说不出口。

**选词填空。**

Fill in the blanks with the appropriate words.

（倒　倒是　却）

1. 你自己做错了事，倒/却抱怨我。
2. 夫妻之间固然需要爱，却更需要互相尊重、理解。
3. 他想说几句感谢的话，却怎么也说不出口。
4. 他倒是有钱，只是舍不得花。
5. 认识倒是认识，只是名字一下子想不起来了。
6. 他嘴上不说，心里却有数。

7. 他工作能力倒有，只是态度不好。
8. 本想走近路，省点时间，反倒绕远了。
9. 做错了倒没什么，我气他不该骗我。
10. 孩子倒是都大了，负担却不见轻。
11. 她总想找份挣钱多、又不费力的工作，却总也找不到。
12. 请他帮忙他不来，不请他帮忙他倒来了。

# 的

### 改正"常见错误举例"中的错误。
Correct the mistakes in the "Examples of common mistakes".
1. 他是谁的朋友?
2. 我的日本朋友很讲礼貌。
3. 公司提供的热情周到服务。
4. 去参观的同学在学校南门外的公共汽车站集合。

### 把"的"字填入适当位置。
Insert de in the appropriate position.
1. 我们的汉语王老师是上海人。
2. 她唱的那首歌儿真好听。
3. 大娘说，孩子他爸现在成了她的好帮手了。
4. 不少人总是酒后开车，忘了太多的血的教训。
5. 来中国做生意的外国商人对中国的投资环境非常满意。
6. 情人节那天，她收到心爱的人送来的一束情调浪漫的新鲜红玫瑰。
7. 空姐热情周到的服务让旅客们赞不绝口。
8. 我挣的那点儿工资不够我的女朋友一个人花销。
9. 现在好看的有意思的电视节目真不多。
10. 单亲家庭的孩子缺少父亲的爱或者母亲的爱。

# 的 地 得

### 改正"常见错误举例"中的错误。
Correct the mistakes in the "Examples of common mistakes".

1. 花丛中蜜蜂成群地飞。
2. 他一个劲地喊渴，端起杯子大口、大口地喝着。
3. 菜太辣了，他辣得说不出话来。
4. 他的(可省)汉语已经说得很流利了。

**选词填空。**

Fill in the blanks with the appropriate words.

（的　地　得）
1. 考试前他紧张得睡不着觉。
2. 挫折会成为成功后最美好的回忆。
3. 我给孩子们上英语课，知道他们懂得不多，我尽量说得慢点，讲得简单些。
4. 我来中国，最初的目的是学好汉语，然后回国找一份好的(可省，can be omitted)工作。
5. 我们四个人用汉语、英语和手比画，高高兴兴地聊了起来。
6. 妈妈正在睡觉，爸爸悄悄地起床，轻脚轻手地走了出去。
7. 爸爸妈妈每天见面和分别时，都要深情地吻对方。
8. 每次听到《我心永恒》的歌声，都感动得热泪盈眶。
9. 他来中国后，幸运地遇上了他将终身心爱的姑娘。
10. 在经济不景气的形势下，如何增加就业机会，是全社会都在关注的问题。

# 都　全

**改正"常见错误举例"中的错误。**

Correct the mistakes in the "Examples of common mistakes".
1. 学生都喜欢我。
2. 把一切都告诉他。
3. 什么中国菜她都爱吃。
4. 我看到的每一个中国人都很热情。
5. 差不多每一个中国人的家都有一辆自行车。
6. 雇员不都是本国人。（或"雇员都不是本国人。"但意思不一样。 If you change the position of dōu and bú, the meaning is different.）

第1、6句是"都"放的位置不对；其他各句应该用"都"而没用。(In sentences 1 and 6,

the word **dōu** is wrongly placed, while in the other sentences, the word **dōu** was wrongly omitted.)

**选词填空。**

Fill in the blanks with the appropriate words.

（都　全）

1. 这几句简单的汉语谁都会说。
2. 谁会什么，都说说。
3. 经理想说什么谁都知道，只是没有人肯说。
4. 你把一切全（或都）告诉他，没关系。
5. 他真是全心全意为大家。
6. 我知道的已经都（或全）告诉你了。
7. 我能给你的全（或都）给你了，你还不满意吗？
8. 年轻人都喜欢他，都愿意和他交朋友。
9. 怎么你连问都不问我一声便同意了？

# 对　对于

**改正"常见错误举例"中的错误。**

Correct the mistakes in the "Examples of common mistakes".

1. 她对人很热情。
2. 老师对我点了点头。
3. 他对你的态度是有看法的。
4. 对妻子他认识不足。

**选词填空。**

Fill in the blanks with the appropriate words.

（对　对于）

1. 有些人对花粉过敏。
2. 父母对孩子的爱是无私的。
3. 对／对于环境保护问题他有很深的研究。
4. 他对你这么说有意见。
5. 他上课不好好听，因为他对上课内容不感兴趣。

099

6. 有理想的人对任何困难都无所畏惧。
7. 只有对年龄比较大的女人才叫"阿姨"。
8. 对于在对外汉语教学中适时适量地注入中华文化，大家已经形成共识。
9. 我们对于帮助过我们的朋友怀着尊敬和感激之情。
10. 对生态环境的保护，已经引起人类的高度重视。

## 对　向　冲　朝

**改正"常见错误举例"中的错误。**
Correct the mistakes in the "Examples of common mistakes".

1. 老板向我打招呼。
2. 火车开动了，我对／向来送我的朋友说："再见！"
3. 我刚走到马路中间，一辆卡车向／朝我开来了。
4. 刚生了点病，你怎么尽向／朝着坏的方面去想？
5. 是我错了，我向你道歉！

**选词填空。**
Fill in the blanks with the appropriate words.

（对　向　朝　冲）

1. 我们的车向／朝着太阳升起的地方开去。
2. 我们这样做，是对人不对事，希望你能理解。
3. 我们对困难的态度，一是不怕，二是战而胜之。
4. 汽车向左猛一拐，直朝大桥撞去了。
5. 你有气，就冲我来，别摔东西，莫名其妙乱发脾气。
6. 主人对他十分客气，又是让座，又是递烟。
7. 他对女士一向很有礼貌，对年轻小姐更是客气。
8. 我们的工作又向／朝前迈进了一大步，但我们不能满足。
9. 学校对学生家长来访的接待工作，十分重视。
10. 对工作采取什么态度，反映了一个人的职业道德。

## 多

**改正"常见错误举例"中的错误。**
Correct the mistakes in the "Examples of common mistakes".
1. 学习汉语会有很多困难,但是不要着急。
2. 北京王府井有很多人。
3. 刚来中国时我不习惯,中国朋友给我很多帮助。
4. 钱花得多不一定吃得好。

**用"多"字填空,并谈谈句中"多"属于上述哪种用法。**
Fill in the blanks using expressions with dūo, and explain which of the above mentioned usages is used in each sentence.
1. 你去了很多地方,一定知道很多新鲜事,能谈谈吗?
2. 人多嘴杂,很难让大家满意。
3. 老人多喝酒对身体不好;多走路对身体好。
4. 很多中国人不喜欢吃奶酪。
5. 几年没见,变化多大啊,临走再多看几眼吧。
6. 今天冷,他比昨天多穿了一件衣服。
7. 他汉语听力不好,请多/多多帮助他。
8. 多年不见,很多朋友都不认识了。

# 干 搞 弄
## gàn ( do, work, work as ), gǎo (do, be engaged in), nòng (manage, handle)

### 常见错误举例　Examples of common mistakes

1. 我干不明白，怎么会这样。
2. 你给我干两张音乐会的票，好吗？
3. 小孩子上课坐不住，总爱干小动作◆。　　◆小动作 xiǎo dòngzuò　fidgety movements
4. 他做事常常搞巧成拙◆。　　◆弄巧成拙 nòngqiǎo-chéngzhuō　suffer from being too smart

### 解析　Explanatory notes

"干"、"搞"、"弄"都是动词，都有做（什么事）的意思，有动词的各种特点，如可带"着、了、过"，可有状语，可带宾语等。许多时候，在一个句子里，三个词都可以用，意思基本上一样。

Gàn, gǎo and nòng are verbs, all having the meaning of doing something, and also having various characteristics of verbs, such as taking adverbials and objects. On many occasions, all three can be used in a sentence with basically the same meaning.

例如：（1）为了吃顿团圆饭，我爱人整整干了 / 搞了 / 弄了一天。
　　　（2）这事儿我干 / 搞 / 弄不好，你帮帮我。
　　　（3）他不吃饭不睡觉，忙了几天了，总想干出 / 搞出 / 弄出个结果来。
　　　（4）他干了 / 搞了 / 弄了一辈子艺术，可终是一事无成。

但是，"干"、"搞"、"弄"也有明显区别，许多时候，三个词并不都能通用。

Nevertheless, gàn, gǎo and nòng also have obvious differences, and on many occasions they cannot be used interchangeably.

➡ 1. "干"有担任某种职务的意思，"搞"和"弄"没有。

Gàn has the meaning of occupying a certain position, while gǎo and nòng do not have this meaning.

例如：（1）他干过大型企业的厂长。

（2）年轻时，她干过几年导游（职务）。

（3）她做过编辑，也干过校对（职务）。

➡ 2. "搞"和"弄"有设法获得、想办法取得的意思，"干"没有这个意思。

Gǎo and nòng have the meaning of trying to get or obtain something, while gàn does not have this meaning.

例如：（1）春节到了，出远门的人都想回家过年，火车票太难搞／弄了。

（2）我好不容易搞到／弄到两张火车票。

（3）我饿坏了，你快给我搞／弄点儿吃的。

（4）他路子广、关系多，总能搞到／弄到市场上稀罕的紧俏商品。

➡ 3. "搞""弄"都能代替某些动词，表达某种特殊的、比较复杂的意义。但"搞"和"弄"后面涉及的宾语不同，意义也不同。"干"没有这类用法。

Both gǎo and nòng can replace certain other verbs to express certain particular and complex meanings. When gǎo and nòng take different objects, they can express different meanings. But gàn cannot be used this way.

例如：（1）孩子已经搞对象了。（谈恋爱、找结婚对象　Be in love, look for a marriage partner）

（2）她刚开始工作，就学会搞关系了。（为得到好处和照顾，表示亲近、拉近关系　To develop a close or intimate relation in order to get benefit or care）

（3）你把公司弄成什么样子了！（糟蹋、破坏　Ruin, destruct）

（4）我一定会把这件事弄明白。（想明白、调查清楚　Understand, make clear）

"搞"和"弄"的这类用法还有很多，比如"搞改革"（实施改革、参与改革），"搞鬼"（暗中使诡计、做一些安排），"搞活"（采取措施使事物有活力），"搞一个计划"（制定一个计划），"搞个晚会"（组织一个晚会），"弄权"（把持权柄、滥用权力），"弄鬼"同"搞鬼"，"弄潮"（在水中或社会浪潮中搏击、嬉戏），"弄孩子"（照顾孩子、同孩子玩耍）等等。

There are many other examples of this kind of usage for gǎo and nòng, such as gǎo gǎigé (implement the reform, participate in the reform), gǎo guǐ (play secret tricks, make certain arrangements), gǎo yí gè jìhuà (make a plan), gǎo gè wǎnhuì (organise a party), nòng quán (hold power, abuse of power), nòng guǐ (same as gǎo guǐ), nòng cháo (fight with the water or the social wave, play), nòng háizi (take care of children, play with children), etc.

## 练习　Exercises

◎ 改正"常见错误举例"中的错误。
Correct the mistakes in the "Examples of common mistakes".

◎ 选词填空。
Fill in the blanks with the appropriate words.

（搞　干　弄）

1. 他媳妇◆特能干◆，不大工夫就____出一大桌子菜来。
2. 你____不到钱，什么都免谈。
3. ____了三十几年改革开放，我们积累◆了丰富◆经验。
4. 我有个朋友是____摄影的，你结婚那天，我请他来摄像◆。
5. 爱____阴谋◆诡计◆的人，最后都没有好结果◆。
6. 在现在这个社会，不会____关系，寸步难行◆。
7. 我们的关系今天____成这样，是谁的责任？
8. 你____什么鬼，弄得这么神神秘秘的！
9. 这事你怎么____我不管，我只要一个好结果。
10. 不知怎么____的，我今天可____了一件大蠢事◆，真叫那个悔呀！

◆媳妇　xífu　wife, daughter-in-law
◆能干　nénggàn　capable
◆积累　jīlěi　accumulate
◆丰富　fēngfù　rich, abundant
◆摄影（像）shèyǐng (xiàng) take pictures (make a video recording)
◆阴谋　yīnmóu　conspiracy
◆诡计　guǐjì　trick
◆结果　jiéguǒ　result, outcome
◆寸步难行　cùnbù-nánxíng　unable to move even a single step
◆蠢事　chǔnshì　folly

# 刚　才　刚才　gāng (just, barely), cái (just, only), gāngcái (just now)

## 常见错误举例　Examples of common mistakes

1. 我刚才来一会儿。
2. 谈话刚才开始一会儿，你就来了。
3. 我刚想不起，现在想起来了。
4. 昨天，这种技术◆我刚才掌握◆。
5. 我刚刚来中国不久，还不习惯吃中国菜。

◆技术　jìshù　technology, technique
◆掌握　zhǎngwò　grasp, master

## 解析　Explanatory notes

> "刚"、"才",都是副词,都可以表示时间、数量。
> Both gāng and cái are adverbs and they can both be used to express time or amount.

➡ 1. "刚""才"表示时间时,是指明某个行为、动作或事件在说话前不久发生、完成。

When gāng and cái are used to indicate time, it means that a certain act, behaviour or event happened or was completed not long before the time of speaking.

例如:(1)我也是刚/才学汉语。

(2)我们也是刚/才来中国。

(3)我也是刚/才参加工作,我们互相帮助吧。

"刚"、"才"常与"就"、"又"搭配使用,表示后一件事紧接前一件事发生。

Gāng and cái are often collocated with jiù or yòu, indicating that the latter event happened immediately after the former one.

(1)我刚/才说一句,你就生气了。

(2)他太累了,刚/才躺下就叫醒他干什么!

(3)雨刚/才停了一会儿,现在又下起来了。

"才"表示时间时,还可表示事情发生或结束得晚。"刚"没有这个意思。

When cái is used to express time, it means that the thing happened or ended late, while gāng does not have this meaning.

(1)你怎么才来,大家等你半天了。

(2)他每天晚上玩电脑游戏,总是到凌晨才上床睡觉。

➡ 2. "刚"、"才"表示数量,放在数量词前,表示数量少,含有"只、只有"的意思。

When gāng and cái are used to express amount, they are placed before the numeral, indicating a small quantity, containing the meaning of only or just.

例如:(1)我才/刚几块钱,不够吃一碗面。

(2)这个女孩才/刚十几岁,就发表小说了。

"刚"表示数量时,还有不多不少、不前不后、不早不晚、"正好"的意思。"才"没有这些意思。

When gāng is used to express amount, it also has the meaning of just right — no more and no less, not before nor after, not early nor late, while cái does not have this meaning.

例如:(1)我的钱刚够买一部笔记本电脑。

(2)这次考试,他刚及格。

（3）你来得正好，老板刚进办公室。

➡ 3. "刚"可以重叠，成另一个词"刚刚"。"刚"、"刚刚"的意义和用法相同。

Gāng can be duplicated to make a new phrase gānggāng. They have the same meaning and usage.

➡ 4. "刚"和"才"可以组合成"刚才"。"才"、"刚"、"刚才"都可表示行为发生在不久前。但它们还是有一些区别。

Gāng and cái can be combined to become gāngcái. Gāng, cái and gāngcái all indicate that the action happened not long ago. But there are still some differences between them.

[1] "刚刚"可以用来表示说话人认为某动作、状态的发生或完成，距现在为时很短（实际上不一定短），"刚才"则不能这么说；"刚才"表示的是现在时间，"刚""刚刚"则可表示过去的某个时间，句中还可出现别的时间；"刚刚"能说明数量，"刚才"不能。

Gānggāng can be used to express that the speaker thinks that a certain action or state happened or ended a short time before now (but the time gap may not be short in reality); but we cannot use gāngcái this way. Gāngcái implies the present time, while gāng and gānggāng imply a certain past time and other time expressions can also appear in the sentence. Gānggāng can express amount, while gāngcái cannot.

例如：（1）我们是刚刚认识的，还不到一周呢。√
我们是刚才认识的，还不到一周呢。✗
（2）三年前，他大学刚毕业就参军了。√
三年前，他大学刚才毕业就参军了。✗
（3）他刚刚走了两天你就回来了。√
他刚才走了两天你就回来了。✗

[2] "刚才"后可用否定词，"才"、"刚"都不能；"刚"、"才"后可以跟表示时间的量词，"刚才"不能。

Gāngcái can be followed by a negative word, while cái and gāng cannot. Gāng and cái can be followed by a numeral denoting time, while gāngcái cannot.

例如：（1）你为什么刚才不说，现在才说？

（2）他刚才还不清楚，经我一解释，他就明白了。

（3）你刚/才工作一年，就算老资格了？

（4）你当官刚/才几天，就不认得老朋友了！

[3] "刚才"是名词，有名词的用法和特点，如可以用在主语前；可以跟在介词"比、跟、在"等的后边，组成介词短语；可作名词性词语的限制语，等等。"刚、刚刚"是副词，没有"刚才"的这些功能和用法。下面例句中的"刚才"，都不能换成"刚、刚刚"。

Gāngcái can also be used as a noun, carrying the usages and features of a noun. It can precede a subject or follow such prepositions as bǐ, gēn and zài to form a prepositional phrase. It can function as a restrictive modifier on a nominal. Gāng and gānggāng are adverbs and they do not have the above mentioned functions and usages. In the following examples, gāngcái cannot be replaced by gāng or gānggāng.

例如：（1）刚才，你去哪儿了？

（2）跟刚才比，她已经平静许多了。

（3）刚才的话，你可别往心里去！

## 练习 Exercises

◎ 改正"常见错误举例"中的错误。
**Correct the mistakes in the "Examples of common mistakes".**

◎ 选词填空。
**Fill in the blanks with the appropriate words.**

（才　刚　刚刚　刚才）

1. _____进家门电话铃◆就响了。　　◆电话铃 diànhuàlíng　telephone ring

2. 小女孩儿_____还哭呢，现在又笑了。

3. 他_____学会开车，路况还不熟悉。

4. 比赛_____开始，你坐下好好看。

5. 他忙了一辈子，_____退休◆时很不习惯，一天到晚不知做什么好。　　◆退休 tuìxiū　retire

6. 你_____说什么？我没听清，请再说一遍。

7. 你这点钱_____好买瓶啤酒。

8. _____下过雨，地上很滑，开车要小心。
9. _____是我不好，请你原谅◆我。  ◆原谅 yuánliàng  forgive
10. 昨天，我_____出了一身汗，一吹风，不小心感冒了。
11. 钱包_____还在口袋里，怎么现在没有了？
12. 我_____买了6瓶可口可乐，正好我们一人一瓶。

# 跟 和 gēn, hé (and, with)

### ▶ 常见错误举例  Examples of common mistakes

1. 我喜欢谈话跟你。
2. 请你来跟我。
3. 请问我们可以一起吃饭跟你吗？
4. 我没见面跟他。
5. 妈妈逼◆女儿结婚跟一个有钱人。  ◆逼 bī  force, compel

### ▶ 解析  Explanatory notes

"跟""和"都可以表示甲、乙双方共同、协同行动的意思，在一些句子中，"跟"、"和"常可互换。
Both gēn and hé can express the meaning that both A and B perform an action together or in a concerted manner. In some sentences, gēn and hé can often be used interchangeably.

例如：（1）我跟/和她见过一面。
（2）老师和/跟同学们一起去食堂吃饭。

➡ 1. "跟"作介词，引进动作对象，即动作由甲、乙二方协同完成，"跟"用来介绍出动作的乙方，而甲方是动作过程中的主导者。

When gēn is used as a preposition, it introduces the object of an action. That is, the action is performed by A and B together. But the object introduced by gēn is Party B, the affected one of the action, while Party A is the performer of the action.

例如：（1）我跟你吵？是你跟我吵！
（2）我要跟他离婚，越快越好。

例（1）前一句"我"是吵架的主动者，后一句"你"是吵架的主动者，说话人的意思是：不是我要吵架，是你要吵架。例（2）要离婚的主动者是"我"。这种句子，甲、乙位置不能互换，一换，主动者就不同了，意思也就变了。

In the first sentence of Example (1) above, wǒ (I) is the performer of the action of quarrelling, while in the second sentence of the example, nǐ (you) is the performer. In Example (2) above, wǒ (I) is the initiator. In these sentences, the position of A and B cannot be reversed, otherwise, the meaning changes.

➡ 2. 介绍出动作所涉及的对象。这时，"跟"的意思与"向、对、和"相近，有时可换相当的词。
Introducing the object of an action, gēn is similar to xiàng, duì and hé. Sometimes, they are interchangeable.

例如：（1）我要跟/向他学习汉语。
（2）这话你跟/对/向谁说过？
（3）我跟/向你打听一件事。
（4）这事跟/和你没关系。

➡ 3. 引出比较的对象，这时"跟"后面常用"比、一样、相同、相反"等词，表示进行比较的两项是相同的或相反的。
Introducing the objects of comparison, gēn is often followed by such words as bǐ, yíyàng, xiāngtóng, xiāngfǎn, etc., indicating the two items being compared are the same or opposite to each other.

例如：（1）他说汉语跟他说本国语一样流利。
（2）老板跟你谈比经理跟你谈更麻烦。
（3）我跟你相反，从不干涉先生交朋友。

➡ 4. "跟"、"和"都可作连词，连接平等的两个成分，表示动作由双方共同发出，后面常常加上"一块儿、一道、一同"等词。这种句子，甲、乙位置可互换，"跟"与"和"也可以互换，意思不变。

Both gēn and hé can be used as a conjunction, linking two parallel elements of a sentence, indicating that the action is performed by A and B together. In these circumstances, they are often followed by yíkuàir, yídào, yìtóng, etc. In these sentences, the positions of A and B can be reversed and gēn and hé can be used interchangeably with no change in meaning.

例如：（1）谁跟你一起来中国旅行？（你跟谁/谁和你/你和谁……）
　　　（2）我跟他一起学习汉语。（他跟我/我和他/他和我……）

➡ 5."跟""和"的否定形式：否定词"不"用在"跟"前来表示主观意愿；用在"跟"后表示客观事实。

When gēn and hé are in the negative sentences, the negative word bù expresses a subjective will when it precedes gēn, and it expresses an objective fact when it follows gēn.

例如：（1）我不跟这个人说话。（表达主观意愿　Subjective will）
　　　　　我跟这个人不说话。（表示客观事实　Objective fact）
　　　（2）我不跟她见面。（表达主观意愿　Subjective will）
　　　　　我跟她不认识。（表示客观事实　Objective fact）

## ▶ 练习　Exercises

◎ 改正"常见错误举例"中的错误。
Correct the mistakes in the "Examples of common mistakes".

◎ 选词填空。
Fill in the blanks with the appropriate words.

（跟　和）

1. 我的身高_____他差不多。
2. 这事_____张经理商量◆过没有？　　◆商量 shāngliang　consult, discuss
3. 我_____他打交道◆已不是第一次了。　◆交道 jiāodào　dealings
4. 要尽快◆_____对方取得联系◆。　　　◆尽快 jǐnkuài　as soon as possible
　　　　　　　　　　　　　　　　　　　◆联系 liánxì　contact, connection
5. 我要上街买些礼物，送给我的亲人_____我的朋友。
6. 学汉语_____学习别的语言一样，要多听多说。

7. 请您____我来！

8. 对什么是幸福，我____你理解◆不同。　◆理解 lǐjiě  understand

9. 对工作的高度责任感◆____想办法克服◆困难的精神是最可宝贵◆的。

10. 合同文本◆____附件◆请一起寄来。

◆ 责任感 zérèngǎn  duty, responsibility　　◆ 克服 kèfú  overcome
◆ 宝贵 bǎoguì  valuable, precious
◆ 文本 wénběn  text, version
◆ 附件 fùjiàn  appendix

# 更　更加　越　越发　越来越……
## gèng, gèngjiā (more), yuè, yuèfā (more), yuèláiyuè… (more and more…)

### ▶ 常见错误举例　Examples of common mistakes

1. 小王有钱，小李更加有钱了。
2. 以前他没钱还爱旅行，现在有钱了更爱。
3. 小刘身体很结实◆，小张越发结实。　◆ 结实 jiēshi  strong
4. 你不要劝◆他，你越劝他，他更说。　◆ 劝 quàn  advise, persuade
5. 现在我们公司的条件◆越来越比较好。　◆ 条件 tiáojiàn  condition
6. 现在参加锻炼的人越来越很多。
7. 这件衣服越看越非常喜欢。

### ▶ 解析　Explanatory notes

> "更"、"更加"、"越"、"越发"、"越来越"，都是用于比较，表示程度增高。
> Gèng, gèngjiā, yuè, yuèfā and yuèláiyuè are all used in comparison, indicating an increasing degree.

➡ 1. 用"更"的句中常常要举出对比的两个方面，并常跟"比"连用。

Gèng is often used together with bǐ (compare) and the two aspects for comparison often need to be mentioned in the sentence.

例如：（1）他对自己提出了（比别人）更高的要求。

（2）现在公司的规模（比以前）更大了。

➡ 2. "更加"和"更"同义，很多时候可以互换，但用法略有不同。"更加"多用于双音节的动词、形容词。

Gèngjiā is synonymous with gèng, and they can be used interchangeably on many occasions. But there is a slight difference between them. Gèngjiā is more often collocated with disyllabic verbs and adjectives.

例如：（1）他的汉语说得比以前更流利了。

（2）你的这些事例更说明问题。

这两个例句中的"更"都可换成"更加"，但第一项两个例句中的"更"换成"更加"，就不那么简洁、流畅了，因为"更"的后边是单音节形容词。

In these two examples, gèng can be replaced by gèngjiā. But in the two examples under item 1, if we replace gèng with gèngjiā, the sentences are not as simple and smooth because what come after gèng are monosyllabic adjectives.

➡ 3. 如果用"更加"表示随时间推移而程度加深，句末可用"了"；如果用于与其他人或事相比较，程度加深，句末不能加"了"。试比较下面的例子：

If we use gèngjiā to express the increase of degree as time goes on, we can add le to the end of the sentence. If it is used to express the higher degree in comparison with another person or thing, we cannot add le to the end of the sentence. Please compare the following two examples:

例如：小王爱运动，小李更加爱运动。（√）

小王爱运动，小李更加爱运动了。（×）

➡ 4. "越"、"越发"和"更"、"更加"，用于同一事物的比较时，可以互换。两种事物比较，则不能用"越"、"越发"，只能用"更"、"更加"。

When they are used to compare the same thing, yuè, yuèfā, gèng and gèngjiā can be used interchangeably. When comparing two different things, we can only use gèng and gèngjiā, not yuè and yuèfā.

例如：（1）这几天她病得更（更加、越发）厉害了。

（2）你这么说，我就更（更加、越发）不明白了。

（3）小红心灵手巧，小张越发心灵手巧。（×）

此外，"越"有重叠式，而"更"、"更加"没有。"越"的重叠式有"越……越……"和"越来越……"

What's more, yuè can be duplicated, but gèng and gèngjiā cannot. The duplicated format for yuè is yuè…yuè… (the more…, the more…) or yuèláiyuè (more and more).

例如：（1）他越着急越想不起来。

（2）我越打孩子，孩子越不听话。

（3）这个小姑娘长得越来越漂亮了。

（4）年轻人现在变得越来越时尚了。

例句（1）（2）"越……越……"的重叠，可以是同一个主语，也可以是不同的主语；例句（3）（4）"越来越"的重叠，只能用于同一个主语。

In examples (1) and (2), the format yuè…yuè… is used. The two parts of the sentence may have the same subject or two different subjects. In examples (3) and (4), the format yuèláiyuè is used, and the sentence may only use the same subject.

▶ 5. 在"更"、"更加"、"越"、"越发"、"越来越"这类句子里，不可再加程度高的副词。如："比较"、"很"、"非常"等。

In sentences with gèng, gèngjiā, yuè, yuèfā or yuèláiyuè, we cannot use adverbs indicating a high degree, such as bǐjiào (comparatively), hěn (very), fēicháng (exceedingly), etc.

▶ 练习　Exercises

◎ 改正"常见错误举例"中的错误。
Correct the mistakes in the "Examples of common mistakes".

◎ 选词填空。
Fill in the blanks with the appropriate words.

（更　更加　越　越发　越……越……　越来越……）

1. 学汉语，听、说好，不容易；写字好_____不容易。

2. 他_____喝_____起劲◆，一下子喝了三瓶啤酒。

◆起劲 qǐjìn　enthusiastic, energetic

3. 没有谁比他_____了解我们，_____支持我们的工作了。
4. _____赌_____输_____，_____输_____赌，最后他破产了。
5. 形势对我们_____有利了，大家_____有信心了。
6. 他当上了总经理，工作比以前_____忙了。
7. 雨下得_____大了，车也开得_____慢了。
8. 我以前就不怕吃辣的，现在_____不怕吃辣的了。
9. 北京有美丽的风景，有各种风味小吃，_____有悠久的文化。

- ◆赌 dǔ gamble, bet
- ◆输 shū lose
- ◆破产 pòchǎn bankrupt, bankrupcy
- ◆形势 xíngshì situation
- ◆信心 xìnxīn confidence
- ◆风景 fēngjǐng landscape
- ◆风味 fēngwèi flavour
- ◆悠久 yōujiǔ long, long-standing

# 够 gòu (enough)

### ▶ 常见错误举例　Examples of common mistakes

1. 去那么远的地方，车的油够不够多？
2. 这鱼新鲜不够。
3. 他快得不够。
4. 你去中国旅行够不够钱？

### ▶ 解析　Explanatory notes

满足需要的数量、标准、程度等叫"够"，不能满足则叫"不够"。
When the number, standard or degree meets the requirement, we use gòu; its negation is búgòu.

➡ 1. 作动词，可带"了"。
When it is used as a verb, it can be followed by le.
例如：（1）现在只交学费，我的钱够了。
（2）我们的时间够不够？

（3）你这人够朋友。

（4）我的普通话不够标准。

（5）当经理我不够条件。

（6）老吃方便面，都吃够了。

（7）最近我长胖了，因为锻炼得不够。

2. 作副词，修饰动词、形容词，表示达到一定程度。

When it is used as an adverb to modify a verb or an adjective, it indicates something that occurs up to a certain extent.

例如：（1）他们的服务够周到的了。

（2）这件事够糟糕的了。

（3）你们家的房子够住吗?

（4）他攒的钱已经够买一辆高级轿车了。

## 练习 Exercises

◎ 改正"常见错误举例"中的错误。
Correct the mistakes in the "Examples of common mistakes".

◎ 解释下面"够"的含义和用法。
Explain the meaning and usage of gòu in the following sentences.

1. 他玩电子游戏机◆总也玩不够。 ◆游戏机 yóuxìjī  video game player
2. 绳子◆不够长没法捆◆。 ◆绳子 shéngzi  rope
   ◆捆 kǔn  bind, bundle
3. 这一拳◆打得够重的。 ◆拳 quán  fist
4. 今天的考试够难的。
5. 听不够的家乡◆话，喝不够的家乡水。 ◆家乡 jiāxiāng  hometown
6. 他头脑真够灵活◆的。 ◆灵活 línghuó  flexible, agile
7. 他说的话够难听◆的。 ◆难听 nántīng  unpleasant
8. 路够远的，你走得动吗?
9. 这学期的课够你忙的了，你还去打工?

# 关心　关注
## guānxīn (be concerned about), guānzhù (pay close attention to)

### ▶ 常见错误举例　Examples of common mistakes

1. 我关注地看着她。
2. 老师很关注我的学习。
3. 女孩们时髦♦的穿着受到人们关心。
4. 高层楼房的火灾♦让大家高度♦关心。

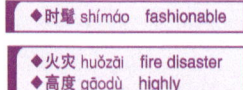

♦ 时髦 shímáo　fashionable
♦ 火灾 huǒzāi　fire disaster
♦ 高度 gāodù　highly

### ▶ 解析　Explanatory notes

"关心"、"关注"都有重视某些人或事，把其人或其事常放在心上的意思。同一个句子，常常两个词都可以用。

Both guānxīn and guānzhù have the meaning of attaching importance to somebody or something, or keeping them in one's heart. They can often be used interchangeably in a sentence.

例如：（1）大家都十分关心 / 关注事态的进一步发展。
　　　（2）改善生活环境是人人都关心 / 关注的事情。
　　　（3）艾滋病的蔓延引起了世界各国的关心 / 关注。
　　　（4）大家对她的关心 / 关注，使她非常不安。

➡ 1. 但"关心"和"关注"意义和用法也有区别。"关心"更侧重于心理、感情上的重视，是表示心理活动的动词，"关心"的对象多是人。"关注"的"注"本义是"集中灌入"，"关注"侧重于精神、力量的集中、专注地投入，根据词性特征，应归属于行为动词，"关注"的对象多是事件。仔细体会下面的例句。

However, guānxīn and guānzhù also have differences in meaning and usage. Guānxīn is a verb of mental activity, laying more emphasis on psychological and emotional importance, and its object is more often people. The character zhù in guānzhù originally meant to fill in a concentrated manner, and so guānzhù focuses on the concentration of spirit and power, or being wholly absorbed. According to the features of its part of speech, it is an action verb, whose object is usually events. Please study the following examples carefully.

例如：（1）同学们都很关心国家大事。
　　　（2）父母都关心孩子的健康成长。
　　　（3）特大地震引起世界各国的关注。
　　　（4）联合国特使的来访引起各种新闻媒体的广泛关注。

➡ 2. "关心"可以作表示情态的状语，"关注"是行为动词，不能作状语。"关心"应用范围更广、更口语化；"关注"则多用于书面，带更郑重的色彩。

Guānxīn can function as an adverbial denoting modality, while guānzhù is an action verb and it cannot be used as an adverbial. Guānxīn is used more widely and more colloquially, while guānzhù is more often used in writing, carrying a more solemn tone.

例如：（1）她关心地问："昨晚你休息得怎么样？"
　　　（2）朋友无比关心地表示，他会全力帮助我。
　　　（3）中东形势始终是世界各国政要关注的焦点。
　　　（4）2008年金融危机暴发后，世界各国都密切关注着经济形势的走向。

## 练习　Exercises

◎ 改正"常见错误举例"中的错误。
Correct the mistakes in the "Examples of common mistakes".

◎ 选词填空。
Fill in the blanks with the appropriate words.

（关心　关注）

1. 老师经常_____同学们的学习。
2. 人与人之间应该互相_____。
3. 他在公司里得不到应有的_____。
4. 每个父母都_____孩子的婚姻大事。
5. 大龄青年的婚姻问题引起了社会的广泛♦_____。　　♦广泛 guǎngfàn　broad, widespread
6. 公司降薪、裁员是当前职工♦高度_____的问题。　　♦职工 zhígōng　staff and workers
7. 国家非常_____职工的养老♦和医疗♦保险。　　♦养老 yǎnglǎo　provide for the aged
　　　　　　　　　　　　　　　　　　　　　　　♦医疗 yīliáo　medical care
8. 世界的和平与发展始终是中国政府和人民_____的核心♦问题。　　♦核心 héxīn　core, key
9. 能源、气候和生态环境，成为当今世界普遍♦_____的焦点♦。　　♦普遍 pǔbiàn　common, general
　　　　　　　　　　　　　　　　　　　　　　　♦焦点 jiāodiǎn　focus, focal point
10. 在世界各国政府和人民的密切_____和干预♦下，艾滋病♦的蔓延得到了有效♦控制♦。

♦干预 gānyù　intervene　　♦有效 yǒuxiào　effective
♦艾滋病 àizībìng　AIDS　　♦控制 kòngzhì　control

117

# 过头　过分　guòtóu (going too far), guòfèn (beyond the limit)

## 常见错误举例　Examples of common mistakes

1. 今天早上我睡觉过头，所以迟到了。
2. 这个菜辣过分了。
3. 房东◆对我过头热情了。　　◆房东　fángdōng　landlord, landlady
4. 我上了闹钟，所以按时醒了，不睡过头。

## 解析　Explanatory notes

> "过头"、"过分"两个词中的"过"，是"超过"的意思，二者都表示言语、行为、感情等的程度超过了合适的限度和范围，都可在句中作定语、谓语，或在动词后作程度补语。所以两个词许多时候可以互换。
> 
> The character guò in guòtóu and guòfèn means "to exceed". Both guòtóu and guòfèn express that the language, behaviour or emotion have exceeded the appropriate limits or scope. In a sentence, they can function as attributes, predicates or follow a verb to function as complements indicating degree. Therefore, under many circumstances, they are interchangeable.

例如：（1）这个玩笑开得太过分 / 头了。
　　　（2）他的行为太过头 / 分了。
　　　（3）太过头/太过分的事我们不能做。

"过头"的"头"有"尽头"、"终点"的意思，超出"尽头"、"终点"叫"过头"；"过分"的"分"有"本分""分寸"的意思，超过"本分""分寸"叫"过分"。但"过头"和"过分"因为词义有一些区别，用法也有明显不同。

The character tóu in guòtóu has the meaning of "the end" or "destination", therefore guòtóu means exceeding the end or destination. The character fèn in guòfèn has the meaning of "what is proper" or "limits", and therefore guòfèn means going beyond what is proper, or going beyond the limits. Because of these differences in meaning, guòtóu and guòfèn also have obvious differences in their usage.

➡ 1. "过分"常放在动词或形容词性谓语前作状语;"过头"一般没有这种用法。

Guòfèn often precedes a verb or an adjectival predicate functioning as an adverbial, while guòtóu does not have this usage.

例如:(1)年轻人不能过分依赖父母。
(2)你对儿子的态度过分严厉了。

➡ 2. "过头"结构比较松散,中间可插入动态助词"了";"过分"则不行。

The structure of guòtóu is looser and the dynamic particle le can be inserted in the structure, while guòfèn cannot be used this way.

例如:(1)他说话说过了头,下不了台了。
(2)我睡午觉睡过了头,上课迟到了。

➡ 3. 在动词和形容词后作补语时,"过分"前必须加结构助词"得";"过头"则可要可不要。

When functioning as a complement after a verb or an adjective, guòfèn must be preceded by the structural auxiliary de, while for guòtóu it is optional.

例如:(1)他高兴得过分了,高血压病犯了。
他高兴过头了,高血压病犯了。
他高兴得过头了,高血压病犯了。
(2)他什么事都认真,有时认真得过分了。
他什么事都认真,有时认真得过头了。
他什么事都认真,有时认真过头了。

不过,形容词后带"过分"作补语的情况并不多,只有少数表示性格、态度的形容词如"老实、认真、骄傲、浪漫"一类词语可以。

Nevertheless, there are not many adjectives that can take guòfèn as complement. Only a small number of adjectives expressing personality or attitude can be used this way, such as lǎoshi (honest), rènzhēn (earnest), jiāo'ào (proud), làngmàn (romantic), etc.

➡ 4. "过头"、"过分"的否定式不完全相同。"过头"可以受"不"和"没"的修饰;但只能说"不过分",不能说"没过分"。

The negative forms of guòtóu and guòfèn are not quite the same. Guòtóu can be negated by both bù or méi, while guòfèn can only be negated by bù but not méi.

例如：（1）你不要睡过头了。

（2）我这样说是不是有点过分／头了？

不，我觉得一点也不过分／头。

不，我觉得一点也没（有）过头。

## ▶ 练习 Exercises

◎ 改正"常见错误举例"中的错误。
**Correct the mistakes in the "Examples of common mistakes".**

◎ 选词填空。
**Fill in the blanks with the appropriate words.**

**（过头　过分）**

1. 高血压◆病人，高兴时喝点酒可以，但不能喝_____。
2. 说话不要_____，否则伤人。
3. 他是_____相信自己的眼光◆了，这次犯◆了大错。
4. 老师不要_____严厉◆，这样学生会怕你，不亲近◆你。
5. 他俩亲热◆得_____，别人都不相信了。
6. 他花钱大手大脚得_____，他哪来这么多钱？
7. 她对儿子_____溺爱◆，最终是害了儿子。
8. 孩子的_____依赖◆心理，消磨◆了他们的独立性◆。
9. 他这个人聪明得有点_____了。
10. _____谦虚◆让人觉得虚伪◆。

- ◆高血压 gāoxuèyā　high blood pressure
- ◆眼光 yǎnguāng　eyesight, vision, sense of judgment
- ◆犯 fàn　offend, violate
- ◆严厉 yánlì　stern, severe
- ◆亲近 qīnjìn　close, itimate
- ◆亲热 qīnrè　loving, affectionate
- ◆溺爱 nì'ài　pamper, spoil
- ◆依赖 yīlài　be dependent on
- ◆消磨 xiāomó　idle away
- ◆独立性 dúlìxìng　independence
- ◆谦虚 qiānxū　modest, modesty
- ◆虚伪 xūwěi　hypocritical

# 参考答案 Reference Answers

## ▶ 干 搞 弄

**改正"常见错误举例"中的错误。**
Correct the mistakes in the "Examples of common mistakes".
1. 我搞不明白，怎么会这样。
2. 你给我搞／弄两张音乐会的票，好吗？
3. 小孩子上课坐不住，总爱搞小动作。
4. 他做事常常弄巧成拙。

**选词填空。**
Fill in the blanks with the appropriate words.
（搞　干　弄）
1. 他媳妇特能干，不大工夫就弄出一大桌子菜来。
2. 你搞／弄不到钱，什么都免谈。
3. 搞了三十几年改革开放，我们积累了丰富经验。
4. 我有个朋友是搞摄影的，你结婚那天，我请他来摄像。
5. 爱搞阴谋诡计的人，最后都没有好结果。
6. 在现在这个社会，不会搞关系，寸步难行。
7. 我们的关系今天搞／弄成这样，是谁的责任？
8. 你搞什么鬼，搞／弄得这么神神秘秘的！
9. 这事你怎么搞／干／弄我不管，我只要一个好结果。
10. 不知怎么搞的，我今天可干了一件大蠢事，真叫那个悔呀！

## ▶ 刚才 刚才

**改正"常见错误举例"中的错误。**
Correct the mistakes in the "Examples of common mistakes".

1. 我刚来一会儿。（"刚才"是现在时间，后不能跟时量词　Gāngcái indicates present time and it cannot precede a quantity word denoting time.）
2. 谈话刚开始一会儿，你就来了。
3. 我刚才想不起来，现在想起来了。
4. 昨天，这种技术我刚掌握。（"昨天"是过去时间，不能与表示现在时间的"刚才"混用　Zuótiān (yesterday) refers to a past time and it cannot collocate with gāngcái which indicates the present time.）
5. 我刚来中国不久，还不习惯吃中国菜。（"刚刚"表示时间很短，不能与"不久"搭配　Gānggāng indicates a short time and it cannot collocate with bùjiǔ (not for a long time).）

**选词填空。**
Fill in the blanks with the appropriate words.
（才　刚　刚刚　刚才）
1. 刚进家门电话铃就响了。
2. 小女孩儿刚才还哭呢，现在又笑了。
3. 他刚/刚刚学会开车，路况还不熟悉。
4. 比赛刚开始，你坐下好好看。
5. 他忙了一辈子，刚退休时很不习惯，一天到晚不知做什么好。
6. 你刚才说什么？我没听清，请再说一遍。
7. 你这点钱刚好买瓶啤酒。
8. 刚/刚才下过雨，地上很滑，开车要小心。
9. 刚才是我不好，请你原谅我。
10. 昨天，我刚出了一身汗，一吹风，不小心感冒了。
11. 钱包刚才还在口袋里，怎么现在没有了？
12. 我刚买了6瓶可口可乐，正好我们一人一瓶。

## 跟　和

**改正"常见错误举例"中的错误。**
Correct the mistakes in the "Examples of common mistakes".
1. 我喜欢跟你/和你谈话。

2. 请你跟我来。
3. 请问我们可以跟你一起吃饭吗?
4. 我没跟/和他见面。
5. 妈妈逼女儿跟/和一个有钱人结婚。
（以上各句都是受母语with的影响出现的语序错误。 All the above sentences have mistakes in word order due to the mother tongue influence of the word "with".)

**选词填空。**
Fill in the blanks with the appropriate words.
（跟　和）
1. 我的身高和/跟他差不多。
2. 这事跟/和张经理商量过没有?
3. 我跟/和他打交道已不是第一次了。
4. 要尽快和/跟对方取得联系。
5. 我要上街买些礼物，送给我的亲人和我的朋友。
6. 学汉语跟学习别的语言一样，要多听多说。
7. 请您跟我来!
8. 对什么是幸福，我跟/和你理解不同。
9. 对工作的高度责任感和想办法克服困难的精神是最可宝贵的。
10. 合同文本和附件请一起寄来。

## 更　更加　越　越发　越来越……

**改正"常见错误举例"中的错误。**
Correct the mistakes in the "Examples of common mistakes".
1. 小王有钱，小李更加有钱。（不能用"了" Le cannot be used here.）
2. 以前他没钱还爱旅行，现在有钱了就更爱旅行了。
3. 小刘身体很结实，小张更结实。
4. 你不要劝他，你越劝他，他越说。
5. 现在我们公司的条件越来越好。（不能再用程度不同副词"比较" The adverb bǐjiào cannot be used here.）

6. 现在参加锻炼的人越来越多。（不能再用程度不同副词"很" The adverb hěn cannot be used here.）

7. 这件衣服越看越喜欢。（不能再用程度不同副词"非常" The adverb fēicháng cannot be used here.）

**选词填空**。
Fill in the blanks with the appropriate words.
（更　更加　越　越发　越……越……　越来越……）

1. 学汉语，听、说好，不容易；写字好更不容易。
2. 他越喝越起劲，一下子喝了三瓶啤酒。
3. 没有谁比他更了解我们，更支持我们的工作了。
4. 越赌越输，越输越赌，最后他破产了。
5. 形势对我们更加（越来越）有利了，大家更加（越来越）有信心了。
6. 他当上了总经理，工作比以前更（越发）忙了。
7. 雨下得更大了，车也开得更慢了。
8. 我以前就不怕吃辣的，现在更不怕吃辣的了。
9. 北京有美丽的风景，有各种风味小吃，更有悠久的文化。

## 够

**改正"常见错误举例"中的错误**。
Correct the mistakes in the "Examples of common mistakes".

1. 去那么远的地方，车的油够不够？（不应有表程度的"多"字　The word duō cannot be used here.）
2. 这鱼不够新鲜。
3. 他不够快。
4. 你去中国旅行，钱够不够?

**解释下面"够"的含义和用法**。
Explain the meaning and usage of gòu in the follwoing sentences:

1. 他玩电子游戏机总也玩不够。（没有满足，还想玩　Not satisfied and wants to continue）

2. 绳子不够长没法捆。（绳子太短　The rope is too short.）
3. 这一拳打得够重的。（打得很重　A heavy blow）
4. 今天的考试够难的。（相当难、很难　Quite difficult, very difficult）
5. 听不够的家乡话，喝不够的家乡水。（没有满足，还想听、还想喝，比喻思乡情深。 Not satisfied, wants to hear more and drink more, indicating a deep love for the homeland.）
6. 他头脑真够灵活的。（很灵活　Very quick-witted）
7. 他说的话够难听的。（相当不好听、很不好听　Quite repulsive, very repulsive）
8. 路够远的，你走得动吗？（相当远、很远　Quite far, very far）
9. 这学期的课够你忙的了，你还去打工？（课很多，很忙，没有空余时间做其他事　Having many classes, being very busy, and leaving no spare time to do other things）

## 关心　关注

**改正"常见错误举例"中的错误。**
Correct the mistakes in the "Examples of common mistakes".
1. 我关心地看着她。
2. 老师很关心我的学习。
3. 女孩们时髦的穿着受到人们关注。
4. 高层楼房的火灾让大家高度关注。

**选词填空。**
Fill in the blanks with the appropriate words.
（关心　关注）
1. 老师经常关心同学们的学习。
2. 人与人之间应该互相关心。
3. 他在公司里得不到应有的关心／关注。
4. 每个父母都关心孩子的婚姻大事。
5. 大龄青年的婚姻问题引起了社会的广泛关心／关注。
6. 公司降薪、裁员是当前职工高度关心／关注的问题。
7. 国家非常关心职工的养老和医疗保险。
8. 世界的和平与发展始终是中国政府和人民关注的核心问题。

9. 能源、气候和生态环境，成为当今世界普遍关注的焦点。
10. 在世界各国政府和人民的密切关注和干预下，艾滋病的蔓延得到了有效控制。

## 过头　过分

**改正"常见错误举例"中的错误。**
Correct the mistakes in the "Examples of common mistakes".
1. 今天早上我睡过头了，所以迟到了。
2. 这个菜辣得过分了。
3. 房东对我过分热情了。
4. 我上了闹钟，所以按时醒了，没睡过头。

**选词填空。**
Fill in the blanks with the appropriate words.
（过头　过分）
1. 高血压病人，高兴时喝点酒可以，但不能喝过头。
2. 说话不要过头，否则伤人。
3. 他是过分相信自己的眼光了，这次犯了大错。
4. 老师不要过分严厉，这样学生会怕你，不亲近你。
5. 他俩亲热得过头，别人都不相信了。
6. 他花钱大手大脚得过分，他哪来这么多钱？
7. 她对儿子过分溺爱，最终是害了儿子。
8. 孩子的过分依赖心理，消磨了他们的独立性。
9. 他这个人聪明得有点过头了。
10. 过分谦虚让人觉得虚伪。

# 合适 适合 适应 适当 héshì (suitable), shìhé (fit), shìyìng (adapt to), shìdàng (appropriate)

## 常见错误举例 Examples of common mistakes

1. 我是很合适这种工作的人。
2. 这种颜色很合适你。
3. 我已经慢慢适合了北京的天气。
4. 在这种场合◆你穿这种衣服很不适合。
5. 京酱肉丝◆、宫保鸡丁◆很适应外国人的口味。
6. 找一个适合的机会找她谈谈。

◆ 场合 chǎnghé occasion
◆ 京酱肉丝 jīngjiàngròusī Sautéed Shredded Pork in Sweet Bean Sauce
◆ 宫保鸡丁 gōngbǎojīdīng Kung Pao Chicken

## 解析 Explanatory notes

1. "适合"表示符合实际情况或客观要求,"适应"表示适合客观环境的需要,两个词都是动词,且在大多数情况下带宾语。"合适"、"适当"与"适合"的意思差不多,但是形容词,可受"正、不、很、非常"等副词修饰,不能带宾语。

Shìhé indicates that something fits the actual situation or the objective requirements, while shìyìng indicates adaptation to the objective environment. Both of them are verbs, and in most cases they take an object. The meaning of héshì, shìdàng and shìhé is much the same, but héshi and shìdàng adjectives that can be modified by such adverbs as zhèng (precisely), bù (not), hěn (very), fēicháng (extremely), and they cannot take an object.

例如:(1)这双鞋你穿正合适。
(2)你的这些经验并不适合我的情况。
(3)刚到一个地方总有点不适应。
(4)他有很强的适应环境的能力。
(5)由他去办这件事再适当/合适不过了。

➡ 2. "适合""适应"都是动词，但二者侧重点有所不同。"适合"更多用于强调人的主观条件；"适应"则多用于客观描述。

Both shìhé and shìyìng are verbs, but with different foci. Shìhé more often emphasizes the subjective conditions of human beings, while shìyìng is more often used for objective descriptions.

例如：（1）我来公司半年了，但仍然不能适应这里的工作环境。

（2）我来公司半年了，但我觉得我不适合在这里工作。

（3）他这个人不好亲近，不适合做我们的领导。

➡ 3. "合适""适当"是形容词，常可互换。但"适当"还有稳定妥当的意思，"合适"没有这层意思，含这种意思的句子，不能互换。

Both héshì and shìdàng are adjectives and they can often be used interchangeably. But shìdàng has the meaning of being stable and proper, while héshì does not. In sentences with such implications, these two words are not interchangeable.

例如：（1）以后找个合适 / 适当的机会，我给你介绍介绍。

（2）我们一致认为你是最合适 / 适当的人选。

（3）我认为他们俩谈恋爱并不合适。

（4）我们应该找到适当的办法来处理这个问题。

## ▶ 练习 Exercises

◎ 改正"常见错误举例"中的错误。
Correct the mistakes in the "Examples of common mistakes".

◎ 选词填空。
Fill in the blanks with the appropriate words.

（合适　适合　适应　适当）

1. 这身打扮很＿＿＿＿你。
2. 他＿＿＿＿环境的能力很强。
3. 这个工作对你很＿＿＿＿。
4. 过去的经验◆未必◆＿＿＿＿今天的情况。
   - ◆经验 jīngyàn  experience
   - ◆未必 wèibì  not necessarily
5. 我们俩已经分手◆，再像谈恋爱◆的时候那样就不＿＿＿＿了。
   - ◆分手 fēnshǒu  break up
   - ◆恋爱 liàn'ài  be in love
6. 这件家具◆摆在这儿很＿＿＿＿。
   - ◆家具 jiājù  furniture

7. 社交◆场合说话，措辞◆一定要_____。
　　◆社交 shèjiāo  social occasion
　　◆措辞 cuòcí  wording, diction
8. 你这么好的条件还怕找不到_____你的女朋友？
9. 初春天气变化大，老人、孩子很不_____，容易生病。
10. 配一副_____的眼镜◆，不仅保护视力◆，也让人显得◆有风度◆。
　　◆眼镜 yǎnjìng  eyeglasses　　◆视力 shìlì  eyesight
　　◆显得 xiǎnde  appear, seem　　◆风度 fēngdù  elegant bearing

# 后来　以后　hòulái, yǐhòu (later)

## ▶ 常见错误举例　Examples of common mistakes

1. 这次考试◆没考好，我后来一定要努力。
　　◆考试 kǎoshì  exam
2. 他去美国后来，我们中断◆了联系。
　　◆中断 zhōngduàn  interrupt, discontinue
3. 去年后来你再没见过他吗？
4. 认识三个月，后来他俩结婚了。

## ▶ 解析　Explanatory notes

"后来"和"以后"，都可表示某一时刻之后的时间。在某些不特别强调时间的句子里，两个词可以互换通用，但意思却不完全一样。
Both hòulái and yǐhòu can express the time after a certain point. Therefore, in some sentences which do not stress the time, these two expressions can be used interchangeably, but their meanings are not exactly the same.

例如：（1）这条路，他只走错过一次，后来再没错过。
　　　（2）去年他来找过我，以后再没见过他。
　　　（3）他刚到美国的时候给家来过一封信，以后再没有来过信。

但是，"后来"和"以后"也有明显区别，不能混用。

But hòulái and yǐhòu also have obvious differences between them, so please do not mix them up.

➡ 1. "以后"所表示的"某一时刻"十分明确、具体，即表示从这个时刻往后的时间；换句话说，"以后"的时间起点很明确，所以可以用在说明某一行为或情况的后边，也可以直接用在表示时间的词语之后。

Yǐhòu indicates the period after a very clear and specific point in time. In other words, the beginning point of yǐhòu is very clear. Therefore, it can be used after an expression denoting a certain action or state; it can also be used after an expression denoting time.

例如：（1）大学毕业以后，我想去旅行。
　　　（2）她离婚以后再没有结婚。
　　　（3）下课以后我们常常一起去图书馆。
　　　（4）每天下午五点以后，操场里锻炼的人就多起来。

"后来"，表示从某一时刻到说话的时候的一段时间，这"某一时刻"从何时起，比较模糊，而终点却很清楚。"后来"的事情发生的时间，跟"某一时刻"并不紧紧衔接，中间可能隔了一段时间。所以"后来"不能直接用在表示时间的词语之后，不能说"下课后来""每天下午五点后来"，等等。

Hòulái expresses duration of time starting from a certain point until the time of speaking. The beginning point of this "certain time" is rather ambiguous, but the ending point is very clear. The time when the action introduced by hòulái occurred does not closely follow this "certain time", and there may have been a period of time in between. Therefore, hòulái cannot directly follow the expressions denoting time.

例如：（1）小时候我跟妈妈去过老家，后来再没去过。
　　　（2）他起先担心自己做不好这个工作，后来他做得很好。

例（1）中的"小时候"，是哪一年，不明确，所以"后来再没去过"，是从哪一年起没去过，也不明确；例（2）开始的时间可能是指刚找到工作的时候，但"后来"做得很好，从何时开始，则不明确，可能工作不久，也可能工作了很久，才把工作做好。

Xiǎo shíhou (when I was a kid) in Example (1) does not indicate a specific year. Therefore hòulái zài méi qùguo (have never been there again afterwards) does not specifically point out which year was the beginning time. In Example (2), the beginning time may refer to the time he just found the job, after which he has done well. Hòulái refers to a time that is ambigwous. It may be soon after he started to work, or long after that.

➡ 2. "后来"只用于过去发生的事情，并且用在分句句首，不能用在词或短语后面。"以后"，则没有这个限制，它既可用于叙述过去的事，也可用于叙述现在和将来的事。

Hòulái is only used with things in the past. It is placed at the beginning of the clause and cannot be put after a word or a phrase.There is no such restriction with yǐhòu. It can be used either with things in the past, or with things in the present or the future.

例如：（1）去年六月我们见过一面，不久以后我们又见了一面。（过去 Past）

（2）我们每天晚饭以后看电视新闻，看完电视新闻以后再出去散步。（现在、常态 Present, normal）

（3）半小时以后，你再来电话吧。（将来 Future）

（4）他以前常来我家，后来就再也不来了。（到说话时为止已成事实 It has been a fact since the time I spoke.）

## 练习 Exercises

◎ 改正"常见错误举例"中的错误。
Correct the mistakes in the "Examples of common mistakes".

◎ 选词填空。
Fill in the blanks with the appropriate words.

（后来 以后）

1. _____我们还要研究◆这个问题。 ◆研究 yánjiū research, study, look into
2. 读完这本翻译书_____，我还想读读它的原著◆。 ◆原著 yuánzhù original work
3. 从此_____，我们的生活越来越好了。
4. 五分钟_____，他果真◆来了电话。 ◆果真 guǒzhēn indeed, as expected
5. 听了不同意见_____，要分析◆。 ◆分析 fēnxī analyze, analysis
6. 那是很久很久_____的事了，谁也无法预料◆。 ◆预料 yùliào expect, predict, anticipate
7. 起先他很不习惯，_____慢慢习惯了。
8. _____事情一忙，他也就忘了问了。

# 忽然 突然 hūrán (all of a sudden), tūrán (unexpectedly)

## ▶ 常见错误举例 Examples of common mistakes

1. 汽车忽然来了个急转弯♦。 ◆急转弯 jízhuǎnwān take a sudden turn
2. 事情的变化很忽然。
3. 这是一个忽然事故。
4. 发生这样的事，你不感到忽然吗？
5. 这个忽然事故把大家都惊呆♦了。 ◆惊呆 jīngdāi shocked

## ▶ 解析 Explanatory notes

> "忽然"和"突然"都表示情况或动作发生得迅速而又出人意料。
> Both hūrán and tūrán express a state or an action that happens quickly and unexpectedly.

这两个词在词性方面学术界有不同说法。有学者认为，这两个词都是副词，《现代汉语词典》则认为"突然"是形容词。

As for their part of speech, in the academic community exist different views. Some experts say that both of them are adverbs. *The Contemporary Chinese Dictionary* maintains that tūrán is an adjective.

➡ 1. "忽然""突然"都可作副词，且词义相近，可以通用互换。

Both hūrán and tūrán can be used as adverbs with similar meanings, and belong to the same part of speech; therefore they can be used interchangeably.

例如：（1）刚才还是大晴天，忽然/突然下起雨来了。
　　　（2）小姑娘忽然/突然大叫一声，不知发生了什么事。
　　　（3）儿子忽然/突然从美国回来了，老两口高兴得热泪滚滚。

➡ 2. "忽然"和"突然"，许多时候不能通用互换。"突然"的意思比"忽然"更强调事件的突发性和出人意料。"突然"可作形容词，受副词修饰，如："很突然""太突然""非常突然""特别突然""不突然"等等；也可以带表示程度的词语，如："突然得很""突然极了"；还可以作谓语、定语、补语。"忽然"没有上面这些功能和用法，句中的"突然"，都不能换成"忽然"。

Nevertheless, on many occasions, hūrán and tūrán are not interchangeable. Compared with hūrán, tūrán gives more emphasis to the suddenness and unexpectedness of an event. And as they belong to different parts of speech, they have different functions. Tūrán can be used as an adjective being modified by an adverb, as in hěn tūrán, tài tūrán, fēicháng tūrán, tèbié tūrán, bù tūrán, etc. It can also take an expression denoting degree, as in tūrán dehěn, tūrán jíle. It can also function as a predicate, an attribute, or a complement. Hūrán does not have these functions, and therefore tūrán in the following examples cannot be replaced by hūrán.

例如：（1）他们分手并不突然，那是早晚的事。（受副词修饰作谓语 Modified by an adverb and functioning as predicate）

（2）这个消息来得太突然了，大家都不敢相信。（受副词修饰作补语 Modified by an adverb and functioning as complement）

（3）他俩平时像仇人似的，怎么就结婚了？你感到突然，我们也感到突然。（作宾语 As object）

（4）突然事件随时都可能发生，遇上了也用不着大惊小怪。（作定语 As attribute）

## 练习 Exercises

◎ 改正"常见错误举例"中的错误。
Correct the mistakes in the "Examples of common mistakes".

◎ 选词填空。
Fill in the blanks with the appropriate words.

（忽然 突然）

◆合作 hézuò cooperate, cooperation
◆伙伴 huǒbàn partner
◆仇人 chóurén enemy, foe

1. 唱着唱着他_____停了下来。
2. 他也说出这种话，让人感到太_____了。
3. 在商场，他俩本来是合作◆伙伴◆，现在怎么_____成了仇人◆。
4. 对这样的_____事故，你不要大惊小怪◆。 ◆大惊小怪 dàjīng-xiǎoguài make a fuss about something
5. 一辆汽车_____急拐弯，一下子把她撞倒◆了。 ◆撞倒 zhuàngdǎo knock down

6. _____，大地晃动♦起来，一场大灾难♦来临♦了。
7. 昨天刮了一场大风，今天温度_____降低了许多。
8. 她已经许多年没有露面♦了，现在又_____出现在公众面前。
9. 事故发生得非常_____，我们来不及采取任何措施♦了。
10. 金融危机袭来♦是那么_____，_____极了，像风暴♦一样，金融专家♦们一点思想♦准备都没有。

- ♦ 晃动 huàngdòng  rock, shake
- ♦ 灾难 zāinàn  calamity, disaster
- ♦ 来临 láilín  come round, approach
- ♦ 露面 lòumiàn  appear, show up
- ♦ 措施 cuòshī  measure
- ♦ 袭来 xílái  attack, hit
- ♦ 风暴 fēngbào  storm
- ♦ 专家 zhuānjiā  expert, specialist
- ♦ 思想 sīxiǎng  thought, thinking
- ♦ 准备 zhǔnbèi  prepare, preparation

# 或者　还是
## huòzhě (or), háishì (or, had better)

### ▶ 常见错误举例　Examples of common mistakes

1. 在家吃或者出去吃？
2. 这点钱你要或者不要，你自己拿主意。
3. 他很忙，常常工作到深夜十二点还是十二点半。
4. 喝啤酒或者喝可口可乐？
5. 还是你去，还是我去，还是我俩都不去。

### ▶ 解析　Explanatory notes

"或者""还是"都可以作连词，表示两个或者两个以上的选择。有学者认为，有的地方可以互换。

Both huòzhě and háishì can be used as a connective to express a choice between two or more alternatives. Some scholars maintain that they are interchangeable in some situations.

例如：（1）不管刮风或者／还是下雨，他都去公园跑步。
　　　（2）无论老师或者／还是学生，都显得很兴奋。

上面的例子，虽然用"或者"说得通，口语中却多用"还是"。事实上，"或者"和"还是"意义和用法都有明显区别，许多时候不能互换使用。

In the above examples, although the use of huòzhě is passable, in colloquial Chinese háishi is more often used. In fact, huòzhě and háishì have obvious differences in meaning and usage, and they often cannot be used interchangeably.

➡ 1. "或者"提出两种或两种以上选择的可能性，表示必居其一，只用于陈述句，不用于疑问句。"还是"正好相反，主要用于疑问句，即使用在陈述句中，也含有疑问语气。

Huòzhě raises the possibility of choosing between two or more alternatives, indicating that it must be one of them. It is only used in declarative sentences, and not in questions. On the other hand, háishi is mainly used in interrogative sentences. Even when it is used in a declarative sentence, it carries a tone of interrogation.

例如：（1）高中毕业后，或者上大学，或者参加工作，她一时难以抉择。
　　　（2）金融危机发生后，许多大企业或者裁员，或者降薪，或者干脆宣告破产。
　　　（3）你是自动降薪呢还是被辞退？
　　　（4）你有了钱，是先买房还是先买车？

下面的例句，都是陈述句，看似可以互换，意思却有差异。

All the following examples are declaratives. Huòzhě and háishi can be used interchangeably in them. However, they do have differences in meaning.

例如：（1）同意或者反对，请你表个态。（只要求作出选择　Only require selection）
　　　同意还是反对，请你表个态。（有疑问语气，类似疑问句　Similar to an interrogative sentence）
　　　（2）大学毕业后，留在北京或者回老家，他都能接受。
　　　大学毕业后，留在北京还是回老家，他正在考虑。

➡ 2. "或者"能表示两种或两种以上的情况同时存在，或等同，即属于同一概念；"还是"没有这层意义。而"还是"能表示说话人的意见是经过考虑后提出的，而且在说话人看来他的意见是最正确的，"或者"也没有这层意义。

Huòzhě can be used to indicate that two or more cases exist simultaneously, or that they are equivalent, as of the same concept. Háishi does not have this meaning. Háishi also implies that the opinion is put forward only after careful consideration and that the speaker thinks that the opinion is the correct one. Huòzhě does not have this meaning.

例如：（1）这次会议，或者延期，或者取消，两种情况都有可能。

（2）《红楼梦》或者《石头记》，是同一部书，它的作者叫曹雪芹。

（3）这次谈判很重要，还是你亲自去吧。

（4）大家说了很多，我看还是小王的意见最中肯。

上面例句中的"或者"和"还是"都不能互换。

In the above examples huòzhě and háishì are not interchangeable.

## 练习 Exercises

◎ 改正"常见错误举例"中的错误。
Correct the mistakes in the "Examples of common mistakes".

◎ 选词填空。
Fill in the blanks with the appropriate words.

（或者　还是）

1. 请你借给我一支铅笔_____圆珠笔。
2. 你_____上午去，_____下午去，都行。
3. 今天是你请客_____他请客？
4. _____用美元支付◆，_____用日元支付，_____用欧元◆支付，都可以。
   - ◆支付 zhīfù　pay
   - ◆欧元 Ōuyuán　Euro
5. 他是回家了_____去学校了，我也不知道。
6. 这件事，你爸爸妈妈都知道，问你爸爸_____问你妈妈，随便你。
7. 你们叫她黄老师，_____黄同志，_____黄女士，她都乐意◆，就是不喜欢别人叫她局长◆太太。
   - ◆乐意 lèyì　be willing to, be ready to
   - ◆局长 júzhǎng　director general
8. _____裁员◆，_____降薪◆，_____干脆◆宣告◆破产，都是目前一种无奈◆的选择。
9. 这次去应聘◆，成_____不成，就全看你自己运气◆了。
   - ◆应聘 yìngpìn　apply for (or accept) an offer of employment
   - ◆运气 yùnqi　luck
10. 留在北京工作_____回老家工作，她还在犹豫◆，实在难以抉择◆。
    - ◆犹豫 yóuyù　hesitate
    - ◆抉择 juézé　choose, decide

- ◆裁员 cáiyuán　reduction of staff
- ◆降薪 jiàngxīn　a cut in salary
- ◆干脆 gāncuì　clear-cut, simply
- ◆宣告 xuāngào　declare
- ◆无奈 wúnài　have no choice but to...

 Reference Answers

## 合适　适合　适应　适当

**改正"常见错误举例"中的错误。**
Correct the mistakes in the "Examples of common mistakes".
1. 我是很适合这种工作的人。
2. 这种颜色很适合你。
3. 我已经慢慢适应了北京的天气。
4. 在这种场合你穿这种衣服很不合适。
5. 京酱肉丝、宫保鸡丁很适合外国人的口味。
6. 找一个适当的机会找她谈谈。

**选词填空。**
Fill in the blanks with the appropriate words.
（合适　适合　适应　适当）
1. 这身打扮很适合你。
2. 他适应环境的能力很强。
3. 这个工作对你很合适。
4. 过去的经验未必适合今天的情况。
5. 我们俩已经分手，再像谈恋爱的时候那样就不合适了。
6. 这件家具摆在这儿很合适。
7. 社交场合说话，措辞一定要适当。
8. 你这么好的条件还怕找不到适合你的女朋友？
9. 初春天气变化大，老人、孩子很不适应，容易生病。
10. 配一副合适的眼镜，不仅保护视力，也让人显得有风度。

## 后来　以后

**改正"常见错误举例"中的错误。**
Correct the mistakes in the "Examples of common mistakes".
1. 这次考试没考好，我以后一定要努力。
2. 他去美国以后，我们中断了联系。
3. 去年以后你再没见过他吗？
4. 认识三个月以后，他俩结婚了。

**选词填空。。**
Fill in the blanks with the appropriate words.
（后来　以后）
1. 以后我们还要研究这个问题。
2. 读完这本翻译书以后，我还想读读它的原著。
3. 从此以后，我们的生活越来越好了。
4. 五分钟以后，他果真来了电话。
5. 听了不同意见以后，要分析。
6. 那是很久很久以后的事了，谁也无法预料。
7. 起先他很不习惯，后来慢慢习惯了。
8. 后来事情一忙，他也就忘了问了。

## 忽然　突然

**改正"常见错误举例"中的错误。**
Correct the mistakes in the "Examples of common mistakes".
1. 汽车突然来了个急转弯。
2. 事情的变化很突然。
3. 这是一个突然事故。
4. 发生这样的事，你不感到突然吗？
5. 这个突然事故把大家都惊呆了。

**选词填空。**

Fill in the blanks with the appropriate words.

（忽然　突然）

1. 唱着唱着他忽然／突然停了下来。
2. 他也说出这种话，让人实在感到太突然了。
3. 在商场，他俩本来是合作伙伴，现在怎么突然成了仇人。
4. 对这样的突然事故，你不要大惊小怪。
5. 一辆汽车突然急转弯，一下子把她撞倒了。
6. 突然，大地晃动起来，一场大灾难来临了。
7. 昨天刮了一场大风，今天温度忽然／突然降低了许多。
8. 她已经许多年没有露面了，现在又突然出现在公众面前。
9. 事故发生得非常突然，我们来不及采取任何措施。
10. 金融危机袭来是那么突然，突然极了，像风暴一样，金融专家们一点思想准备都没有。

## 或者　还是

**改正"常见错误举例"中的错误。**

Correct the mistakes in the "Examples of common mistakes".

1. 在家吃还是出去吃？
2. 这点钱你要还是不要，你自己拿主意。
3. 他很忙，常常工作到深夜十二点或者十二点半。
4. 喝啤酒还是喝可口可乐？
5. 或者你去，或者我去，或者我俩都不去。

**选词填空。**

Fill in the blanks with the appropriate words.

（或者　还是）

1. 请你借给我一支铅笔或者圆珠笔。
2. 你或者上午去，或者下午去，都行。
3. 今天是你请客还是他请客？

4. 或者用美元支付，或者用日元支付，或者用欧元支付，都可以。
5. 他是回家了还是去学校了，我也不知道。
6. 这件事，你爸爸妈妈都知道，问你爸爸或者问你妈妈，随便你。
7. 你们叫她黄老师，或者黄同志，或者黄女士，她都乐意，就是不喜欢别人叫她局长太太。
8. 或者裁员，或者降薪，或者干脆宣告破产，都是目前一种无奈的选择。
9. 这次去应聘，成还是不成，就全看你自己运气了。
10. 留在北京工作还是回老家工作，她还在犹豫，实在难以抉择。

# 机会　机遇　jīhuì (opportunity), jīyù (an opportune time)

## ▶ 常见错误举例　Examples of common mistakes

1. 一次偶然◆的机遇，我碰见了她。　　◆偶然 ǒurán　accidental
2. 这次考试机遇，我错过了。
3. 我有很多机遇认识她。
4. 我趁◆这个机遇说几句。　　◆趁 chèn　take advantage of

## ▶ 解析　Explanatory notes

> "机会""机遇"都表示有某种恰好的时候。所以两个词常可通用，尤其是"机会"运用很广，许多能用"机遇"的地方都可以用"机会"。
> Both jīhuì and jīyù indicate an opportune time, and therefore they can often be used interchangeably. Jīhuì, in particular, is widely used, and in many circumstances, jīyù can be replaced by jīhuì.

例如：（1）大学生就业的机会/机遇很多。
　　　（2）你要珍惜这次出国学习的机会/机遇，好好提高自己。
　　　（3）人的一生，绝好的机会/机遇并不多，遇上了就不要轻易放过。
　　　（4）国家鼓励年轻人自主创业，年轻人应该抓住这个大好机会/机遇。

"机会"和"机遇"也有区别。
However, jīhuì and jīyù also have differences.

➡ 1. "机会"，可以是好的，也可能是比较中性的，甚至坏的；而"机遇"多指好的、有利的。所以有的"机会"不能用"机遇"替换。
Jīhuì can be positive, neutral or even negative, while jīyù, more often than not, refers to good, advantageous opportunities. Therefore, sometimes jīhuì cannot be replaced by jīyù.

例如：（1）他放弃了比赛，失去了夺取奖牌的机会。

（2）股票市场上，活跃着大量机会主义者。

（3）我们绝不能给说谎者任何得逞的机会。

（4）罪犯也有重新做人的机会。

➡ 2. 如果句子侧重于说明时间，只能用"机会"。

If the sentence focuses on the time, then only jīhuì can be used.

例如：（1）他们俩都很忙，很少有机会见面。

（2）我在一次偶然的机会认识了她。

（3）我会找一个适当机会同他好好谈谈。

（4）趁这次来中国旅行的机会，学了几句中国话。

➡ 3. "机会"侧重于说明事件或时间；"机遇"侧重于说明正好碰到了某个时间出现了某种客观条件和环境。这两种句子中的"机会""机遇"不宜互换。

Jīhuì focuses on the event or time, while jīyù emphasizes that a certain objective condition or environment emerges at a certain time. In the sentences emphasizing the above aspects, jīhuì and jīyù are not interchangeable.

例如：（1）她得到了一次去美国进修的机会。

（2）参加大会志愿者工作，以后还有机会。

（3）广大农民抓住改革开放的大好机遇脱贫致富。

（4）和平的国际环境为我们国家的经济发展提供了历史机遇。

## ▶ 练习　Exercises

◎ 改正"常见错误举例"中的错误。
Correct the mistakes in the "Examples of common mistakes".

◎ 选词填空。
Fill in the blanks with the appropriate words.

（机会　机遇）

1. 你们应该找＿＿＿好好谈谈。

2. 这次面试的＿＿＿太难得了，你不应该放弃。

3. 这个职务是他展示♦自我能力的大好＿＿＿。　　　◆展示 zhǎnshì　reveal, put on show

4. 事业的成功，不仅需要奋斗♦，更需要＿＿＿。　　◆奋斗 fèndòu　struggle, work hard

5. 投资股票市场，赚钱和赔钱的_____并存。

◆并存 bìngcún co-exist

6. 在劳务◆市场上，现在跳槽◆的___很多。

◆劳务 láowù labour and service
◆跳槽 tiàocáo job-hop

7. 全球性经济危机，对中国来说，挑战◆与_____并存。

◆挑战 tiǎozhàn challenge

8. _____人人有，但那是给有准备◆的人的。

◆准备 zhǔnbèi prepare

9. 和平◆的国际环境提供了世界各国人民交流◆的_____。

◆和平 hépíng peace
◆交流 jiāoliú interchange, communicate

10. 希望双方能创造一次友好分手的_____。

# 交往　交流　交际
## jiāowǎng (associate), jiāoliú (interchange), jiāojì (socialize)

> **常见错误举例　Examples of common mistakes**

1. 我交往他一次。
2. 我很喜欢交际她。
3. 我交际她很长时间了。
4. 这孩子善于交流。

> **解析　Explanatory notes**

"交往""交流""交际"三个词都有一个共同的词素"交"，"交"的本义是两条道相会合的意思。"交"组合成的"交往""交流""交际"，即用来指人与人之间的往来接触。
The three words jiāowǎng, jiāoliú and jiāojì share one common character —— jiāo which originally means two roads converging. All the three words refer to contacts between people.

➡ 1. "交往"的意义比较单纯，就是指相互往来，所以运用也比较广。"交流"也指相互往来，但意义要丰富一些，还有通过交往彼此把自己有的东西提供给对方的意思。试比较下面的例句，意思不同，"交往"和"交流"也不能互换。

The meaning of jiāowǎng is relatively simple, referring to mutual contacts and therefore it is used widely. Jiāoliú also refers to mutual contacts but with additional meanings, which is to exchange things with each other through interaction. Please compare the following examples, and notice that jiāowǎng and jiāoliú have different meanings and they are not interchangeable.

例如：（1）他们俩已经交往了很多年，算是老朋友了。
　　　（2）我们交往的时间不长，还不十分了解。
　　　（3）留学生们常常在一起交流学习汉语的好经验。
　　　（4）各地开展了多种形式人才交流活动。

➡ 2."交际"的"际"本义是指两面墙交界处，可见"交际"是个联合结构词，同"交往"一样，意思也是指比较单纯的相互往来。两个词都是不及物动词，都不能带宾语。但两个词用法有许多不同。

The original meaning of the character jì in jiāojì refers to the junction of two walls. Therefore, jiāojì is a coordinative word. Like jiāowǎng, jiāojì also refers to simple mutual contacts. Both of them are intransitive verbs that do not take an object, but they also have many differences in usage.

首先，两个词的主语不同，"交往"的主语可以是个人，也可以是集团、国家；而"交际"一般只用于个人。下面的例句，都不宜用"交际"。

First of all, they take different subjects. The subject of jiāowǎng can be a person, a group or a nation, while the subject of jiāojì is normally restricted to people. In the following examples, jiāojì would be inappropriate.

例如：（1）近年来，两国领导人交往频繁。
　　　（2）我们两家从爷爷辈就开始了交往。
　　　（3）朋友间的交往应该是真诚的、平等的。
　　　（4）公司同事多交往是件好事。

其次，"交往"是较具体的、单个人相互间的往来接触，"交际"有时是较抽象的、群体范围内的往来接触，是一种"社交活动"。下面的例句也不能用"交往"。

Secondly, jiāowǎng refers to more specific contacts between people, while jiāojì sometimes refers to more abstracts contact between groups, such as a kind of "social activity". In the following examples, jiāowǎng would be inappropriate.

例如：（1）她是一位著名的交际花。

（2）他在商界交际很广。

（3）老师和作家大都不善于交际。

（4）年轻人步入社会后，交际范围日益扩大。

➡ 3. 因为"交往""交际"不能带宾语，"交流"也不能带人或人称代词，因此要用"同、跟"组成的介词短语，把表示人的宾语提前。

Jiāowǎng and jiāojì cannot take an object, and jiāoliú cannot collocate with persons or personal pronouns, we therefore need to use such prepositions as tóng or gēn (with) to move the personal object forward.

例如：（1）王小姐不愿跟男朋友交往了。

（2）他跟他的妻子已经不能正常交流。

（3）她的交际范围很广，什么人都有。（或不用介词短语，用一个独立短语 Using an independent phrase rather than a prepositional phrase）

## ➡ 练习 Exercises

◎ 改正"常见错误举例"中的错误。
Correct the mistakes in the "Examples of common mistakes".

◎ 选词填空。
Fill in the blanks with the appropriate words.

（交往 交流 交际）

1. 我跟她不熟悉，只_____过一两次。
2. 大家有什么新情况，_____一下吧！
3. 他是个书呆子◆，一个网虫◆，_____能力很差。 ◆书呆子 shūdāizi  bookworm
◆网虫 wǎngchóng  Internet addict
4. 他们常在一起_____学习心得◆。 ◆心得 xīndé  knowledge or skill one has learnt
5. 学好一门外语，就多了一种_____工具。
6. 她在学校很活跃◆，_____面很广。 ◆活跃 huóyuè  active, dynamic
7. 谁都无权◆干涉人与人之间的正常◆_____。 ◆无权 wúquán  have no right to
◆正常 zhèngcháng  normal

145

8. 在当今这个信息◆时代◆，各国间的_____日益频繁◆。
- ◆信息 xìnxī  information
- ◆时代 shídài  era, times, age
- ◆频繁 pínfán  frequent

9. 国家间不同形式◆的文化◆_____活动，增进了人民之间的相互了解。
- ◆形式 xíngshì  form, shape
- ◆文化 wénhuà  culture

10. 这次国际学术◆会议，_____了各国最新的研究成果◆。
- ◆学术 xuéshù  academic, systematic learning
- ◆成果 chéngguǒ  achievement

# 接收　接受
## jiēshōu (receive)　jiēshòu (accept)

### ▶ 常见错误举例　Examples of common mistakes

1. 她接收不了这么大的打击。
2. 俱乐部◆接受了新会员◆。
   - ◆俱乐部 jùlèbù  club
   - ◆会员 huìyuán  member
3. 我接收你的邀请，去你家做客。
4. 在山区接受不到电子信号◆。
   - ◆电子信号 diànzǐ xìnhào  electronic signal

### ▶ 解析　Explanatory notes

"接收""接受"都有把东西接过来留下来的意思。
Both jiēshōu and jiēshòu have the meaning of taking things over and keeping them.

➡ 1. 两个词的区别在于"收"与"受"两个词的词义不同。"收"的本义是聚拢归于自己的意思，如"秋收冬藏"就是秋天收割庄稼，冬天开始贮藏粮食。"受"是"授"字分化出来的一个对应词，"授"是给予，"受"是收下。所以"受"有接纳、承受、忍受、不拒绝的意思。

Their differences lie in the different meanings of the characters shōu (收) and shòu (受). The original meaning of shōu (收) is "to gather together and take as one's own". For instance, qiūshōu dōngcáng means autumn harvest and winter storage of grains. Shòu (受) is a corresponding word derived from the character shòu (授). Shòu (授) is to give and shòu (受) is to accept. Therefore, shòu (受) has the meaning of to accept, to bear, to endure, and not to refuse.

➡ 2. "接收"意义较单一，表示的是一个具体行动，动词宾语也是具体的事物。"接受"词义较多，它的宾语可以是具体事物，更多的是抽象事物，如思想、观念、经验、教训、意见、批评，等等。

Jiēshōu (接收) has a single meaning; it expresses a specific action, and its object is also a specific thing. Jiēshòu (接受) has multiple meanings and its object can be either a specific thing, or more often an abstract thing, such as a thought, an idea, experience, a lesson, a comment, criticism, etc.

例如：（1）电脑可以接收信件/伊妹儿。
（2）国家接收了一家破产企业。
（3）我接受你的友谊，可不能接受你的礼物。
（4）现在的年轻人接受新生事物快。
（5）他接受了多次失败的教训，现在终于成功了。
（6）许多民营企业家接受了国外现代化企业的管理理念。

从以上例句可以看出，"接收""接受"的词义和应用范围有明显不同，不能混用。

From the above examples we can see that jiēshōu (接收) and jiēshòu (接受) have obvious differences in meaning and scope of application and therefore they should not be mixed up.

## ▶ 练习　Exercises

◎ 改正"常见错误举例"中的错误。
**Correct the mistakes in the "Examples of common mistakes".**

◎ 选词填空。
**Fill in the blanks with the appropriate words.**

（接收　接受）

1. 在电梯◆里很难＿＿＿＿到清楚的手机信号。　◆电梯 diàntī  elevator, lift
2. 你的电脑有＿＿＿＿中文的功能◆吗？　◆功能 gōngnéng  function

3. 地震◆灾难发生后，这家医院一下子_____了400多个伤病员◆。

◆地震 dìzhèn earthquake　　◆伤病员 shāngbìngyuán the sick and wounded

◆大脑 dànǎo brain
◆外界 wàijiè external, outside
◆事物 shìwù thing, object

4. 人的大脑◆_____外界◆事物◆的能力是可以培养的。

5. 聪明人不仅善于_____自己的经验教训，也善于_____别人的经验教训。

6. _____还是不_____他的礼物呢，她犹豫了。

7. 老板给了他更高的职务，考虑再三，他决定_____这个职务。

8. 民营◆企业_____了大量高学历◆、高智商的专家加盟◆自己的事业◆。

9. 中国许多企业家◆_____国外先进的管理◆理念◆，提高了自己的管理水平。

10. 我们做什么工作，都要善于_____新思想和新生事物◆。

◆新生事物 xīnshēng shìwù newly emerging things

◆民营 mínyíng private　　◆企业家 qǐyèjiā entrepreneur
◆学历 xuélì record of formal schooling, educational background
◆加盟 jiāméng join　　◆管理 guǎnlǐ management
◆事业 shìyè undertaking, cause　　◆理念 lǐniàn idea, philosophy

# 就（是） jiù (shì) (then, right away, as early as)

## ▶ 常见错误举例　Examples of common mistakes

1. 就会开了一小时，回到家并不晚。

2. 他一回来，就我们走了。

3. 每天早上六点，就他出门赶◆公共汽车上班◆去了。

◆赶车 gǎn chē catch a bus, drive a cart
◆上班 shàngbān go to work

4. 早在三年前，他还不满十岁，跟爸爸来过中国。

5. 我就才知道她是他太太。

6. 我就早知道他会不高兴。

## 解析　Explanatory notes

> "就"有多种词性，既可作副词，也可以作动词、介词和连词，而留学生常用错的是副词"就"。副词"就"可表示多种意义。
> Jiù can be used as different parts of speech, either as an adverb, a verb, a preposition or a conjunction. Where foreign students often go wrong is when it is used as an adverb. The adverb jiù may express various meanings.

➡ 1. 表示很短时间以内就要发生。

　　It may indicate that something is going to happen very soon.

　　例如：（1）他马上就来，请稍等一下。

　　　　　（2）天很快就黑下来了。

　　　　　（3）他今晚就坐飞机走。

➡ 2. 表示在很久以前已经发生，这时"就"前必有时间词语。

　　It may indicate that something already happened long ago. In such cases, jiù must be preceded by an expression denoting time.

　　例如：（1）他从小就爱看书。

　　　　　（2）我早就听说她出事了。

➡ 3. 表示两件事紧接着发生，"就"后可以跟动词，也可以跟形容词。

　　It may indicate that two things happen one immediately after the other. In such cases, jiù may be followed either by a verb or an adjective.

　　例如：（1）你先去，我随后就来。

　　　　　（2）他下了课就去图书馆了。

　　　　　（3）金融危机发生后他就丢了工作。

　　　　　（4）他一看足球比赛就兴奋起来。

➡ 4. 表示坚决、肯定等强烈意志。这时"就"必须重读，"就"的意思与"偏、偏偏"相近。这种句子里的"就"，可与"就是"通用。

　　It may express a strong will such as determination and certainty. In such cases, jiù must be stressed. It has a meaning similar to piān, or piānpiān (willfully). Jiù in such sentences can be replaced by jiùshì.

例如：（1）我就不信学不会用电脑。

（2）我就不去，看他怎么办！

（3）这孩子就是可爱。

（4）他说的就是比别人清楚。

➡ 5. 表示范围的副词"只""仅仅"。这时的"就"，可与"就是"通用。

It may be used as an adverb denoting scope, meaning "only", or "merely". In such cases, jiù can be used interchangeably with jiùshì.

例如：（1）我兜里就有十块钱。

（2）今天我就找过你两次。

（3）他人很好，就是脾气急点。

（4）我们班的同学都出国了，就是我没走。

例（1）（2）这类句子，在说话或诵读时，重音不同，意思也会不同，要注意辨别。试比较下面的例子。

Sentences such as Examples (1) and (2) here may have different stresses when spoken or read aloud, and they express different meanings. Attention should be paid to differentiating between them. Please compare the following examples.

例如：（1）你们老师懂几种外语？

我们老师就懂英语。（"就"重读，意思是只懂英语，不懂别的外语 When the sentence stress falls on jiù, the sentence means that our teacher understands only English, but not any other foreign languages.）

（2）这儿有人懂英语吗？

我们老师就懂英语。（"我们老师"重读，"就"轻读，强调"我们老师"懂英语。 When the sentence stress falls on wǒmen lǎoshi, but not on jiù, the sentence emphasizes that our teacher understands English.）

➡ 6. 副词"就"在句子中的位置：通常都在主语后边，紧挨着谓语。如果是用在甲、乙两件事紧接着发生的句子中，"就"放在乙事的谓语前边。再看下边的几个例子：

The position of the adverb jiù is normally after the subject and immediately preceding the predicate. If it is used in a sentence indicating that two things happen one immediately after the other, jiù should be placed before the predicate denoting the second action or state. Please look at the following examples.

例如：（1）孩子放下书包就睡着了。
　　　（2）小姑娘一说话就脸红。
　　　（3）我们刚坐下，演出就开始了。

## ▶ 练习　Exercises

◎ 改正"常见错误举例"中的错误。
Correct the mistakes in the "Examples of common mistakes".

◎ 根据提示，给下面的句子在适当位置加上"就"或"就是"。
Follow the tips, place jiù or jiùshì in the appropriate positions in the following sentences.

1. 依◆你说的办。（表示坚决　Expressing determination）　◆依 yī　according to
2. 我来，别走开！（表示短时间内发生　Indicating that it will happen soon）
3. 我们班这15名学生。（限定范围　Delimiting the scope）　◆认 rèn　recognize, admit
4. 是他，你没认◆错人！（表示肯定　Expressing a positive meaning）
5. 他们结婚◆不久，有了孩子。（表示两件事紧接着发生　Indicating that the two things happened one immediately after the other）
　◆结婚 jiéhūn　marry, marriage
　◆邀请 yāoqǐng　invite, invitation
6. 邀请◆我，我也不去！（表示坚决　Expressing determination）
7. 他们见过一面，离结婚还早着呢！（限定范围　Delimiting the scope）
8. 他大学刚毕业，找到了很好的工作。（表示两件事紧接着发生　Indicating that the two things happened one immediately after the other）
9. 我们只走了半个小时，7点半到了老师家。（表示短时间内发生　Indicating that it happened within a short period of time）
10. 我哪儿也不想去，想好好睡个觉。（表示坚决　Expressing determination）

# 举行　举办
## jǔxíng (hold, conduct), jǔbàn (hold)

### ▶ 常见错误举例　Examples of common mistakes

1. 音乐会◆由学生和专业乐团◆联合◆举行。
2. 新闻◆发布会◆在会议大厅举办。
3. 演讲在下午2：00举办。
4. 举行演讲会的单位是学生会。

◆ 音乐会　yīnyuèhuì　concert
◆ 乐团　yuètuán　philharmonic orchestra
◆ 联合　liánhé　unite
◆ 新闻　xīnwén　news
◆ 发布会　fābùhuì　press conference

### ▶ 解析　Explanatory notes

> "举行"、"举办"都有做、进行某事的意思。但"举行"的"行"是进行的意思，"举办"的"办"是用力量去办理的意思。这两个词因有不同的词素，词义和用法仍有明显区别。
> Both jǔxíng and jǔbàn have the meaning of doing or carrying out. But the character xíng in jǔxíng means going on, while the character bàn in jǔbàn means handling something with strength. As they contain different morphemes, they also have obvious differences in meaning and usage.

➡ 1. 许多时候，同一个句子，两个词都可以用，但意义不尽相同。
On many occasions, these two words can be used in the same sentence, but the meaning is not exactly the same.

例如：（1）运动会举行得怎么样？
　　　　　运动会举办得怎么样？
　　　（2）今年全国的英语演讲比赛举行得怎么样？
　　　　　今年全国的英语演讲比赛举办得怎么样？

例句（1）（2）的第一句重点是问"进行"的过程，比如是否顺利、精彩；例句（1）（2）的第二句重点是问"办理"情况，比如组织、策划工作、进程、结果，重点在问"举办者"工作做得怎么样、效果怎么样。

In the first sentences of Examples (1) and (2), the focus is on the on-going process, whether it is smooth or wonderful. The second sentences, on the other hand, focus on how it is handled, such as the organization, planning, process, results, etc. The emphasis is on how the work is done by the organizers and what effect is achieved.

➡ 2. "举行""举办"都是从事、进行某种活动，因此它的宾语多是各种"会"（会议、集会、宴会、舞会、婚礼）或运动（比赛、运动会）一类名词。属于这一类的句子，两个词都可以用。"举行"还可以同"游行、罢工、谈判"一类动词搭配。"举办"有从事、办理事业的意思，它不与"游行、罢工、谈判"一类动词配搭，它的宾语多是展览、培训班、事业等。"举行"没有从事、办理事业的意思，下面例句中的"举办"不能用"举行"替换。
Both jǔxíng and jǔbàn mean holding or conducting certain activities, and therefore their objects are often nouns indicating meetings (conferences, gatherings, banquets, balls, wedding ceremonies) or sports (games, sports meets). In sentences of this kind, both jǔxíng and jǔbàn can be used. Jǔxíng can also collocate with such verbs as yóuxíng (demonstrate), bàgōng (strike), tánpàn (negotiate), while jǔbàn has the meaning of engaging in or handling some undertaking and so it does not collocate with such verbs as yóuxíng (demonstrate), bàgōng (strike), tánpàn (negotiate), and its objects are often such words as zhǎnlǎn (exhibition), péixùnbān (training class), shìyè (undertaking), etc. Jǔxíng does not have the meaning of engaging in or handling some undertaking. In the following Examples (3) and (4), jǔbàn cannot be replaced by jǔxìng.

例如：（1）全市举行了爱护人类自己的家园、保护生态环境的游行。
（2）有关国家首脑就能源问题正在举行艰苦谈判。
（3）今年下半年北京将举办大型国际图书博览会。
（4）全国青年歌手大赛由中央电视台和音乐家协会联合举办。

➡ 3. "举行"和"举办"作定语，修饰的中心词不同。
When used as an attribute, jǔxíng and jǔbàn modify different head words.

例如：（1）举办单位将认真审查参加比赛者的资格。
（2）他们正在联系比较适合举办比赛的学校。
（3）举办比赛的时间、地点都已经确定。
（4）请谈谈这次比赛举办的动机、规模和赞助情况。

以上例句（1）（2）中的"举办"不能用"举行"替换。例（3）（4）"举行""举办"则可以通用。

In Examples (1) and (2) above, jǔbàn cannot be replaced by jǔxíng, while in Examples (3) and (4), jǔxíng and jǔbàn can be used interchangeably.

## 练习 Exercises

◎ 改正"常见错误举例"中的错误。
Correct the mistakes in the "Examples of common mistakes".

◎ 选词填空。
Fill in the blanks with the appropriate words.

（举行　举办）

1. 学校每年都要_____运动会。
2. 企业为提高员工◆专业水平，经常_____各种培训班◆。
3. 每个周末学校都_____舞会◆，由学生会_____。
4. 他们_____了十分盛大的结婚典礼◆。
5. _____婚礼的时间和地点都是最理想的。
6. 这次_____的各国首脑◆能源◆谈判进行得十分艰苦◆。
7. 这次会议的_____方要求对与会者的资格◆进行严格审查。
8. 美国好莱坞◆剧作家◆工会◆_____的罢工◆，引起◆了各国媒体的关注。
9. 每年春天北京上百家出版社◆都要联合_____大型◆书展。
10. 每年的除夕◆之夜，中央电视台◆都要_____大型歌舞晚会，欢庆新年到来。

◆员工　yuángōng　staff
◆培训班　péixùnbān　training class
◆舞会　wǔhuì　ball, dance
◆典礼　diǎnlǐ　ceremony
◆首脑　shǒunǎo　head, chief
◆能源　néngyuán　energy
◆艰苦　jiānkǔ　arduous
◆资格　zīgé　qualifications

◆好莱坞　Hǎoláiwū　Hollywood
◆剧作家　jùzuòjiā　playwright
◆工会　gōnghuì　trade union
◆罢工　bàgōng　strike
◆引起　yǐnqǐ　attract
◆出版社　chūbǎnshè　press, publishing house
◆大型　dàxíng　large-scale
◆除夕　chúxī　Chinese New Year's Eve
◆中央电视台　Zhōngyāng Diànshìtái　CCTV

# 参考答案 Reference Answers

## 机会　机遇

**改正"常见错误举例"中的错误。**
Correct the mistakes in the "Examples of common mistakes".
1. 一次偶然的机会，我碰见了她。
2. 这次考试机会，我错过了。
3. 我有很多机会认识她。
4. 我趁这个机会说几句。

**选词填空。**
Fill in the blanks with the appropriate words.
（机会　机遇）
1. 你们应该找机会好好谈谈。
2. 这次面试机会太难得了，你不应该放弃。
3. 这个职务是他展示自我能力的大好机会／机遇。
4. 事业的成功，不仅需要奋斗，更需要机会／机遇。
5. 投资股票市场，赚钱和赔钱的机会并存。
6. 在劳务市场上，现在跳槽的机会很多。
7. 全球性经济危机，对中国来说，挑战与机遇并存。
8. 机会人人有，但那是给有准备的人的。
9. 和平的国际环境提供了世界各国人民交流的机会。
10. 希望双方能创造一次友好分手的机会。

## 交往　交流　交际

**改正"常见错误举例"中的错误。**
Correct the mistakes in the "Examples of common mistakes".
1. 我跟他有过一次交往。

2. 我很喜欢同她交往/交流。
3. 我跟她交往很长时间了。
4. 这孩子善于交际。

**选词填空。**

Fill in the blanks with the appropriate words.

（交往　交流　交际）

1. 我跟她不熟悉，只交往过一两次。
2. 大家有什么新情况，交流一下吧！
3. 他是个书呆子，一个网虫，交际能力很差。
4. 他们常在一起交流学习心得。
5. 学好一门外语，就多了一种交际工具。
6. 她在学校很活跃，交际面很广。
7. 谁都无权干涉人与人之间的正常交往。
8. 在当今这个信息时代，各国间的交往/交流日益频繁。
9. 国家间不同形式的文化交流活动，增进了人民之间的相互了解。
10. 这次国际学术会议，交流了各国最新的研究成果。

## 接收　接受

**改正"常见错误举例"中的错误。**

Correct the mistakes in the "Examples of common mistakes".

1. 她接受不了这么大的打击。
2. 俱乐部接收/接受了新会员。
3. 我接受你的邀请，去你家做客。
4. 在山区接收不到电子信号。

**选词填空。**

Fill in the blanks with the appropriate words.

（接收　接受）

1. 在电梯里很难接收到清楚的手机信号。
2. 你的电脑有接收中文的功能吗？

3. 地震灾难发生后，这家医院一下子接收了400多个伤病员。
4. 人的大脑接受外界事物的能力是可以培养的。
5. 聪明人不仅善于接受自己的经验教训，也善于接受别人的经验教训。
6. 接受还是不接受他的礼物呢，她犹豫了。
7. 老板给了他更高的职务，考虑再三，他决定接受这个职务。
8. 民营企业接收／接受了大量高学历、高智商的专家加盟自己的事业。
9. 中国许多企业家接受国外先进的管理理念，提高了自己的管理水平。
10. 我们做什么工作，都要善于接受新思想和新生事物。

## 就（是）

### 改正"常见错误举例"中的错误。
Correct the mistakes in the "Examples of common mistakes".

1. 会就开了一小时，回到家并不晚。（语序不对　Wrong word order）
2. 他一回来，我们就走了。（语序不对　Wrong word order）
3. 每天早上六点，他就出门赶公共汽车上班去了。（语序不对　Wrong word order）
4. 早在三年前，他还不满十岁，就跟爸爸来过中国。（应该有"就"字　The word jiù should be added.）
5. 我才知道她就是他太太。（语序不对　Wrong word order）
6. 我早就知道他会不高兴。（语序不对　Wrong word order）

### 根据提示，给下面的句子在适当位置加上"就"或"就是"。
Follow the tips, place jiù or jiùshì in the appropriate positions in the following sentences:

1. 就依你说的办。
2. 我就来，别走开！
3. 我们班就是这15名学生。
4. 就是他，你没认错人！
5. 他们结婚不久，就有了孩子。
6. 就是邀请我，我也不去！
7. 他们就见过一面，离结婚还早着呢！
8. 他大学刚毕业，就找到了很好的工作。

9. 我们只走了半个小时，7点半就到了老师家。
10. 我哪儿也不想去，就想好好睡个觉。

## 举行　举办

**改正"常见错误举例"中的错误。**
Correct the mistakes in the "Examples of common mistakes".
1. 音乐会由学生和专业乐团联合举办。
2. 新闻发布会在会议大厅举行。
3. 演讲在下午2：00举行。
4. 举办演讲会的单位是学生会。

**选词填空。**
Fill in the blanks with the appropriate words.
1. 学校每年都要举行/举办运动会。
2. 企业为提高员工专业水平，经常举办各种培训班。
3. 每个周末学校都举行舞会，由学生会举办。
4. 他们举行/举办了十分盛大的结婚典礼。
5. 举行/举办婚礼的时间和地点都是最理想的。
6. 这次举行的各国首脑能源谈判进行得十分艰苦。
7. 这次会议的举办方要求对与会者的资格进行严格审查。
8. 美国好莱坞剧作家工会举行的罢工，引起了各国媒体的关注。
9. 每年春天北京上百家出版社都要联合举办大型书展。
10. 每年的除夕之夜，中央电视台都要举办大型歌舞晚会，欢庆新年到来。

# 看 见 看见
## kàn, jiàn, kànjiàn（see, look）

### ▶ 常见错误举例　Examples of common mistakes

1. 我们没能看了他。
2. 我不能去学校看见我的老师和同学们了。
3. 我戴眼镜后，看见清楚广告◆牌上的字了。　　◆广告　guǎnggào　advertisement
4. 下午我可不可以在家看见你？
5. 上个月我看见电影。
6. 在学校，我没看老师。

### ▶ 解析　Explanatory notes

> "看"和"见"，都是用目光、用视线接触事物和对象，如"他正在看天"，"人们常常见怪不怪"。但在现代汉语里，"看"和"见"有许多不同。
> Both kàn and jiàn indicate one's eyes or sight to meet things and objects. For instance, kàn in the sentence meaning "He is looking at the sky", and jiàn in the sentence meaning "seeing too many thing unusual and getting used to them" both have this meaning. But kàn and jiàn have a lot of differences between them in modern Chinese.

➡ 1. 表达意思不同：

They have different meanings.

"看"比"见"意思广泛，有看望、观察、诊治、照顾、认为、取决于、小心等意思，而"见"没有。

The meaning of kàn is very broad. It may be used to express many things, like to visit, observe, treat a disease, take care, depend on and be careful. Jiàn cannot be used to express these meamings.

例如：（1）病了就去看大夫。（请求诊治　Seeking treatment）

（2）这事你看着办吧。（你认为该怎么办就怎么办　Do as you see fit.）

这两句里的"看"都不能用"见"。

In the above two examples, kàn cannot be replaced by jiàn.

"见"有接触、显现、会见、接见等意思,"看"没有这层意思。

Jiàn means to contact, appear, meet with, and receive, while kàn does not.

例如:(1)他正在见客。

(2)他干的那些事儿,怕见阳光。

(3)她的眼病,近日见好。

(4)下午,我要去见我的导师。

➡ 2. 用法不同:

They have different usages.

"见",强调"看"的结果,所以可以带"了"、"过",带名词宾语。

Jiàn stresses the result of kàn, and therefore it can be followed by le, guo, and a noun as the object.

例如:(1)我好像在哪儿见过你,很面熟。

(2)我没见他主动帮助过人。

这两个例句里的"见",都不能换成"看"。"看"可带名词、动词、小句作宾语。

In the above two examples, jiàn cannot be replaced by kàn. Kàn can take a noun, a verb or a clause as its object.

例如:(1)你的工作就是看门。

(2)今天,就看你的运气怎么样了。

"看""看见"的区别:

The difference between kàn and kànjiàn:

➡ 1. "看"只表示目光注视对象这一个动作;"看见",则同时表示动作的结果。所以"看他"与"看见他"意思不同。"看他"只是指去看望他,结果如何,见没见着,不知道。而"看见他",不只是表示去拜访了他,而且见着人了。所以不能随便换用。

Kàn only expresses the action of looking at an object, while kànjiàn also expresses the result of the action. Therefore, kàn tā and kànjiàn tā have different meanings. Kàn tā is to visit him but whether he was seen or not, we don't know. On the other hand, kànjiàn tā not only expresses to visit him but also expresses that he was seen.

例如：（1）他看了半天，什么也没看见。
　　　（2）我去他家看他，却没看见他。

"看"有时也会隐含"见"的意思，但不强调"看"的结果，这时"看"也就是"看见"，互换后意思不变。

Sometimes, kàn can imply the meaning of jiàn, but does not emphasize the result of kàn. In such cases, kàn means the same as kànjiàn and replacing one with the other does not change the meaning.

例如：（1）他看我们累了，就马上安排我们休息。
　　　（2）他看见我们累了，马上安排我们休息。

➡ 2. "看"，表示持续性动作，前面可以加"正、正在"；后面可以加"着"，表示动作正在进行。"看见"，是非持续性动作，不能这么用。

Kàn indicates a continuing action and can follow such words as zhèng or zhèngzài and precede the word zhe to indicate the progression of the action. Kànjiàn does not indicate a continuing action and therefore cannot be used in this way.

例如：（1）他正在看书，没有说话。
　　　（2）他看着我说："啊，你真像你爸爸。"

➡ 3. "看"是单音节动词；"看见"是一个表示结果的动补词组，"见"表示"看"的结果，所以用它时后面不能带名量词、动量词、趋向补语；前面也不能加表示动作正在进行的副词。"看"可前加后带；"看"还可重叠，重叠后中间还可以加"一"，成"看一看"；可与别的动词组成词组，如"看到、看上去、看惯……"。"看见"没有这些功能。

Kàn is a monosyllabic verb and kànjiàn is a verb-complement phrase used to indicate result. Jiàn is the result of kàn and therefore it cannot precede a noun quantifier, a verb quantifier or a complement denoting tendency. Nor can it follow an adverb expressing progression of an action. Kàn does not have these two restrictions, however, kàn can be duplicated, and can even have yī added in between the repetition, becoming kànyikàn. Kàn can be combined with other verbs to form a phrase such as kàndào, kànshàngqù, kànguàn …, while kànjiàn cannot be used this way.

例如：（1）他看了我半天才认出来。
　　　（2）他仔细看看，这是什么？
　　　（3）我正在看一本有趣的书，请你别打扰我。

## 练习 Exercises

◎ 改正上面"常见错误举例"中的错误。
Correct the mistakes in the "Examples of common mistakes".

◎ 选择"看""见""看见"填空:
Fill in the blanks with kàn, jiàn, or kànjiàn.

1. _____结果♦，再决定♦怎么办。 ♦结果 jiéguǒ result  ♦决定 juédìng decide, decision
2. 我知道她去找朋友了，_____我问她！
3. _____他那么忙，我不好意思打搅♦他了。 ♦打搅 dǎjiǎo disturb
4. _____总经理了吗？
5. _____不_____一个样，反正我俩在电话里讲清楚了。 ♦虚 xū uncertain, empty
6. 耳听是虚♦，眼_____是实♦。我不但要_____照片，还要_____人。 ♦实 shí true
7. 三年不_____，长成大人了。如不介绍，在街上_____还会认不出来呢。
8. 人老了，眼睛花了，不戴眼镜，什么也_____不清楚了。
9. 他_____老师来了，马上不说了。
10. 她_____不起他，因为他做了对不起她的事。
11. _____得_____吗？_____得清吗？老师关心♦地问坐在后排♦的同学。
12. 这本书你_____了吗？
♦关心 guānxīn care, concern
♦后排 hòupái back row

# 可惜　遗憾
## kěxī (what a pity), yíhàn (regret)

▶ **常见错误举例** Examples of common mistakes

1. 今天我丢了好几百块钱，真是太遗憾了！
2. 老同学聚会♦，以后还有机会，不可惜。 ♦聚会 jùhuì get together
3. 今天的讲座太精彩了，你错过♦了，不觉得可惜吗？ ♦错过 cuòguò miss
4. 我刚买的一辆新自行车，又被偷♦了，真是太遗憾了！ ♦偷 tōu steal

## 解析　Explanatory notes

> "可惜"和"遗憾"词义近似，都是对某些事表示惋惜之情；两个词也都兼有形容词的特征。所以，可以用"可惜"的地方，不少也可以用"遗憾"，但两个词的意义和用法还是有较明显的区别。
>
> Kěxī and yíhàn have similar meanings, both expressing regret for certain things. Both of them have the characteristics of an adjective. Therefore, many times when kěxī is used, we could also use yíhàn. Nevertheless, these two expressions have fairly obvious differences in meaning and usage.

1. "可惜"常用来对心爱物的损坏、遗失或未能得到表示惋惜或同情，如下面的例（1）（2）。"遗憾"则多是针对某件该做而未能做的事发出感慨和惋惜，如下面的例（3）（4）。"可惜"和"遗憾"不能混淆。

   Kěxī is often used to express regret or sympathy for the damage, loss, or unavailability of something you love, as shown in Examples (1) and (2) below. Yíhàn is more often used to express the emotion or regret for something that should be done but has not been done, as shown in Examples (3) and (4) below.

   例如：（1）真可惜，这么好的杯子摔碎了。
   　　　（2）京剧是中国文化的精粹，很可惜你听不懂。
   　　　（3）错过了这次精彩演出，我感到非常遗憾。
   　　　（4）人的一生不会没有遗憾。

2. 因为"惜"有爱怜、舍不得的意思，所以当句子表达纯粹的爱惜、惋惜、舍不得的意思时，只能用"可惜"；当句子兼有"遗憾"表达的意义时，"可惜""遗憾"才可通用。

   As xī has the meaning of tender affection and being unwilling to part with, only kěxī can be used when the sentence expresses pure affection, being sorry or being unwilling to part with something. Yíhàn and kěxī can only both be used when the sentence also has the meaning of being regretful.

   例如：（1）我保存在电脑里的资料都丢了，真可惜！
   　　　（2）许多可再生资源都当垃圾处理了，实在可惜。
   　　　（3）太可惜/遗憾了，你不能和我们一起去。
   　　　（4）你拒绝了这么好的工作，你不觉得太可惜/遗憾了？

➡ 3. "可惜"可放在主语前，有时含有庆幸、讽刺、挖苦的语气。"遗憾"可放在谓语前，作状语，表示某种委婉的语气。

Kěxī can be placed before the subject and sometimes it carries a tone of rejoicing, irony or sarcasm. Yíhàn can function as an adverbial and be placed before the predicate to express a tactful tone.

例如：（1）他以为我找不到，可惜我找到了。
（2）他希望我们被打败，可惜我们打赢了。
（3）我遗憾地通知你，你被解雇了。
（4）我公司遗憾地获悉贵公司未能按合同履行义务。

▶ 练习　Exercises

◎ 改正"常见错误举例"中的错误。
Correct the mistakes in the "Examples of common mistakes".

◎ 选词填空。
Fill in the blanks with the appropriate words.

（可惜　遗憾）

1. 现在的生活条件好了，_____许多好传统◆也丢了。　◆传统 chuántǒng　tradition
2. 真_____，我没能参加你们的婚礼。
3. 听说你被解雇◆了，真是太_____了！　◆解雇 jiěgù　dismiss, fire
4. _____我的车坏了，又没钱买新车。
5. 中华◆五千年文明◆展非常精彩，不去参观，那就太_____了。　◆中华 Zhōnghuá　Chinese　◆文明 wénmíng　civilization
6. 你自以为聪明，_____还是不成功！
7. 来北京半年了，我至今没去过长城，真的很_____。
8. _____我做了这么多好菜，没人欣赏◆。　◆欣赏 xīnshǎng　appreciate, admire
9. 他以为我是个轻易◆认输的人，_____他想错了！　◆轻易 qīngyì　easily
10. 商战中有输有赢，有赔◆有赚◆，没什么好_____的。　◆赔 péi　accompany　◆赚 zhuàn　gain, make a profit
11. 许多再生资源◆都当做垃圾◆处理了，谁都觉得_____。
　◆再生资源 zàishēng zīyuán　renewable resources
　◆垃圾 lājī　garbage

# 课 班 kè (course, lesson), bān (class, shift, squad)

### 常见错误举例 Examples of common mistakes

1. 你们的课里有几个学生？
2. 我们全课有二十人。
3. 我们课他学习最好。

### 解析 Explanatory notes

"课"，指有计划的分段教学中的教学科目、教学的时间单位、教材段落。这些都与学校教学有关。在有些国家，机关、学校的行政单位也叫"课"，但在中国，没有这种设置，普通话里"课"也没有这个意义，上面的错例，是外国学生受了母语的影响。

Kè refers to planned teaching divided into sections, teaching subjects, unit of teaching time, sections of a textbook, etc. These are all concerned with school teaching. In some countries, units within institutions and schools may also be named kè, but in China, there are no such establishments. Therefore, in Putonghua, the word k- does not have this meaning. The mistakes mentioned above by foreign students seem to have been influenced by their mother tongue.

"班"，指为了某种目的编成的组织。在学校，有教学班，如大学二年级三班；一段有规律的工作时间以及相关的编组，如早班、日班、晚班；航班、班机、班车，等等；在军队，最低一级组织也叫班。

Bān means a unit formed for a particular purpose. In schools, we have classes for the purpose of teaching (e.g. Class 3, Grade 2 in a university). It may also refer to regular working hours as well as related groups, as in the morning shift, day shift, night shift, flights, regular air service, regular bus service, etc. In the army, the smallest tactical unit is also called bān (squad).

### 练习 Exercises

◎ 改正"常见错误举例"中的错误。
Correct the mistakes in the "Examples of common mistakes".

◎ 选词填空。
Fill in the blanks with the appropriate words.

(课　班)

1. 大学三年级有四门_____。
2. 按水平◆分三个_____，每_____有15人左右。　◆水平 shuǐpíng  level
3. 这本教材◆有二十_____。　◆教材 jiàocái  textbook, teaching material
4. 这_____生词很多。
5. 今天老师上第五_____。
6. 儿子是中学生，每天上午8点上_____；爸爸是大学老师，每天有两节_____；妈妈是公司经理，上_____晚，下_____也晚。
7. 这个_____有一个学生病了，没来上_____。
8. 他是好学生，总是热心◆为大家服务◆，是我们_____的_____长。

◆热心 rèxīn  warm-hearted, enthusiastic
◆服务 fúwù  service

# 口　嘴
## kǒu, zuǐ（mouth）

### ▶ 常见错误举例  Examples of common mistakes

1. 他口上不说，心里着急。
2. 她从小在北京长大，说话一嘴京腔◆。　◆京腔 jīngqiāng  Beijing accent
3. 她什么没吃过，口刁◆着呢！　◆刁 diāo  choosy
4. 她说话一向有嘴无心，你不要介意◆。　◆介意 jièyì  take offence, mind

### ▶ 解析  Explanatory notes

"口"是人和动物发声、进食的器官。"嘴"本指一种猛禽的骨质尖锐的嘴，后成为"口"的通称。虽然"口"和"嘴"意义基本相同，但用法很不一样。

Kǒu is an organ of people and animals for eating and pronunciation. Zuǐ originally referred to the sharp bony beak of a bird of prey, but it later became a common term for kǒu (mouth). Though kǒu and zuǐ have basically the same meaning, they are used quite differently.

➡ 1. 组词能力不同，"口"组词能力强，运用广；组词的色彩不同，"口"组的词相对而言较正式、较文雅，例如：口才、口福（能吃到好东西的福气）、口吃、口齿（说话的声音、本领）、口碑（众人口头上歌颂）；"嘴"组的词更口语化，较通俗，甚至粗俗、多贬义词，例如：嘴巴、嘴笨（不善于说话）、嘴馋、嘴软、多嘴(不应该说话而说话了)、嘴脸（形象和表情）、臭嘴、乌鸦嘴（说出的话不吉利），等等；只有极少数的词是褒义词，如嘴甜、嘴乖（说的话让人爱听）、嘴严、嘴紧，等等。这种差别，可能与"口"主要指人的器官，而"嘴"来源于飞鸟。

They can collocate with different words; kǒu has a broader collocaional range and is more widely used. Their collocations have different tones; collocations with kǒu are relatively speaking more formal and more refined, as in kǒucái (eloquence), kǒufú (gourmet's luck), kǒuchī (stutter), kǒuchǐ (ability to speak), kǒubēi (public praise), etc. Collocations with zuǐ are more colloquial, more popular, and even vulgar, derogatory terms, as in zuǐba (mouth), zuǐbèn (clumsy of speech), zuǐchán (gluttonous), zuǐruǎn (be unable to say what should be said after receiving small favours), duōzuǐ (have a big mouth), zuǐliǎn (image and features), chòuzuǐ (foul mouth), wūyāzuǐ (beak of a crow: say inauspicious remarks), etc. Only a few words of this kind are positive in meaning, such as zuǐtián (honeymouthed), zuǐguāi (talking sweetly), zuǐyán (close-mouthed), zuǐ jǐn (tight-lipped), etc. This difference may be related to the fact that kǒu mainly refers to the human mouth, while zuǐ originally referred to the bird beak.

例如：（1）我是有口难辩。（较正式的文雅的　More formal and refined）

（2）就是有八张嘴也说不清。（通俗口语　Spoken and popular）

（3）那个人口臭。（从口中吐出的气味臭，是客观描述　Foul odour from the mouth, an objective description.）

（4）对面那个人的嘴臭。（指他说的话不好，让人不高兴　What he said made people unhappy.）

➡ 2. "口"有多项引申义，如口味、人口；容器通外面的地方，瓶子口儿、碗口儿；出入通过的地方，出口、入口、门口、地道口；破裂残缺的地方也叫"口"，等等。"嘴"没有这些引申义。只有"容器通外面"且形状和作用像"嘴"的地方，可叫"嘴"，如茶壶嘴、烟袋嘴。

Kǒu has many derivative meanings, as in kǒuwèi (flavour), rénkǒu (population). It may be used to refer to the opening of a container (such as the mouth of a bottle, rim of a bowl), entrance (such as exit, entrance, gate, mouth of a tunnel), a cut or tear, etc. Zuǐ does not have these derivative meanings. The only collocations with zuǐ are those terms indicating an opening of a container with a beak shape, such as cháhúzuǐ (spout of a teapot), yāndàizuǐ (spout of a smoking pipe).

3. "口"是一个常用量词，如"你家几口人？""我家三口。"，一口井、一口钢刀等；"嘴"很少用作量词。

Kǒu is a frequently used measure word, as in Nǐ jiā jǐ kǒu rén? (How many people are there in your family?), Wǒ jiā sān kǒu. (We have three people.), yì kǒu jǐng (a well), yì kǒu gāngdāo (a steel knife), etc. Zuǐ is seldom used as a measure word.

## 练习 Exercises

◎ 改正"常见错误举例"中的错误。
**Correct the mistakes in the "Examples of common mistakes".**

◎ 选词填空。
**Fill in the blanks with the appropriate words.**

（口　嘴）

1. 你开____说话呀，急死我了！
2. 小孩子____馋◆，贪吃◆。　　　◆嘴馋 zuǐchán　gluttonous　　◆贪吃 tānchī　greedy
3. 他说话有点儿____吃◆，你不可嘲笑◆他。　◆口吃 kǒuchī　stutter
　　　　　　　　　　　　　　　　　　　　◆嘲笑 cháoxiào　make fun of
4. 我劝你____严◆一点儿，小心祸从____出◆。　◆严 yán　tight
　　　　　　　　　　　　　　　　　　　　◆祸从口出 huòcóngkǒuchū　out of the mouth comes evil
5. 有些人生来一副好____才◆，能把死的说活。　◆口才 kǒucái　eloquence
6. 这个女孩子的____真甜◆，几句话就把老太太说得乐开了花。　◆嘴甜 zuǐtián　honeymouthed
7. 做人要诚实，不能言行不一◆，____是心非◆。　◆言行不一 yánxíngbùyī　say one thing and do the opposite
　　　　　　　　　　　　　　　　　　　　◆口是心非 kǒushìxīnfēi　say yes and mean no
8. 不要嫌我多____，俗话说，拿了人家的手短，吃了人家的____软◆。
　　　◆嘴软 zuǐruǎn　be unable to say what should be said after receiving small favours
9. 谁说年轻人____上没毛，办事不牢◆？自古英雄◆出少年！
　　　◆牢（靠）láo(kào)　reliable, durable
　　　◆英雄 yīngxióng　hero
10. 夫妻共同生活几十年，无须开____说话，只需一个眼神◆，就能读懂对方。
　　　◆眼神 yǎnshén　expression in one's eyes

# 参考答案 Reference Answers

## 看 见 看见

**改正"常见错误举例"中的错误。**
Correct the mistakes in the "Examples of common mistakes".

1. 我们没看见他。
2. 我不能去学校看我的老师和同学们了。
3. 我戴眼镜后,看清楚广告牌上的字了。
4. 下午我能不能在家看见你?
5. 上个月我看见你弟弟了。
6. 在学校,我没看见老师。

**选择"看""见""看见"填空。**
Fill in the blanks with kàn, jiàn, or kànjiàn.

1. 看见结果,再决定怎么办。
2. 我知道她去找朋友了,看我问她!
3. 看他那么忙,我不好意思打搅他了。
4. 看见总经理了吗?
5. 见不见一个样,反正我俩在电话里讲清楚了。
6. 耳听是虚,眼见是实。我不但要看照片,还要看人。
7. 三年不见,长成大人了。如不介绍,在街上看见还会认不出来呢。
8. 人老了,眼睛花了,不戴眼镜,什么也看不清楚了。
10. 他看见老师来了,马上不说了。
11. 她看不起他,因为他做了对不起她的事。
12. 看得见吗? 看得清吗? 老师关心地问坐在后排的同学。
13. 这本书你看了吗?

# 可惜　遗憾

**改正"常见错误举例"中的错误。**
Correct the mistakes in the "Examples of common mistakes".
1. 今天我丢了好几百块钱，真是太可惜了！
2. 老同学聚会，以后还有机会，不要遗憾。
3. 今天的讲座太精彩了，你错过了，不觉得遗憾吗？
4. 我刚买的一辆新自行车，又被偷了，真是太可惜了！

**选词填空。**
Fill in the blanks with the appropriate words.
（可惜　遗憾）
1. 现在的生活条件好了，可惜许多好传统也丢了。
2. 真遗憾，我没能参加你们的婚礼。
3. 听说你被解雇了，真是太遗憾了！
4. 可惜我的车坏了，又没钱买新车。
5. 中华五千年文明展非常精彩，不去参观，那就太遗憾了。
6. 你自以为聪明，可惜还是不成功！
7. 来北京半年了，我至今没去过长城，真的很遗憾。
8. 可惜我做了这么多好菜，没人欣赏。
9. 他以为我是个轻易认输的人，可惜他想错了！
10. 商战中有输有赢，有赔有赚，没什么好遗憾的。
11. 许多再生资源都当做垃圾处理了，谁都觉得可惜。

# 课　班

**改正"常见错误举例"中的错误。**
Correct the mistakes in the "Examples of common mistakes".
1. 你们的班里有几个学生？
2. 我们全班有二十人。
3. 我们班他学习最好。

**选词填空。**
Fill in the blanks with the appropriate words.

（课　班）
1. 大学三年级有四门课。
2. 按水平分三个班，每班有15人左右。
3. 这本教材有二十课。
4. 这课生词很多。
5. 今天老师上第五课。
6. 儿子是中学生,每天上午8点上课；爸爸是大学老师，每天有两节课；妈妈是公司经理，上班晚，下班也晚。
7. 这个班有一个学生病了，没来上课。
8. 他是好学生，总是热心为大家服务，是我们班的班长。

## 口　嘴

**改正"常见错误举例"中的错误。**
Correct the mistakes in the "Examples of common mistakes".
1. 他嘴上不说，心里着急。
2. 她从小在北京长大，说话一口京腔。
3. 她什么没吃过，嘴刁着呢！
4. 她说话一向有口无心，你不要介意。

**选词填空。**
Fill in the blanks with the appropriate words.
（口　嘴）
1. 你开口说话呀，急死我了！
2. 小孩子嘴馋，贪吃。
3. 他说话有点儿口吃，你不可嘲笑他。
4. 我劝你嘴严一点儿，小心祸从口出。
5. 有些人生来一副好口才，能把死的说活。
6. 这个女孩子的嘴真甜，几句话就把老太太说得乐开了花。
7. 做人要诚实，不能言行不一，口是心非，
8. 不要嫌我多嘴，俗话说，拿了人家的手短，吃了人家的嘴软。
9. 谁说年轻人嘴上没毛，办事不牢？自古英雄出少年！
10. 夫妻共同生活几十年，无须开口说话，只需一个眼神，就能读懂对方。

# 联系　联络　liánxì (contact) liánluò (liaison)

### ▶ 常见错误举例　Examples of common mistakes

1. 我打电话联络飞机票。
2. 公司在北京设了个联系处。
3. 他联络好的那家旅馆太贵了。
4. 我们同总公司保持着直接的联络。

### ▶ 解析　Explanatory notes

> "联系""联络"，带有彼此接上或保持关系这一层意思，所以常常可以互换。
> Both liánxì and liánluò have the meaning of coming into contact, or maintaining a relationship. Therefore, they can often be used interchangeably.

例如：（1）我到中国后再跟你联系／联络。
　　　（2）我和中学同学大都失去了联系／联络。
　　　（3）深山里手机信号不好，救援队员无法跟失踪者联系／联络。

"联系"和"联络"也有区别。
However, there are also differences between liánxì and liánluò.

➡ 1. "联系"是彼此连接、接续上，如两条线连结成一条线一样。"联络"的"络"是网状物，所以"联络"有多渠道、多方式、广泛连接的意思。所以，"联系"双方可以是直接的、单线的；"联络"则可能是多向的、多对象的、如网络般的。
Liánxì means being connected or linked, just as two lines are joined into one. The character luò in liánluò indicates a network. Therefore, liánluò has the meaning of connecting through multi-channels, multi-modes or connecting a wide range. The link between the two sides connected by liánxì can be direct and single-lined, while that by liánluò can be multi-directional and involve multiple objects, like a network.

例如：（1）他同前妻一直保持着联系。
　　　（2）我出差到外地联系一项业务。

（3）春节到了，全家人团聚，就是为了联络感情。

（4）我联络了几个朋友，组织了一个网球俱乐部。

例句（1）（2）完全是单线的、双方的，只能用"联系"；例句（3）（4）因为是多向的、网状式的，所以宜用"联络"。

The link in Examples (1) and (2) is single-lined and bilateral and therefore only liánxì can be used. The link in Examples (3) and (4) is multi-directional and like a network, and therefore liánluò is the better option.

➡ 2. "联系"的对象除了人或团体外，还可以是事物；"联络"的对象通常是人或团体。

Besides people and organisations, the target of liánxì can also be things, while the target of liánluò is usually people or organisations.

例如：（1）到奥林匹克公园参观的事我已经联系好了。

（2）学校的教学应该理论联系实际，不能空谈。

（3）旅行出发前，先把交通、食宿的事情联系好。

（4）他对社会腐败现象，联系历史和现实，作了很精彩的分析。

以上这些例句，都不能用"联络"。

In the above examples, liánluò is out of place.

### 练习 Exercises

◎ 改正"常见错误举例"中的错误。
Correct the mistakes in the "Examples of common mistakes".

◎ 选词填空。
Fill in the blanks with the appropriate words.

（联系　联络）

1. 理论只有_____实际◆才有价值。　　◆实际 shíjì　reality

2. 他是个多好的人，竟然做出那么差劲◆的事，真没法把这事同他_____在一起。
◆差劲 chàjìn　disappointing, not good

3. 他把手机丢了，朋友们的电话号码都存在手机里，现在无法跟朋友_____了。

4. 他经常出差◆_____业务◆，成天在天上飞来飞去，实在辛苦。
◆出差 chūchāi　on a business trip
◆业务 yèwù　business

5. 她_____了一些朋友，打算组织一个艺术社团◆。　　◆社团 shètuán　association

6. 公司对外_____由她负责，我告诉你她的手机号，你直接◆同她_____。
◆直接 zhíjiē　direct

7. 地震后，外界同灾区一切_____都中断了。

8. 不管你地位◆有多高，都应该密切_____群众◆。

◆ 地位 dìwèi　status, position
◆ 群众 qúnzhòng　the masses

9. 他是教师和同学之间的亲密_____员，大家都愿意这么叫他。

10. 讲社会腐败◆现象◆，不深入◆_____实际，纯粹◆是空谈◆。

◆ 腐败 fǔbài　corruption
◆ 深入 shēnrù　thorough
◆ 空谈 kōngtán　empty talk
◆ 现象 xiànxiàng　phenomenon
◆ 纯粹 chúncuì　pure, purely

# 了　过
# le (indicating completion or change), guo (indicating completion or past)

## ▶ 常见错误举例　Examples of common mistakes

1. 我打算◆了明年回国。　◆ 打算 dǎsuàn　plan to

2. 晚上我们一起去了散步◆。　◆ 散步 sànbù　walk, stroll

3. 他计划了毕业◆后去中国旅行。　◆ 毕业 bìyè　graduate

4. 这学期我学得完了这本书。

5. 我喜欢了她。

6. 每天晚饭后听了半小时音乐。

7. 前年他才结婚◆了。　◆ 结婚 jiéhūn　marry

## ▶ 解析　Explanatory notes

助词"了"最常见的用法有两个。

The auxiliary le has two common usages.

➡ 1. 用在动词后边，表示动作的完成。如果动词带有宾语，"了"放在动词后、宾语前。

It is put after the verb to indicate the completion of an action. If the verb takes an object, the word le is put after the verb, but before the object.

例如：我已经买了。/ 我已经买了这本书。

➡ 2. 用在一个句子的最后，主要表示事情出现了变化或即将出现变化。有时也可在这类"了"字句中，在谓语前搭配用表示动作、事件即将发生的副词"要、快要、就要"一类词语。

It is put at the end of a sentence, mainly to indicate that a change has occurred or is about to occur. Sometimes in these sentences with le, the adverbs yào, kuàiyào or jiùyào can be put before the predicate to indicate that an action or event is about to happen.

例如：我吃饭了。/ 他病了。/ 天要下雨了。/ 爸爸快要过七十岁生日了。

➡ 3. 上面两种用法，也可能出现在一个句子里，既表示表示动作的完成，也表示事情出现了变化或即将出现变化。

The above two usages may appear in the same sentence to indicate that the action is completed and that a change has occurred or is about to occur.

例如：我已经买了这本书了。/ 这本书我都读了三遍了。

**助词"过"：**

The auxiliary guo:

➡ 1. 用在动词之后，表示动作的结束、完成，后面可带语气助词"了"。

It is put after the verb to indicate the completion of an action. The auxiliary le can be used after it.

例如：（1）你吃过北京烤鸭吗？
　　　　　我吃过。
　　　（2）你去过天安门吗？
　　　　　我去过天安门了。

➡ 2. "过"用在动词后，因为是表示过去的经历，动词前常可以加副词"曾经""已经"。还可以加明确的时间词。后面不带语气助词"了"。

When guo is put after the verb, it indicates a past experience, and therefore adverbs like céngjīng or yǐjīng can often be added before the verb. You can also add words indicating a specific time. But it cannot be followed by the auxiliary le.

例如：（1）我曾经唱过京剧。
　　　（2）三年前我曾经唱过京剧。

**但是，"了"和"过"也有明显的区别。**
However, there exist obvious differences between le and guo.

➡ 1. 否定式都用"没"或"没有"，但在否定式里，"过"仍要保留，"了"则不再保留。
In the negative form, méi or méiyǒu can be employed. But in the negative form, guo remains but le does not.
例如：（1）我没用过电话。
　　　（2）我用电话了。／我没用电话。

➡ 2. 动词重叠中间可以加"了"，不能加"过"。
If the verb is duplicated, you can insert le in between the duplication, but not guo.
例如：（1）我练了练口语。
　　　（2）她试了试刚买的衣服。

➡ 3. 用"过"表示曾经有过的经历，动作不延续到现在；"了"表示动作的完成，动作则可能延续到现在。
Guo indicates a past experience, and an action that has not lasted until the present. Le indicates the completion of an action, and therefore an action that can have lasted until the present time.
例如：（1）他（曾经）学过两年汉语。（他现在不学汉语了。 He doesn't learn Chinese now.）
　　　（2）他学了两年汉语了。（他现在还在学汉语。 He is still learning Chinese.）

**初学汉语的外国朋友，常用错"了"。**
Foreign students who have just started to learn Chinese often use the word le incorrectly.

➡ 1. 不应该用"了"的用了，应该用"了"的地方没用或用错了地方。
They use le when they shouldn't; or they don't use it or put it in the wrong place when they should to.
例如：（1）你没有准时来了。× 你没有准时来。√
　　　（2）他们结婚一年。× 他们结婚一年了。√
　　　（3）他来过，只住三天就走。× 他来过，只住三天就走了。√

➡ 2. 表示经常性动作的动词后不能加"了"。

Le cannot be used after a verb indicating a regular action.

例如：（1）他每天晚上看半小时电视新闻。

（2）我常常饭后吃水果。

➡ 3. 动词前有副词"才""刚""刚才"，表示刚出现某种新情况，强调新情况的出现，而不是结束，不可加"了"。

If such adverbs as cái, gāng, or gāngcái appear before the verb to indicate that a certain new situation has just occurred, the emphasis is on the emergence of a new situation and not its completion. Therefore, le cannot be used.

例如：（1）前年他刚/才上大学。

（2）客人来了吗？

客人刚/才来。

例句(2)，二人说话时，"客人"还在这里，所以不能用"了"。

In Example 2 above, the "guest" is still here when the two persons are talking, and therefore, le cannot be used.

## ▶ 练习　Exercises

◎ 改正上面"常见错误举例"中的错误。
Correct the mistakes in the "Examples of common mistakes".

◎ 请把"过"或"了"填写在适当位置。
Insert le or guo in the appropriate place.

1. 我们已经很多年没来逛◆王府井。　　◆逛 guàng　walk round, roam
2. 很多年以前我游览◆长城。　　◆游览 yóulǎn　visit, look round
3. 我来北京三个月，还没吃北京烤鸭。
4. 他工作，现在又上学。
5. 我从来没做外贸◆生意。　　◆外贸 wàimào　foreign trade
6. 昨天我去你家。
7. 昨天我去你家，你已经走。
8. 我决定我不出国留学。
9. 我再不帮他说话。
10. 我再也没向爸爸要钱。

# 临时 暂时 línshí (temporary, just before the moment when something happens), zànshí (for the present)

### ▶ 常见错误举例 Examples of common mistakes

1. 他接到暂时通知不去学校了。
2. 他办了一个暂时居留证◆。  ◆居留证 jūliúzhèng  residence permit
3. 工作临时告一段落◆，他休息一周。  ◆段落 duànluò  phase, stage
4. 他的签证没下来，只好临时放弃◆出国的打算。  ◆放弃 fàngqì  give up, abandon

### ▶ 解析 Explanatory notes

"临时""暂时"都有"短时间的、不长久的"意思。两个词都有一个共同的字"时"即时间，不同的是那个"临"和"暂"，这两个字义不同，形成这两个词的主要区别。弄清了这两个字义，就基本弄清了两个词的区别。这是学习近义词的一个重要方法。

Both línshí and zànshí have the meaning of "a short time, not long". The two words share one character shí (time). What is different between them is their other characters, lín and zàn. The different meanings of these two characters cause the main differences between línshí and zànshí. When we make clear the meanings of these two characters (lín and zàn), we also make clear the differences between these two words (línshí and zànshí). This is an important way to learn synonyms.

"临"有"靠近、对着；来到、达到"的意思，"临时"就是"临到事情发生的时候。""暂"是跟"久"相对应的一个词，只有"短时间"、"短暂"的意义。

Lín has the meaning of "be close to, confront, arrive, be present", etc. Línshí means "just before the moment when something happens". Zàn is opposite in meaning to jiǔ (long), and it has the meaning of "a short time, a short while".

➡ 1. 在只有"短时间"这个意义时，"临时"和"暂时"可以互换。
   To express the meaning of "a short time", línshí and zànshí can be used interchangeably.

例如：（1）这间房临时/暂时有人借用。
（2）你的数码照相机可以临时/暂时用两天吗？
（3）前面发生车祸，车辆暂时/临时停止通行。

➡ 2. 如果只有"临到事情发生的时候"的意思时，只能用"临时"，不能用"暂时"。即"临时"不只强调时间，还强调出现某种情况后的变化。

If the meaning is "being close to the time when something happens", then we can only use línshí but not zànshí. That is because línshí not only emphasizes the time, but also the change after something happens.

例如：（1）我这次出差是临时决定的。
（2）会议日程有了变动，今天的会临时决定取消了。
（3）眼看就要期末考试了，我得抓紧复习，省得临时抓瞎。

➡ 3. 如果只有"短时间""短暂"的意义，就只能用"暂时"，不能用"临时"。

If the meaning is only "a short period of time, laying emphasis on the duration being very short", then we can only use zànshí but not línshí.

例如：（1）困难是暂时的，我们很快就会好起来。
（2）我的这些情况，请你暂时不要告诉我的父母。
（3）分别是暂时的，我们很快就会见面的。
（4）你暂时不要管这件事了，现在有一件紧急的事要你去办。

➡ 4. "临时"还有"非正式的、非固定的，非经常性的"意思，"暂时"没有这层意思。例如临时工、临时政府、临时机构、临时措施、临时通行证，等等。

Línshí also has the meaning of "informal, non-fixed, non-recurrent", etc., while zànshí does not have these meanings. Examples are línshígōng (temporary workers), línshí zhèngfǔ (interim government), línshí jīgòu (temporary agency), línshí cuòshī (interim measures), línshí tōngxíngzhèng (interim pass), etc.

## 练习　Exercises

◎ 改正"常见错误举例"中的错误。
Correct the mistakes in the "Examples of common mistakes".

◎ 选词填空。
Fill in the blanks with the appropriate words.

1. 我手头_____没钱，借我1000元，下周还你。
2. 日程_____有变动，今天的活动_____取消了。
3. 每次考试，他总是_____抱佛脚，能不抓瞎吗？
4. 你的数码照相机能_____借给我用几天吗？
5. 现在许多公司都裁员，就业难，他只能找一些_____工作干着。
6. 你一下找不到合适的房子，若不嫌弃就_____先在我这儿住下。
7. 城市的保姆大都是_____工，钟点工，_____有事来不了，也就不用付工钱。
8. 不知前方出了什么事，火车_____停车了。
9. 最近要召开重要会议，小王很忙，他的婚礼_____推迟了。
10. 他们俩都失业了，心情不好，动不动就吵架，为了不闹崩，决定_____分居一段时间。

- ◆日程 rìchéng  schedule, itinerary
- ◆变动 biàndòng  alter, change
- ◆取消 qǔxiāo  cancel
- ◆抱佛脚 bàofójiǎo  seek help from Buddha only when in need
- ◆抓瞎 zhuāxiā  be perplexed due to being unprepared
- ◆数码照相机 shùmǎ zhàoxiàngjī  digital camera
- ◆裁员 cáiyuán  cut down the staff, lay off employees
- ◆嫌弃 xiánqì  dislike and avoid
- ◆保姆 bǎomǔ  nanny
- ◆推迟 tuīchí  put off, postpone
- ◆动不动 dòngbudòng  at the slightest provocation
- ◆闹崩 nàobēng  break up

# 另　另外
# lìng (other), lìngwài (moreover, in addition)

## ▶ 常见错误举例　Examples of common mistakes

1. 这位辅导老师太忙了，另再找个辅导老师吧。　◆辅导 fǔdǎo  coaching, tutoring
2. 我怕电话里说不清楚，另我又写了个 E-mail 给他。
3. 今天只说这件事，另外事以后谈。
4. 我去找小王，另两个人你去找。

## 解析　Explanatory notes

> "另""另外"都指在已说过的范围之外的人或事，有些用法也相同，但也有明显区别。
> Both lìng and lìngwài refer to people or things outside the just mentioned scope, and they have similarities in certain usages, but there are also obvious differences between them.

1. "另"作为代词，只用在数量词的前边，数量词限于"一"；多于"一"，则要用"另外"。
   As a pronoun, lìng can only precede numerals and measure words, and the numeral is restricted to one. If the number is more than one, we should use lìngwài.
   例如：（1）这本书给你，另一本给小王。
   　　　（2）这本书给你，另外三本给小王。
   　　　（3）你说的是一回事，我说的是另一回事。
   　　　（4）留一个做我的秘书，另外几个就分到其他部门去吧！

2. "另外"作为指示代词，后面一般都带"的"，"另"不带。
   As a demonstrative pronoun, lìngwài is normally followed by de, while lìng is not.
   例如：（1）我们坐这辆车先走，另外的人坐另一辆车走。
   　　　（2）今天我们只讨论价格问题，另外的问题以后再讨论。
   　　　（3）这件事我可以帮忙，另外的事我恐怕就无能为力了。

3. "另外"有"除此之外"的意思，即在一事之外又提出一事，这个"另外"可放在分句之首，甚至全句之首。"另"没有这层意思和用法。
   Lìngwài has the meaning of "in addition", that is, mentioning one thing in addition to another. In such circumstances, lìngwài can be placed at the beginning of a clause, or even the beginning of a sentence. Lìng does not have this meaning and usage.
   例如：（1）年终除工资外，另外每个人还有奖金。√
   　　　　　年终除工资外，另每个人还有奖金。✗
   　　　（2）住宿先要交押金，另外每个月还得交房租。√
   　　　　　住宿先要交押金，另每个月还得交房租。✗

4. 和"还""再""又"等副词同用时位置不同。"另外"位置很灵活，可以放在副词前，也可放在副词后；"另"则只能放别的副词后，动词前。
   When they appear together with such adverbs meaning "also" as hái, zài and yòu, they

are placed in different positions. The place of lìngwài is quite flexible; it can be placed either before or after that adverb. Lìng can only appear after the adverb and before the verb.

例如：（1）我给妈妈爸爸每人买了一件衬衣，还另外给爸爸买了一双鞋。
我给妈妈爸爸每人买了一件衬衣，另外还给爸爸买了一双鞋。
我给妈妈爸爸每人买了一件衬衣，还另给爸爸买了一双鞋。

（2）这个问题另外再找时间研究吧。
这个问题再另外找时间研究吧。
这个问题再另找时间研究吧。

➡ 5. "另""另外"作副词，可直接用在动词前，但"另外"后面可接双音节动词，"另"只能接单音节动词；"另"如果接双音节动词，它前面必须有别的副词。

As adverbs, both lìng and lìngwài can be placed before the verb. But lìngwài can be followed by a disyllabic verb, while lìng can only be followed by a monosyllabic verb. If lìng is to be followed by a disyllabic verb, it has to be preceded by other adverbs.

例如：（1）总经理想了想，另外补充了两点。√
总经理想了想，另补充了两点。X

（2）总经理想了想，另写了一份。√
总经理想了想，又另写了一份。√

## 练习 Exercises

◎ 改正"常见错误举例"中的错误。
Correct the mistakes in the "Examples of common mistakes".

◎ 选词填空。
Fill in the blanks with the appropriate words.

（另　另外）

1. 一批美国学生来到中国，一些学生在我们学校学习汉语，_____一些去了北大、人大。
2. 已经开学一个月了，再_____找学校注册◆怕不容易。
3. 我们已经交了押金◆，_____还要预付◆房租◆吗？
4. 说是一回事，做就是_____一回事了。
5. 这个问题还没解决，_____一个问题又冒出来了。

◆注册 zhùcè　register, registration
◆押金 yājīn　deposit, cash pledge
◆预付 yùfù　pay in advance
◆房租 fángzū　rent

6. 这几个班的口语课王老师上，_____几个班的口语课谁上？
7. 他家新买了一台电脑，_____还买了打印机*。   ◆打印机 dǎyìnjī  printer
8. 儿女长大了，都_____买了房子，单*过了。   ◆单（独）dān(dú)  by oneself, on one's own
9. 大家的基本工资都差不多，可各单位*_____发的奖金*、补贴*五花八门*，收入*差别* 可大了。
   - ◆单位 dānwèi  work unit, place of employment
   - ◆补贴 bǔtiē  subsidy
   - ◆收入 shōurù  income
   - ◆奖金 jiǎngjīn  bonus, prize
   - ◆五花八门 wǔhuā-bāmén  multifarious
   - ◆差别 chābié  difference
10. 他的工作，这个部门*不能安排，_____的部门可以安排吗？   ◆部门 bùmén  department, branch

# 另外　别　别的　其他　lìngwài (in addition), biéde (other), qítā (apart from, the rest)

## ▶ 常见错误举例　Examples of common mistakes

1. 别的天行，今天我没时间。
2. 这次我先还你一本，别的一本下次还。
3. 我不要这件衣服，我要别的一件。
4. 这些菜我爱吃，其他的一种菜我不爱吃。

## ▶ 解析　Explanatory notes

"另外""别的""其他"都可以作指示代词用，指一定范围以外的人或事。

Lìngwài, bié de and qítā can all be used as demonstrative pronouns, referring to people or things outside a certain range.

例如：（1）今天先解决住的问题，另外的问题明天谈。
　　　（2）这几位先生喝咖啡，另外几位喝茶。
　　　（3）我这里只这一间房还空着，另外的都租出去了。

以上例句中的"另外"都可以换成"别的"或"其他"。但是，同是指示代词，这几个词仍然有一些区别。

In the above examples, lìngwài can be replaced by bié de or qítā. However, as demonstrative pronouns, these expressions still have some differences.

➡ 1. "别的"和"其他"，可作指示代词，也可以直接作代词用；"另外"不能直接作代词用。这时，"别的"同"其他"可以通用，而不能换用成"另外"。

Bié de and qítā, apart from being demonstrative pronouns, can also be used directly as pronouns, but lìngwài cannot be used directly as a pronoun. In such circumstances, bié de and qítā can be used interchangeably, but they cannot be replaced by lìngwài.

例如：（1）我今天进城买书，不买别的。
（2）别的我不管，我只说你干的这事儿！
（3）时间不多了，先说重要的，其他下次再谈。
（4）如果没有其他意见，散会！

➡ 2. "其他"作指示代词，修饰单音节名词常加"的"，修饰双音节名词常不加"的"。

When qítā is used as a demonstrative pronoun, the word de is often added to it when it modifies a monosyllabic noun. When it modifies a disyllabic noun, de is not added.

例如：（1）其他的书也都先不买。
（2）除了经理以外，其他的人都走了。
（3）没有其他事情了，你可以下班了。

➡ 3. "另外"作指示代词时，可指代复数也可指代单数。"别的""其他"作指示代词时，只指代复数。所以只有当"另外"指代复数时，才可与"别的""其他"互换。

When lìngwài is used as a demonstrative pronoun, it can refer to a plural noun or a singular noun. However, when bié de and qítā are functioning as demonstrative pronouns, they only refer to plural nouns. Therefore, only when lìngwài is used to refer to a plural noun, can it be used interchangeably with bié de and qítā.

例如：（1）还有另外的事情要提出来讨论吗？
（2）我们几个人坐公共汽车，另外的人坐出租车。
（3）那是另（另外）一个问题，我们等会儿再谈。
（4）你说的完全是另（另外）一回事儿。

上面的例句（1）（2）都是修饰的复数，所以"另外"可以换成"别的"或"其他"。例句（3）（4）修饰的是单数，只能用"另外"，不能换用"别的"或"其他"。

In Examples (1) and (2) above, lìngwài modifies a plural noun, and therefore it can be replaced by bié de or qítā. However, in Examples (3) and (4), it modifies a singular noun, and therefore cannot be replaced by biéde or qítā.

➡ 4. "另外"作指示代词时，一般带"的"，多用在名词或数量词前。

When lìngwài is used as a demonstrative pronoun, it often takes the word de, which is placed before the noun or the numeral.

例如：（1）另（另外）一批学生明天中午到。

（2）你说的是张老师，我说的是另（另外）一位老师。

（3）我还有另外一些想法，也同你商量商量。

➡ 5. "另外"和"别"可作副词，修饰动词成分。"另外"除了表示一定范围之外的人和事外，有时有"重新"的意思。"别"，表示劝阻、禁止、揣测。"其他""别的"没有这样的意义和功能。

Lìngwài and bié can also be used as adverbs to modify the verb. Apart from referring to people or things outside a certain range, they sometimes have the meaning of "once again". Bié can also express advice, prohibition and conjecture, while qítā and biéde do not have such meanings and functions.

例如：（1）另外找人来不及了，你就帮帮忙吧。

（2）我的《现代汉语词典》送给朋友了，我又另外买了一本。

（3）别动，让我来！

（4）别着急，工作没了还可以再找。

（5）你也下岗了？别是有人使了坏吧！

## ▶ 练习　Exercises

◎ 改正"常见错误举例"中的错误。
**Correct the mistakes in the "Examples of common mistakes".**

◎ 选词填空。
**Fill in the blanks with the appropriate words.**

（另外　别　别的　其他）

1. 这位是你的老师，_____一位呢？
2. _____几位客人是穆斯林◆，做菜时请注意。　　◆穆斯林 Mùsīlín　Moslem
3. 推销员◆除了固定◆工资，_____按销售量提取◆佣金◆。
   ◆推销员 tuīxiāoyuán　salesperson
   ◆固定 gùdìng　fixed
   ◆提取 tíqǔ　collect, draw
   ◆佣金 yòngjīn　commission
4. 他不住这个房间，他住_____一间。
5. 你不去，_____几位去不去？
6. _____，还有一件事要拜托◆你，请你多费心◆！
   ◆拜托 bàituō　request a favour
   ◆费心 fèixīn　polite words used when asking for help or expressing thanks
7. 我已经打过电话，_____给他发了一封邀请函◆。
8. _____一些问题还需要进一步研究。　　◆邀请函 yāoqǐnghán　invitation letter
9. 除了购物◆，_____一切活动我都参加。　　◆购物 gòuwù　shopping
10. 除了五门必修课◆，我_____还选了两门选修课◆。
    ◆必修课 bìxiūkè　compulsory course
    ◆选修课 xuǎnxiūkè　elective course
11. 这件衣服颜色◆不行，看看有没有_____什么颜色。
    ◆颜色 yánsè　colour

  Reference Answers

## 联系　联络

**改正"常见错误举例"中的错误。**
Correct the mistakes in the "Examples of common mistakes".
1. 我打电话联系飞机票。
2. 公司在北京设了个联络处。
3. 他联系好的那家旅馆太贵了。
4. 我们同总公司保持着直接的联系。

**选词填空。**
Fill in the blanks with the appropriate words.
（联系　联络）
1. 理论只有联系实际才有价值。
2. 他是个多好的人，竟然做出那么差劲的事，真没法把这事同他联系在一起。
3. 他把手机丢了，朋友们的电话号码都存在手机里，现在无法跟朋友联系了。
4. 他经常出差联系业务，成天在天上飞来飞去，实在辛苦。
5. 她联络了一些朋友，打算组织一个艺术社团。
6. 公司对外联络由她负责，我告诉你她的手机号，你直接同她联系。
7. 地震后，外界同灾区一切联系／联络都中断了。
8. 不管你地位有多高，都应该密切联系群众。
9. 他是教师和同学之间的亲密联络员，大家都愿意这么叫他。
10. 讲社会腐败现象，不深入联系实际，纯粹是空谈。

## 了　过

**改正"常见错误举例"中的错误。**
Correct the mistakes in the "Examples of common mistakes".
1. 我打算明年回国。（删"了"　The word le should be deleted.）
2. 晚上我们一起去散步了。（或删"了"成未发生的句式　Or, you may delete the

word le to indicate that the act has not happened.）

4. 他计划毕业后去中国旅行。（删"了"　The word le should be deleted.）

5. 这学期我学得完这本书。（删节"了"，未完成句　The word le should be deleted as the act is unfinished.）

6. 我喜欢她了。（表示这之前不喜欢，现在喜欢了；或删"了"，成肯定陈述句　The meaning is that I did not like her before, but now I do. Or you may delete the word le to make it a positive declarative sentence.）

7. 每天晚饭后听半小时音乐。（有时间词"每天晚上"，应删"了"　The word le should be deleted as the sentence already contains an expression denoting time (every evening).）

8. 前年他才结婚。（删"了"　The word le should be deleted.）

**请把"过"或"了"填写在适当位置。**
Insert le or guo at the appropriate place.

1. 我们已经很多年没来逛王府井了。
2. 很多年以前我游览过长城。
3. 我来北京三个月了，还没吃过北京烤鸭。
4. 他工作过，现在又上学了。
5. 我从来没做过外贸生意。
6. 昨天我去过你家。
7. 昨天我去你家，你已经走了。
8. 我决定我不出国留学了。
9. 我再不帮他说话了。
10. 我再也没向爸爸要过钱。

## 临时　暂时

**改正"常见错误举例"中的错误。**
Correct the mistakes in the "Examples of common mistakes".

1. 他接到临时通知不去学校了。
2. 他办了一个临时居留证。
3. 工作暂时告一段落，他休息一周。
4. 他的签证没下来，只好暂时放弃出国的打算。

**选词填空。**

Fill in the blanks with the appropriate words.

（临时　暂时）

1. 我手头暂时没钱，借我1000元，下周还你。
2. 日程临时有变动，今天的活动暂时取消了。
3. 每次考试，他总是临时抱佛脚，能不抓瞎吗？
4. 你的数码照相机能暂时／临时借给我用几天吗？
5. 现在许多公司都裁员，就业难，他只能找一些临时工作干着。
6. 你一下找不到合适的房子，若不嫌弃就暂时／临时先在我这儿住下。
7. 城市的保姆大都是临时工，钟点工，临时有事来不了，也就不用付工钱。
8. 不知前方出了什么事，火车临时停车了。
9. 最近要召开重要会议，小王很忙，他的婚礼暂时／临时推迟了。
10. 他们俩都失业了，心情不好，动不动就吵架，为了不闹崩，决定暂时分居一段时间。

# 另　另外

**改正"常见错误举例"中的错误。**

Correct the mistakes in the "Examples of common mistakes".

1. 这位辅导老师太忙了，再另找个辅导老师吧。
2. 我怕电话里说不清楚，我又另写了个E-mail给他。
3. 今天只说这件事，另外的事以后谈。
4. 我去找小王，另外两个人你去找。

**选词填空。**

Fill in the blanks with the appropriate words.

（另　另外）

1. 一批美国学生来到中国，一些学生在我们学校学习汉语，另外一些去了北大、人大。
2. 已经开学一个月了，再另／另外找学校注册怕不容易。
3. 我们已经交了押金，另外还要预付房租吗？
4. 说是一回事，做就是另／另外一回事了。
5. 这个问题还没解决，另／另外一个问题又冒出来了。

6. 这几个班的口语课王老师上，另外几个班的口语课谁上？
7. 他家新买了一台电脑，另外还买了打印机。
8. 儿女长大了，都另／另外买了房子，单过了。
9. 大家的基本工资都差不多，可各单位另外发的奖金、补贴五花八门，收入差别可大了。
10. 他的工作，这个部门不能安排，另外的部门可以安排吗？

# 另外　别　别的　其他

**改正"常见错误举例"中的错误。**
Correct the mistakes in the "Examples of common mistakes".

1. 别的时间行，今天我没时间。（"别的"修饰双音节词　Bié de modifies a disyllabic word.）
2. 这次我先还你一本，另（另外）一本下次还。（"别的"后不能用单数　Bié de cannot precede a singular noun.）
3. 我不要这件衣服，我要另（另外）一件。
4. 这些菜我爱吃，其他的菜我不爱吃。（"其他"修饰复数名词　Qítā modifies a plural noun.）

**选词填空。**
Fill in the blanks with the appropriate words.

（另外　别　别的　其他）

1. 这位是你的老师，另外一位呢？
2. 其他（另外）几位客人是穆斯林，做菜时请注意。
3. 推销员除了固定工资，另外按销售量提取佣金。
4. 他不住这个房间，他住另（另外）一间。
5. 你不去，其他（另外）几位去不去？
6. 另外，还有一件事要拜托你，请你多费心！
7. 我已经打过电话，另外给他发了一封邀请函。
8. 其他（另外）一些问题还需要进一步研究。
9. 除了购物，其他一切活动我都参加。
10. 除了五门必修课，我另外还选了两门选修课。
11. 这件衣服颜色不行，看看有没有别的什么颜色。

# 马上　立刻
# mǎshàng, lìkè (at once, right away)

### ▶ 常见错误举例　Examples of common mistakes

1. 你一换上这套衣服马上就年轻了许多。
2. 中秋节刚过，国庆节立刻就要到了。
3. 我再坐一会儿，立刻就走。
4. 老师一走进教室，气氛◆马上就变了。　　◆气氛 qìfēn　atmosphere
5. 他刚接过考卷，马上就晕◆过去了。　　◆晕 yūn　faint

### ▶ 解析　Explanatory notes

> "马上""立刻"都是副词，表示事情很快就要发生。但两个词有明显区别。尽管在许多句子中两词都可用，但意思不同。
>
> Both mǎshàng and lìkè are adverbs, expressing that something is happening very soon. However, the two words have obvious differences. Even though they are interchangeable in many situations, they express different meanings.

例如：（1）请你马上 / 立刻去见总经理。
　　　（2）我们马上 / 立刻召开全体员工大会。

这两个例句的区别就在于："马上"和"立刻"都能表示一事紧接着另一事发生，但用"马上"的句子，两事中间可能相隔时间较长，时间伸缩性较大；有时只是说话人主观认为时间很短，而实际上时间却不一定很短。用"立刻"的句子，两事中间没有时间间隔，没有停留。再例如：

The difference between the above two sentences lies in the fact that while both mǎshàng and lìkè express that one thing happens immediately after another, the time gap in the sentence using mǎshàng may be relatively long and the length of the time is more flexible: sometimes it is only that the speaker thinks the time duration is short and in fact it may not be a very short period of time. In a sentence using lìkè, there is no interval between the two things, and no time gap. Please examine the following examples.

（1）她开车到银行立刻把支票兑换成现金了。
（2）我马上就要研究生毕业了，剩下不多的时间，我要专心写论文。

下面各例句中"马上"和"立刻"就不能互换。

In the following sentences, mǎshàng and lìkè cannot be used interchangeably.

例如：（1）我马上要出门，给司机打电话，叫他准备好车。

（2）马上就要期末考试了，同学们都忙起来了。

（3）他看到警察来，立刻就把车开走了。

（4）下这么点雪，太阳一出来，雪立刻就化得没影了。

## ▶ 练习　Exercises

◎ 改正"常见错误举例"中的错误。
Correct the mistakes in the "Examples of common mistakes".

◎ 选词填空。
Fill in the blanks with the appropriate words.

（马上　立刻）

1. 请你稍等一会儿，他＿＿＿＿就来。　　◆稍等 shāoděng　just a moment
2. 你太太来电话，说有急事找你，你＿＿＿＿给她回个电话吧。　　◆（紧）急事 (jǐn)jíshì　something urgent
3. 飞机＿＿＿＿就要起飞了，请乘客登机。　　◆乘客 chéngkè　passenger　◆登机 dēngjī　board the plane
4. 总经理说，你＿＿＿＿去银行把支票兑换成现金。　　◆支票 zhīpiào　cheque　◆兑换 duìhuàn　exchange　◆现金 xiànjīn　cash
5. 中国的针灸真神奇，一针下去，我的肚子＿＿＿＿不疼了。　　◆针灸 zhēnjiǔ　acupuncture　◆神奇 shénqí　magical
6. 他回到家，＿＿＿＿给自己冲了一杯茶。
7. 电视一打开，他＿＿＿＿听到主持人那熟悉的声音。
8. 一到她手里，原先蔫蔫的花＿＿＿＿有了生气。　　◆蔫 niān　wilting　◆生气 shēngqì　vitality
9. 受伤警察刚被送进医院，＿＿＿＿就进了手术室。　　◆警察 jǐngchá　police, policeman　◆手术室 shǒushùshì　operating room
10. 他的话刚说完，＿＿＿＿遭到大家的反驳。　　◆遭到 zāodào　meet with, suffer　◆反驳 fǎnbó　rebut, refute

# 每 各 měi (every), gè (each)

## ▶ 常见错误举例　Examples of common mistakes

1. 圣诞节◆各位同学都送老师一件礼物。　　◆圣诞节 Shèngdàn Jié　Christmas
2. 这个宾馆各个房间都有电视机。
3. 各辆自行车都是名牌。
4. 每位朋友都是第一次去长城。
5. 每学校派◆两名代表◆参加。

◆派　pài　appoint, dispatch
◆代表　dàibiǎo　representative, represent

## ▶ 解析　Explanatory notes

> "每"和"各"都是指个体，但意义上的着重点不同。
> Both měi and gè refer to the individual, but in meaning they have different foci.

➡ 1. "每"指全体中的任何个体，这个"个体"，可能是单个，也可能是一组，强调"个体"的共同点。而"各"指某个范围内的所有个体，侧重于同时遍指。

Měi refers to any individual; this "entity" may be a single one, or it may be one group, emphasizing the common characteristics of the individuals. Gè refers to a range of all individuals, with a focus on generic references at the same time.

例如：（1）我们学校每个月5号发工资。（"发工资"是"每个月5号"的共同点　The common point is that the 5$^{th}$ of each month is pay day.）

（2）这个班的每个学生都有一本字典。（"有一本字典"是"全班学生"的共同点　The common point is that each has one dictionary.）

（3）公司里各人有各人的事。（"各人有各人的事"是遍指公司里的所有人　Referring to all people of the company）

（4）我们是生死之交，不能大难来时各自飞。（"不能各自飞"是遍指"我们"中的所有人　Referring to everyone among us）

例句（1）（2）（4）中的"每""各"不能互换；例（3）中的"各"可换成"每"，但侧重点就不同了。

In Examples (1), (2) and (4), měi and gè are not interchangeable. In Example (3), gè can be replaced by měi, but with a different focus.

➡ 2. "各"可以用在部分名词或量词前，但不能与数量词组合。"各+名词"的常见组合有：各人、各家各户、各地、各学校、各年级、各班、各机关、各单位等；"各+量词"的常见组合有：各个、各位、各种、各类、各项等。

Gè can be used before some nouns or measure words, but it cannot collocate with quantifiers. Frequent collocations in the format of [gè + noun] include gè rén (each person), gèjiā-gèhù (each family), gè dì (each place), gè xuéxiào (each school), gè niánjí (each grade), gè bān (each class), gè jīguān (each institution), gè dānwèi (each organisation), etc. Frequent collocations in the format of [gè + measure word] include gè gè (each), gè wèi (all), gèzhǒng (various kinds), gè lèi (various categories), gè xiàng (various items), etc.

例如：（1）各国的风俗习惯不同。
　　　（2）各种意见我们都应该听。
　　　（3）各位老师，各位同学，你们好。
　　　（4）各家有各家的难处。

"每"要跟量词或数量词结合才能加在名词前，"人、家、年、月、日、星期、周"等个别名词除外。"每"后可以用各种量词，可以和数量词结合。

For měi to be placed before a noun, it should first collocate with a measure word or a numeral, with the exception of a few nouns such as rén (person), jiā (family), nián (year), yuè (month), rì (day), xīngqī (week), and zhōu (week). Měi can precede various measure words and it can collocate with quantifiers.

例如：（1）每次考试他都认真准备。
　　　（2）老师说的每句话他都记下来，写在本子上。
　　　（3）他每两年回一次家。
　　　（4）这个学校平均每10个人拥有一台电脑。

▶ 练习　Exercises

◎ 改正"常见错误举例"中的错误。
Correct the mistakes in the "Examples of common mistakes".

◎ 选词填空。
Fill in the blanks with the appropriate words.

（各　每）

1. ＿＿＿位老师都经过严格◆挑选◆。

◆严格　yángé　strict, rigorous
◆挑选　tiāoxuǎn　choose, select

2. _____年举行一次汉语演讲比赛。 ◆演讲 yǎnjiǎng speech ◆比赛 bǐsài contest, match
3. _____行_____业都有自己的标准、要求。 ◆行业 hángyè industry, trade, profession ◆标准 biāozhǔn standard
4. _____种情况都要估计到。
5. 广州交易会_____四年举办一届，迎来世界_____国客商参观、洽谈。 ◆洽谈 qiàtán negotiate
6. 这个城市的_____一条街道他都熟悉。 ◆熟悉 shúxī familiar
7. 她戴上新配的眼镜，黑板上的_____一个字都看得清清楚楚。
8. 我要离开中国了，我感谢_____位老师的帮助。
9. 政府要用好纳税人的_____一分钱。 ◆政府 zhèngfǔ government ◆纳税人 nàshuìrén tax payer
10. 改革开放带来的巨大变化，我们___时___刻都能感受得到。

◆改革开放 gǎigé kāifàng reform and opening up

# 美丽　漂亮　měilì (beautiful), piàoliang (good-looking)

## ▶ 常见错误举例　Examples of common mistakes

1. 她的身材真美丽。 ◆身材 shēncái stature, figure
2. 这是一次非常美丽的演出。 ◆演出 yǎnchū performance, perform
3. 漂亮的故乡令人难忘。 ◆故乡 gùxiāng hometown ◆难忘 nánwàng unforgettable
4. 这是一个漂亮的梦。 ◆梦 mèng dream

## ▶ 解析　Explanatory notes

"美丽"和"漂亮"都是形容词，都有"好看"的意思，所以在不少情况下可以通用。如："美丽的姑娘""漂亮的姑娘""美丽的晚霞""漂亮的晚霞"等等。但两个词的意思和用法有许多不同。

Both měilì and piàoliang are adjectives with the meaning of "goodlooking, and therefore they can be used interchangeably on many occasions, as in "a beautiful girl", "a pretty girl", "beautiful sunset", "pretty sunset", etc. But the two words also have many differences in meaning and usage.

➡ 1. 二者形容的对象有所不同，形容的美侧重也不同。"美丽"，让人看了产生快感，多用于容貌姿态，风光景色之类，还可用于形容较宽泛的概念或比较抽象的事物，它所形容的美常常含有内外皆美的意思。"漂亮"，除形容人的相貌外，常用来形容器物、用具、建筑等，它所形容的美常常强调外在美。

They modify different objects, and also have different foci of description of beauty. Měilì gives a sense of pleasure upon looking at something, and it is often used to describe facial appearances and postures, beautiful scenery, etc. It can also be used more broadly to describe abstract concepts or things. The beauty it describes usually contains both internal and external beauty. Piàoliang, apart from describing human appearance, is often used to describe objects, utensils, buildings and so on. The beauty it describes usually has an emphasis on external beauty.

例如：（1）好漂亮的小伙子！
　　　（2）你这办公室布置得真漂亮！
　　　（3）美丽的姑娘见过万千，只有你最可爱。
　　　（4）她那一双美丽动人的眼睛，令人难忘。

注意：习惯上，形容男子美用"漂亮"，不说"好美丽的小伙子"；形容女子美用"美丽"或"漂亮"。

Note: Traditionally, we use piàoliang to describe males, not měilì. When describing females, we can use either měilì or piàoliang.

➡ 2. "漂亮"还有一种引申用法，有"出色""精彩""好"的意思。"美丽"则没有。下面句子中的"漂亮"都不能换成"美丽"。

Piàoliang also has a kind of extended usage, carrying the meaning of "excellent", "wonderful", or "good", while měilì does not. Piàoliang in the following sentences cannot be replaced by měilì.

例如：（1）好漂亮的进球。
　　　（2）事情办得漂亮。

（3）他的普通话说得真漂亮。

（4）这一仗打得真漂亮！

➡ 3. "漂亮"可以重叠，说成"漂漂亮亮"（形容词重叠形式）。"美丽"则不能重叠。

Piàoliang as adjective can be duplicated to become piàopiàoliangliang, while měilì cannot be used this way.

## 练习　Exercises

◎ 改正"常见错误举例"中的错误。
Correct the mistakes in the "Examples of common mistakes".

◎ 选词填空。
Fill in the blanks with the appropriate words.

**（漂亮　美丽）**

1. 这么_____的民族◆服装，谁看了都喜欢。　　◆民族 mínzú  ethnic group
2. 姑娘_____的心灵◆，深深打动◆了小伙子。　　◆心灵 xīnlíng  soul, spirit
   ◆打动 dǎdòng  move, touch
3. _____的景色◆，令人久久不愿离去。　　◆景色 jǐngsè  scenery
4. 中国的书法◆_____极了。　　◆书法 shūfǎ  calligraphy
5. 有一个_____的传说◆，精美◆的石头会唱歌。　　◆传说 chuánshuō  legend
   ◆精美 jīngměi  exquisite
6. 可惜，照相机只能拍下_____的景色，记录不了民族风情◆。　　◆风情 fēngqíng  custom
7. 这只是一个_____的谎言◆，你可不要轻信。　　◆谎言 huǎngyán  lie
8. 她的衣着十分普通◆，可看上去却十分_____。　　◆普通 pǔtōng  ordinary
9. 他送给我一束_____的红玫瑰。
10. 你这么一打扮◆就_____多了。　　◆打扮 dǎban  make up

# 参考答案 Reference Answers

## 马上　立刻

**改正"常见错误举例"中的错误。**
Correct the mistakes in the "Examples of common mistakes".
1. 你一换上这套衣服立刻就年轻了许多。
2. 中秋节刚过，国庆节马上就要到了。
3. 我再坐一会儿，马上就走。
4. 老师一走进教室，气氛立刻就变了。
5. 他刚接过考卷，立刻就晕过去了。

**选词填空。**
Fill in the blanks with the appropriate words.
（马上　立刻）
1. 请你稍等一会儿，他马上就来。
2. 你太太来电话，说有急事找你，你立刻／马上给她回个电话吧。
3. 飞机马上就要起飞了，请乘客登机。
4. 总经理说，你立刻／马上去银行把支票兑换成现金。
5. 中国的针灸真神奇，一针下去，我的肚子马上不疼了。
6. 他回到家，马上／立刻给自己冲了一杯茶。
7. 电视一打开，他立刻听到主持人那熟悉的声音。
8. 一到她手里，原先蔫蔫的花马上／立刻有了生气。
9. 受伤警察刚被送进医院，立刻／马上就进了手术室。
10. 他的话刚说完，立刻遭到大家的反驳。

## 每　各

**改正"常见错误举例"中的错误。**
Correct the mistakes in the "Examples of common mistakes".

198

1. 圣诞节每个同学都送老师一件礼物。
2. 这个宾馆每个房间都有电视机。
3. 每一辆自行车都是名牌。
4. 各位朋友都是第一次去长城。
5. 每个学校派两名代表参加。

**选词填空。**

Fill in the blanks with the appropriate words.

（各　每）

1. 每位老师都经过严格挑选。
2. 每年举行一次汉语演讲比赛。
3. 各行各业都有自己的标准、要求。
4. 各种情况都要估计到。
5. 广州交易会每四年举办一届，迎来世界各国客商参观、洽谈。
6. 这个城市的每一条街道他都熟悉。
7. 她戴上新配的眼镜，黑板上的每一个字都看得清清楚楚。
8. 我要离开中国了，我感谢每/各位老师的帮助。
9. 政府要用好纳税人的每一分钱。
10. 开放改革带来的巨大变化，我们每时每刻都能感受得到。

# 美丽　漂亮

**改正"常见错误举例"中的错误。**

Correct the mistakes in the "Examples of common mistakes".

1. 她的身材真漂亮。
2. 这是一次非常漂亮的演出。
3. 美丽的故乡令人难忘。
4. 这是一个美丽的梦。

**选词填空。**

Fill in the blanks with the appropriate words.

（漂亮　美丽）
1. 这么漂亮的民族服装，谁看了都喜欢。
2. 姑娘美丽的心灵，深深打动了小伙子。
3. 美丽的景色，令人久久不愿离去。
4. 中国的书法漂亮极了。
5. 有一个美丽的传说，精美的石头会唱歌。
6. 可惜，照相机只能拍下美丽的景色，记录不了民族风情。
7. 这只是一个美丽的谎言，你可不要轻信。
8. 她的衣着十分普通，可看上去却十分漂亮。
9. 他送给我一束漂亮的红玫瑰。
10. 你这么一打扮就漂亮多了。

# 拿 取
## ná (take, hold), qǔ (get, collect, pick up)

### ▶ 常见错误举例　Examples of common mistakes

1. 我去银行拿钱。
2. 我从冰箱里取了一块儿黄油◆。　　◆黄油　huángyóu　butter
3. 他从妈妈手里取过报纸大声读起来。

### ▶ 解析　Explanatory notes

> "拿"和"取"都有用手或其他方式抓住、搬运东西的意思，仅仅在这个意义上，两个词有时可以通用互换，但许多时候，也不能互换。
> Both ná and qǔ have the meaning of seizing by hand or by other means, and the meaning of carrying things. Only with this meaning can these two words be interchangeable. But on many occasions they are not interchangeable.

例如：（1）我回家去拿／取件衣服。
　　　（2）她从我这儿把照片拿／取走了。
　　　（3）她手里拿着一把雨伞。
　　　（4）这箱子太重了，她一个女孩子怎么拿得动！

"取"常用为与"存"相对应的一个词，因此，有时"拿"和"取"看似可以互换，实际意义并不一样。

Qǔ is often used as the opposite word corresponds to cún (keep, store), and therefore sometimes ná and qǔ seem to be interchangeable, but they actually have different meanings.

例如：（1）我回家拿／取钱。
　　　（2）我去拿／取工资。
　　　（3）我去拿信／取信。（在自己的信箱里　From my own letter box）

上面的例句，都有先"保存"后"取出"的意思，"拿"和"取"有委托方和承兑方的权力和责任的移交问题，如例句（2）只是一个在百姓口语中比较特殊的例子，严格地说，也只能说"取"。下面例句中的"取"就绝对不能用"拿"替换；

All the above examples have the implication of "taking out" after "storing up". And qǔ involves the transfer of rights and obligations between the commissioning and accepting sides. Example (2) is a special example in colloquial Chinese. Strictly speaking, only qǔ can be used there. In the following examples, qǔ cannot be replaced by ná.

例如：（1）我去银行取钱。
（2）我去修车铺取自行车。
（3）我去邮局取信／取包裹。

"拿"本义是用强力捕捉，"取"的本义是在捕猎或战争中获取战利品，两个词都还有一些引申词义，这些词义和用法，不容易混淆。

The original meaning of ná is to capture by force, and the original meaning of qǔ is to get the spoils of war or hunting. They also have some other extended meanings, which are not easily confused and therefore we will not deal with them in detail here.

## 练习 Exercises

◎ 改正"常见错误举例"中的错误。
Correct the mistakes in the "Examples of common mistakes".

◎ 选词填空。
Fill in the blanks with the appropriate words.

（拿 取）

1. 这么多书，你一个人_____得动吗？
2. 请你帮我把衣柜◆上的箱子◆_____下来。
   ◆衣柜 yīguì  wardrobe
   ◆箱子 xiāngzi  suitcase, box
3. 穷家富路◆，你就把家里的这些钱都_____去吧。
   ◆穷家富路 qióngjiā-fùlù  better to have a bit more money on the road
4. 君子◆爱财，_____之有道◆，不可胡来◆，赚那黑心钱。
   ◆君子 jūnzǐ  gentleman
   ◆道 dào  Tao, way
   ◆胡来 húlái  mess things up
5. 这次运动会上，他一个人_____了八块金牌◆。
   ◆金牌 jīnpái  gold medal
6. 我在信用卡上存的钱都_____完了，再_____就透支◆了。
   ◆透支 tòuzhī  overdraw, overdraft
7. 这些钱是我的一片心意◆，希望你不要拒绝◆，_____着吧！
   ◆心意 xīnyì  regards, kindly feelings
   ◆拒绝 jùjué  refuse, reject
8. 纳税人的钱应该_____之◆于民用之于民◆。
   ◆之 zhī  used as the object of a verb to refer back to what has been mentioned previously
   ◆民 mín  people
9. 我去国外大学学习，_____到／_____得学位◆后就回国。
   ◆学位 xuéwèi  academic degree
10. 他从公安局◆_____回绿卡◆，_____在手上仔细看了半天。
    ◆公安局 gōng'ānjú  public security bureau
    ◆绿卡 lǜkǎ  green card

# 哪　什么 nǎ (which), shénme (what)

## 常见错误举例　Examples of common mistakes

1. 你是什么国人？
2. 你是什么月去中国？
3. 他什么天走？
4. 这几件衣服，我什么样都喜欢。

## 解析　Explanatory notes

> 两个词都可作疑问代词用。
> Both nǎ and shénme can be used as interrogative pronouns.

"哪"作疑问代词时，表示要求在几个人或事物中确定一个；而"什么"作疑问代词时，多用来表示泛指、虚指、任指。"哪"作疑问代词时，后面跟量词或数量词（当数词为"一"时，可省略）；"什么"作疑问代词时，后面却不能跟数量词。

Nǎ as an interrogative pronoun is used to require selection from a number of persons or things, while shénme as an interrogative pronoun is used to denote indefinite indication. When nǎ is used as an interrogative pronoun, it is followed by a numeral or a measure word (When the numeral is "one", it can be omitted), while shénme as an interrogative pronoun, cannot be followed by a numeral.

"哪"作疑问代词时的常见格式为：哪 + 数量词 + 名

Nǎ as an interrogative pronoun often takes the format of: [nǎ + numeral (measure word) + noun].

例如：（1）你找哪（一）位呀？
　　　（2）哪（一）本书是你的？
　　　（3）你到过哪些/几个国家？

"什么"作指示代词或疑问代词时的常见格式为：什么 +（名词）

Shénme as an interrogative pronoun often takes the format of: [shénme + noun].

例如：（1）你要什么？
　　　（2）她是你什么人？
　　　（3）这是什么地方？

## 练习  Exercises

◎ 改正上面"常见错误举例"中的错误。
Correct the mistakes in the "Examples of common mistakes".

◎ 选词填空。
Fill in the blanks with the appropriate words.

（哪　什么）

1. 你是_____年出生的?
2. 你是_____个学校的留学生?
3. 你要买_____品牌◆的电脑◆?
4. 你要买_____一款◆手机◆?
5. 你是_____一天见到她的? 在_____地方见到她的?
6. 你说的是_____事儿? 我怎么听不懂?
7. 我们这儿可以刷卡◆消费◆, 你有_____卡?

◆品牌  pǐnpái  brand
◆电脑  diànnǎo  computer
◆款  kuǎn  design, pattern, style
◆手机  shǒujī  mobile phone
◆刷卡  shuā kǎ  swipe a card
◆消费  xiāofèi  consume, consumption

# 能　会　néng, huì （can, be able to）

## 常见错误举例  Examples of common mistakes

1. 今天他有事，不会来上课。
2. 今天我身体不舒服，不会游泳。
3. 我喝酒了，不会开车了。
4. 我很忙，不会给你写信。

## 解析  Explanatory notes

"能"和"会"都是能愿动词，表示有能力、有可能做某事或善于做某事。

> Both néng and huì are modal verbs, expressing an ability to do something, a possibility of doing something, or being good at something.

"能"和"会"有时候可以互相换用但是有时候,由于要表达的意思和语用条件不同,不能互换。
Sometimes they can be used interchangeably. But other times, when the meaning they express and the pragmatic conditions they demand are different, they cannot be used interchangeably.

➡ 1. 初次学会某种技能,具有了某种能力,可用"能",也可以用"会"。
When one learns a skill for the first time or acquires a certain ability, we can use either néng or huì.
例如:(1)他会 / 能说三种外语。
　　　(2)他会 / 能跳拉丁舞。
　　　(3)他会 / 能打太极拳。
　　　(4)以前,他只会 / 能说汉语,现在他会 / 能用汉语写信了。

➡ 2. 表示情理或条件许可,"有可能",可以用"能",也可以用"会"。
To express permission by reason or condition, indicating that there is a possibility of something, we can use either néng or huì.
例如:(1)今天的会议,校长会 / 能出席吗?
　　　(2)这道数学题虽然很难,但我会 / 能计算。
　　　(3)我看这天,会 / 能出太阳。
　　　(4)他是你的好朋友,我相信他会 / 能帮你。

➡ 3. 恢复某种能力,达到某种效率,只能用"能",不能用"会"。这类句子中的"能"或"会"不能互换。
To express the recovery of a kind of capability or the attainmemt of a certain type of efficiency, we can only use néng but not huì. In these sentences, néng and huì are not interchangeable.
例如:(1)老师的病好了,今天能上课了。
　　　(2)她失声好几年了,经过治疗,她现在又能说话了。
　　　(3)她一分钟能打150个汉字。
　　　(4)这款车一小时能开多少公里?

➡ 4. "能"和"会"都可以单独回答问题，肯定形式直接用"会"或"能"。但口语中多用"会"，"会"后还常加"的"字表达强调语气。在回答"能"或"不能"的问句时，还常用"可以"。"能"和"会"的否定形式，是在"会"或"能"前加"不"。

Both néng and huì can be used on their own to answer questions. The positive form is to use néng or huì directly, but huì is more often used in colloquial Chinese, and de is often added after huì for emphasis. When replying to questions including néng or bù néng, we often use kěyǐ. The negative form of néng and huì adds bù before néng or huì.

例如：（1）你不打电话给他，他会／能来吗？
　　　　　　能。／会的。／不能。／不会。
　　　（2）她会／能跟他结婚吗？
　　　　　　会。／会的。／能。／不会。／不能。
　　　（3）我能跟你说几句话吗？
　　　　　　能。／可以。／不能。／不可以。

➡ 5. "不会不"和"不能不"不是否定之否定即肯定形式，不能把意思理解为"会"或"能"。"不会不"，表示极大可能，近似"一定"的意思；"不能不"表示必须、应该。

Bú huì bù and bù néng bù are not the double negative forms that mean the positive, so they cannot be understood as huì or néng. Bú huì bù expresses great possibility, with a meaning similar to "being certain". Bù néng bù expresses the meaning of "must or should".

例如：（1）你现在发财了，不会不认识老朋友了吧?
　　　（2）你放心，你的事，我不会不管。
　　　（3）你的事，也就是我的事，我不能不管。
　　　（4）公司里一大堆事，我不能不去上班。

## ▷ 练习 Exercises

◎ 改正"常见错误举例"中的错误。
Correct the mistakes in the "Examples of common mistakes".

◎ 选词填空。
Fill in the blanks with the appropriate words.

(会　能)

1. 吹◆、拉◆、弹◆、唱他样样_____，就是不_____跳舞。
2. 世界◆上没有学不_____的事，只要你肯努力◆。
3. 因为我练习得少，学了三个月汉语，仍然不_____说。
4. 我太太_____做很多菜，特别◆_____做鱼。
5. 呵，对不起，我的钱不够了，不_____买了。
6. 这事你_____告诉太太吗？她_____反对的。
7. 我不_____喝酒，喝了不舒服。他酒量大，_____喝。
8. 她_____唱歌，但今天她不_____唱，她嗓子疼。
9. 他不_____用筷子◆，我不_____用刀叉◆。
10. 对不起，我不_____到机场去接你了，但我已给你预订◆了房间。晚上我_____给你打电话的。相信你_____找到我给你订的旅馆。

◆ 吹  chuī   blow, play (wind instruments)
◆ 拉  lā    play (a musical instrument such as the violin)
◆ 弹  tán   play (a musical instrument such as the piano)
◆ 世界  shìjiè  world
◆ 努力  nǔlì   make effort
◆ 特别  tèbié  especially, particularly
◆ 筷子  kuàizi  chopsticks
◆ 刀叉  dāochā  knife and fork
◆ 预订  yùdìng  book, place an order

# 能　可以
## néng (can, be able to), kěyǐ (can, may)

### 常见错误举例　Examples of common mistakes

1. 明天我不可以上课了，我病了。
2. 最近我很忙，一直不可以抽◆时间去看你。
3. 如果你身体不好，就不可以去旅行。
4. 我可以能骑自行车去吗？
5. 已经9点了，他可以来吗？
6. 两年内，你可不可以学好汉语？

◆ 抽（出）  chōu(chū)  draw out from among, find

## 解析　Explanatory notes

> "可以""能"都是能愿动词，都可以表示具有某种能力、达到某种水准；表示客观上有条件、情理上允许做某事。许多时候，可以通用。
> Both kěyǐ and néng are modal verbs. They can both be used to express having a certain capability, meeting certain standards, objective conditions permitting something to be done, or that it is reasonable to do something. In many circumstances, they can be used interchangeably.

例如：（1）这个房间可以/能住一个人，也可以/能住两个人。
　　　（2）垃圾经过处理可以/能做肥料。
　　　（3）这儿可以/能抽烟吗？
　　　（4）她是董事长的女儿，可以/能参加高层决策吗？

但是，"可以"和"能"又有明显区别，许多时候，不能互相替换。
However, kěyǐ and néng also have obvious differences, and on many occasions cannot be used interchangeably.

➡ 1. 表示一个人通过学习获得某种技能或一个人善于做某事，要用"能"，不用"可以"：
To express that a person has acquired a skill after a learning process or a person is good at something, we have to use néng but not kěyǐ.
例如：（1）他能说能写，是个难得的人才。
　　　（2）你不能不承认，他是个能干的推销员。
　　　（3）这孩子五岁的时候就能写字了。（这里是学会写字的意思，不能换用"可以"
　　　　　 He had learnt to write at that age, and therefore néng cannot be replaced by kěyǐ.）

➡ 2. 在否定句中，通常用"不能"，不用"不可以"。
In a negative sentence, we usually use bù néng; we do not use bú kěyǐ.
例如：（1）明天我有事，不能来了。
　　　（2）最近我很忙，不能休假。
　　　（3）不能帮助你，我感到很遗憾。

➡ 3. "能"可以表示客观可能性，表示推测、估计。这种句子，不用"可以"。

Néng can be used to indicate objective possibility, and expressing conjecture or estimation. We do not use kěyǐ in such sentences.

例如：（1）我们跟他并不熟悉，他能借钱给我们吗？

（2）你在百忙中能接见我们，是我们的荣幸。

（3）这事儿你再三叮嘱过他，他应该能办好。

4. 表示值得做某事用"可以"，"能"没有这种意思。

To express that something is worth doing, we should use kěyǐ; néng does not have this meaning.

例如：（1）你的建议很好，可以考虑。

（2）这个职务值得去争取，你可以去试试。

（3）听说王先生这个人不错，你可以多同他交往交往。

## 练习 Exercises

◎ 改正"常见错误举例"中的错误。
Correct the mistakes in the "Examples of common mistakes".

◎ 选词填空。
Fill in the blanks with the appropriate words.

（能　可以）

1. 他出国学习的愿望◆，终于◆____实现◆了。
2. 我____告诉◆你怎么走去，但不____陪◆你去。
3. 她跟什么人都____套◆近乎◆，是做公关◆的料◆。
4. 飞机票还____买到吗？
5. 我今天____写完这个报告。
6. 我____用你的卫生间吗？
7. 这么晚了你不____不去吗？
8. 给这点工资◆，这工作不____接受。
9. 多喝茶____帮助消化◆。
10. 多年没____见面，今天终于见面了，怎么____不高兴呢？！

◆愿望 yuànwàng　desire
◆终于 zhōngyú　at last, eventually
◆实现 shíxiàn　realise

◆告诉 gàosù　tell
◆陪（同）péi(tóng)　accompany

◆套 tào　woo, solicit
◆近乎 jìnhu　close, intimate
◆公关 gōngguān　public relations
◆（材）料 (cái) liào　substance, material

◆工资 gōngzī　wage

◆消化 xiāohuà　digest, digestion

# 念 读 看 niàn (read aloud, attend school, think of), dú (read, read aloud, attend school), kàn ( read, look )

### ▶ 常见错误举例　Examples of common mistakes

1. 你别看他年纪◆不大，他能念懂古书◆。
2. 你写的念书笔记很好。
3. 睡觉前他习惯静静◆地坐在床上念书。
4. 这本书很有意思，值得再念。

◆ 年纪　niánjì　age
◆ 古书　gǔshū　ancient book

◆ 静静　jìngjìng　quietly

### ▶ 解析　Explanatory notes

> "念"和"读"，都表示看着文字，发出该文字的声音。
> Niàn and dú both indicate to look at the text and read it aloud.

例如：（1）请你大声念 / 读一遍课文。
　　　（2）早晨，校园里到处都是大学生在念 / 读英语。
　　　（3）儿子来信了，爷爷奶奶让小孙女念 / 读给他听。
　　　（4）他在姑娘面前很动情地念 / 读了一首爱情诗。

> "念"和"读"都表示上学，进学校学习。
> They both indicate to attend school, go to school to study.

例如：（1）他们文化不高，都只念 / 读过小学。
　　　（2）在旧中国，重男轻女，不许女子念 / 读书。
　　　（3）结婚以后，再想上学念 / 读书就难了。

在这两个意义上，两个词可以互换。但两个词也有不同之处，有不能互换的含义。
When niàn and dú express the above two meanings, they can be used interchangeably. However, there are circumstances in which these two words are different and cannot be used interchangeably.

➡ 1. "读"，有"看""阅读"的意思，即"看（书报）并领会其中内容"。"念"没有这层意思。下面例句中的"读"不能用"念"替换。

Dú has the meaning of reading (the book or the newspaper) and understanding its content, while niàn does not have this meaning. In the following examples, dú cannot be replaced by niàn.

例如：（1）她在中学时代就读了不少外国名著。

（2）这本英语小说太难了，我读不懂。

（3）许多人不读书，不看报，耳目闭塞得很。

（4）要继承传统，就应该多读读历史书籍。

许多时候，要用"看"而不用"读"，更不能用"念"。例如：

In many cases, we have to use kàn, not dú, and still less can we use niàn. Please look at the following examples.

例如：（1）每天晚上，她都要坐在床上静静看一会儿书才睡觉。

（2）老大爷在街头阅报栏一边看报，一边跟人聊新闻。

➡ 2. "念"有"叨念、想念、惦念、怀念"的意思，"读"没有这种意思。下面例句中的"念"不能用"读"替换。

Niàn has the meaning of talking about, missing, thinking of, and yearning for, while dú does not have these meanings. In the following examples, niàn cannot be replaced by dú.

例如：（1）新年到了，老太太嘴里正念着，孩子们就回家来了。

（2）人老了，总是念旧，想起往来。

（3）他整天念着你，也不知道你现在怎么样了。

（4）他虽然退休了，可大家一直念着他在任时的好处。

➡ **练习 Exercises**

◎ **改正"常见错误举例"中的错误。**
Correct the mistakes in the "Examples of common mistakes".

◎ **选词填空。**
Fill in the blanks with the appropriate words.

（念 读）

1. 他经过这次失败后，下决心发愤◆_____书。　　◆发愤 fāfèn　make a firm resolution

2. 家里条件不好，他高中没_____完，便找工作了。
3. 她心情激动，**拿着信**_____不下去了。
4. 他好记性◆，只要自己_____过一遍，便能过目不忘◆。
5. 老王是个_____旧的人，怎么会忘了你这个老朋友！
6. 在旧中国，重男轻女◆，穷◆人家的女孩子根本没有_____书的机会。
7. 孩子们回来了，你妈正_____着你们呢！
8. 大家都希望_____热门◆专业◆，以便将来◆好找工作。
9. 你应该养成◆习惯，_____了一本好书就写一篇_____书笔记◆。
10. 这是一篇好文章，值得◆一_____，你好好_____吧！

◆记性 jìxing　memory
◆过目不忘 guòmùbúwàng　learn something by heart after reading it once

◆重男轻女 zhòngnán-qīngnǚ　prefer sons to daughters
◆穷 qióng　poor

◆热门 rèmén　popular
◆专业 zhuānyè　specialty
◆将来 jiānglái　future

◆养成 yǎngchéng　cultivate
◆笔记 bǐjì　note

◆值得 zhídé　be worth, deserve

# 参考答案 Reference Answers

## 拿 取

**改正"常见错误举例"中的错误。**
Correct the mistakes in the "Examples of common mistakes".
1. 我去银行取钱。
2. 我从冰箱里取了一块儿黄油。
3. 他从妈妈手里拿过报纸大声读起来。

**选词填空。**
Fill in the blanks with the appropriate words.
（拿 取）
1. 这么多书，你一个人拿得动吗?
2. 请你帮我把衣柜上的箱子拿 / 取下来。
3. 穷家富路，你就把家里的这些钱都拿去吧。
4. 君子爱财，取之有道，不可胡来，赚那黑心钱。
5. 这次运动会上，他一个人拿了八块金牌。
6. 我在信用卡上存的钱都取完了，再取就透支了。
7. 这些钱是我的一片心意，希望你不要拒绝，拿着吧!
8. 纳税人的钱应该取之于民用之于民。
9. 我去国外大学学习，拿到 / 取得学位后就回国。
10. 他从公安局取回绿卡，拿在手上仔细看了半天。

## 哪 什么

**改正"常见错误举例"中的错误。**
Correct the mistakes in the "Examples of common mistakes".

213

1. 你是哪国人？
2. 你是哪个月去中国？
3. 他哪天走？
4. 这几件衣服，我哪样都喜欢。

**选词填空。**

Fill in the blanks with the appropriate words.

（哪　什么）

1. 你是哪年出生的？
2. 你是哪个学校的留学生？
3. 你要买什么品牌的电脑？
4. 你要买哪一款手机？
5. 你是哪一天见到她的？在什么地方见到她的？
6. 你说的是什么事儿？我怎么听不懂？
7. 我们这儿可以刷卡消费，你有什么卡？

## 能　会

**改正"常见错误举例"中的错误。**

Correct the mistakes in the "Examples of common mistakes".

1. 今天他有事，不能来上课。
2. 今天我身体不舒服，不能游泳。
3. 我喝酒了，不能开车了。
4. 我很忙，不能给你写信。

**选词填空。**

Fill in the blanks with the appropriate words.

（会　能）

1. 吹、拉、弹、唱他样样会／能，就是不会跳舞。
2. 世界上没有学不会的事，只要你肯努力。
3. 因为我练习得少，学了三个月汉语，仍然不会说。
4. 我太太会／能做很多菜，特别会／能做鱼。

5. 呵，对不起，我的钱不够了，不能买了。
6. 这事你能告诉太太吗？她会反对的。
7. 我不会／能喝酒，喝了不舒服。他酒量大，能喝。
8. 她会唱歌，但今天她不能唱，她嗓子疼。
9. 他不会用筷子，我不会用刀叉。
10. 对不起，我不能到机场去接你了，但我已给你预订了房间。晚上我会给你打电话的。相信你能／会找到我给你订的旅馆。

## 能　可以

**改正"常见错误举例"中的错误。**
Correct the mistakes in the "Examples of common mistakes".
1. 明天我不能上课了，我病了。
2. 最近我很忙，一直不能抽时间去看你。
3. 如果你身体不好，就不能去旅行。
4. 我可以/能骑自行车去吗？
5. 已经9点了，他能来吗？
6. 两年内，你能不能学好汉语？

**选词填空。**
Fill in the blanks with the appropriate words.
（能　可以）
1. 他出国学习的愿望，终于能/可以实现了。
2. 我可以/能告诉你怎么走，但不能陪你去。
3. 她跟什么人都能套近乎，是做公关的料。
4. 飞机票还能买到吗？
5. 我今天可以/能写完这个报告。
6. 我可以/能用你的卫生间吗？
7. 这么晚了你不能不去吗？
8. 给这点工资，这工作不能接受。
9. 多喝茶能帮助消化。
10. 多年没能见面，今天终于见面了，怎么能不高兴呢？！

## 念 读 看

**改正"常见错误举例"中的错误。**
Correct the mistakes in the "Examples of common mistakes".
1. 你别看他年记不大,他能读懂古书。
2. 你写的读书笔记很好。
3. 睡觉前他习惯静静地坐在床上看书。
4. 这本书很有意思,值得再读。

**选词填空。**
Fill in the blanks with the appropriate words.
(念 读)
 1. 他经过这次失败后,下决心发愤读/念书。
 2. 家里条件不好,他高中没读/念完,便找工作了。
 3. 她心情激动,拿着信读/念不下去了。
 4. 他好记性,只要自己读/念过一遍,便能过目不忘。
 5. 老王是个念旧的人,怎么会忘了你这个老朋友!
 6. 在旧中国,重男轻女,穷人家的女孩子根本没有读/念书的机会。
 7. 孩子们回来了,你妈正念着你们呢!
 8. 大家都希望读/念热门专业,以便将来好找工作
 9. 你应该养成习惯,读了一本好书就写一篇读书笔记。
 10. 这是一篇好文章,值得一读,你好好读吧!

# 起来　下去　qǐlái (indicating an upward movement), xiàqù (indicating a downward movement)

## ▶ 常见错误举例　Examples of common mistakes

1. 刚开始还有话说，后来就谈不起来了。
2. 风刮◆起来了，看来会一直刮起来。　◆刮 guā　blow
3. 由于工作忙，交流少，夫妻感情逐渐◆淡◆起来了。　◆逐渐 zhújiàn　gradual, gradually　◆淡 dàn　light, thin, weak
4. 这个天，雨不下起来。
5. 她难过得饭也不吃下去了。

## ▶ 解析　Explanatory notes

> "起来""下去"都是趋向动词，常在句子中作补语，如"站起来""坐下去""拿起来""放下去"都是常用的词语。
> Both qǐlái and xiàqù are directional verbs, often used in sentences as a complement, such as zhàn qǐlái (stand up), zuò xiàqù (sit down), ná qǐlái (pick it up), and fàng xiàqù (put it down) which are all frequently used expressions.

➡ 1. "起来""下去"都有继续进行的意思，但"起来"强调的是开始，"下去"强调的是继续。
Both qǐlái and xiàqù have the meaning of continuing to do something. But qǐlái emphasizes the beginning, while xiàqù emphasizes continuation.
例如：（1）咱们先吃起来吧，边吃边等。
　　　（2）你的话还没有说完，接着说下去！
　　　（3）唱起来，跳起来，工作完了多愉快。
　　　（4）这个问题已经有了结论，不要再争论下去了。

➡ 2. 在一般情况下，"起来"多用于积极意义；而"下去"则多用于消极意义。
Under normal circumstances, qǐlái is often associated with a positive meaning, while xiàqù is often associated with a negative meaning.
例如：（1）公司的经济情况逐渐好起来了。

（2）现在，人们的口袋一天天鼓起来了，买车买房的也多起来了。

（3）她边哭边说，伤心得实在说不下去了。

（4）他们夫妻俩天天吵架，日子实在过不下去了，只好离婚。

▶ 3. "起来""下去"中间可以嵌入其他词语。如"起不／得来"、"下不／得去"；如果动宾词组作谓语，带趋向动词"起来"，必须形成这样的格式：跳起舞来，唱起歌来、走起路来、说起话来，等等。

Words can be inserted in qǐlái and xiàqù, such as qǐbulái (can't get up), qǐdelái (can get up), xiàbuqù (can't go down), and xiàdequ (can go down). If the [verb + object] combination functions as the predicate with the directional verb qǐlái, the format is [first part of the verb + qǐ + second part of the verb + lái], as in tiàoqǐwǔlái (start to dance), chàngqǐgēlái (start to sing), zǒuqǐlùlái (start to walk), shuōqǐhuàlái (start to talk), etc.

▶ 练习 Exercises

◎ 改正"常见错误举例"中的错误。
Correct the mistakes in the "Examples of common mistakes".

◎ 选词填空。
Fill in the blanks with the appropriate words.

（起来　下去）

1. 下雨了，但足球◆赛已经踢_____了，那么就应该继续◆踢◆_____。
2. 这幅画已经画了一半，却画不_____了。
3. 马路上车很多，车开不_____。
4. 国家的经济状况一天天好_____了。
5. 只听"咔"的一声，车再也发动◆不_____。
6. 谈判◆进行不_____，大家心里都不愉快。
7. 忘了词，她唱不_____了，伤心◆得大声哭_____。
8. 他喝_____酒_____没个够。
9. 各有各的想法◆，争论◆_____没完没了◆，要有结论◆，难了。
10. 工作一忙_____，她特别容易烦躁◆，总和同事吵架◆。

◆足球 zúqiú　football
◆继续 jìxù　continue
◆踢 tī　kick, play

◆发动 fādòng　start, arouse

◆谈判 tánpàn　negotiate, negotiation

◆伤心 shāngxīn　sad, broken-hearted

◆烦躁 fánzào　irritable and restless
◆同事 tóngshì　colleague
◆吵架 chǎojià　quarrel

◆想法 xiǎngfǎ　idea, opinion
◆争论 zhēnglùn　argue, debate, dispute
◆没完没了 méiwán-méiliǎo　endless, endlessly
◆结论 jiélùn　conclusion

# 情况 情形 状况 qíngkuàng, qíngxíng, zhuàngkuàng (situation, condition, state of affairs)

## 常见错误举例 Examples of common mistakes

1. 你跟我谈话的情况，我至今还记得呢。
2. 他的经济情形，你比我了解。
3. 由于长期劳累◆，他的健康情况一天不如一天。　　◆劳累 láolèi overwork
4. 出现什么新的状况了吗？你这么大惊小怪的！
5. 他俩的婚姻情况怎么样？

## 解析 Explanatory notes

> "情况""情形""状况"，都表示事物呈现出来的状态、样子，所以经常通用。三个词的区别比较细微，需要认真辨别。
> Qíngkuàng, qíngxíng and zhuàngkuàng all express the status and situation that things show; therefore, the three words are often used interchangeably. Their differences are fairly slight and we have to distinguish between them carefully.

➡ 1. "情形"和"情况"比较近似，因为二者有一个共同的"情"字，就是"事情"，涉及事情的经过，事情的前前后后、方方面面，内在的、外在的。"状况"不包含这些意思。
Qíngxíng and qíngkuàng are similar to each other as they share the character qíng, which refers to things: including the processes, what comes before and after, and all other aspects, both internal and external, while zhuàngkuàng does not have these meanings.

例如：（1）我离开这些天，公司的情形／情况怎么样？
（2）听说有两个员工吵起来了，具体情形／情况我也说不清。
（3）这里枯燥单调的情形／情况终于改变了。
（4）我出国那天，父母在机场送我的情形／情况，好像还在眼前。

➡ 2. "状况"和"情况"比较近似，不同的是"状"和"情"，即"状况"有"情形"和"形状"的意思。"形"指"形体"，"状"是"状态"；"形体"、"状态"都有模有样，可描可画，成语"奇形怪状"、"形似虎、状类犬"就是这个意思。所以"状况"强调的是人或事表现出来的外在的样子。可用"情况"替换，但侧重点不同。"情形"不能这么用。

Zhuàngkuàng and qíngkuàng are similar to each other, to their differences lying in the characters of zhuàng and qíng, which they contain. That is to say, zhuàngkuàng has the meaning of qíngxíng (circumstances) and xíngzhuàng (shape). Xíng refers to the physical body and zhuàng refers to the condition. Both have appearance which can be described or painted. It is borne out by the idiomatic expressions qíxíng-guàizhuàng (grotesque) and xíngsìhǔ, zhuànglèiquǎn (with the shape of a tiger and the look of a dog). Therefore, zhuàngkuàng emphasizes the external appearance shown by a person or thing. It can be replaced by qíngkuàng (with different foci), but not by qíngxíng.

例如：（1）他问了我一下我的健康状况／情况。

（2）老人家的身体状况／情况一天不如一天。

（3）当年他家的经济状况／情况不是很好，他常为学费犯愁。

（4）现在市场萎缩，公司的经营状况／情况不太好。

➡ 3. 因为"情形""情况"和"状况"有上面的不同，所以"情形""情况"可用好与坏、复杂与简单、紧急、具体等词来描述；而"状况"只用好与坏一类词语描述。

As they have the differences mentioned above, qíngxíng and qíngkuàng can be modified by such words as good and bad, complex and simple, urgent and specific, while zhuàngkuàng can only be modified by such words as good and bad.

例如：（1）这里边的情况／情形很复杂，我也说不清。

（2）你反映的这些最新情况很好、很重要。

（3）他目前的状况／情形／情况很不好，实在让人担心。

（4）改革开放以后，农民的生活状况一天比一天好。

（5）现在，北京的交通状况得到了很大改善。

➡ 4. 有时"情况"几乎就是"事情"的同义词。这时，可以用"事情"替换，而不能用"情形""状况"替换。

Sometimes, qíngkuàng is almost synonymous with shìqing (things), and can be replaced by it, but it cannot be replaced by qíngxíng or zhuàngkuàng.

例如：（1）我向你打听一点情况。
　　　（2）你反映的这个情况，我已经知道了。
　　　（3）这些情况值得我们好好研究。
　　　（4）我不得不怀疑你说的这些情况。

## ▶ 练习　Exercises

◎ **改正"常见错误举例"中的错误。**
Correct the mistakes in the "Examples of common mistakes".

◎ **选词填空。**
Fill in the blanks with the appropriate words.

（情形　情况　状况）

1. 这儿发生了什么紧急◆_____？　◆紧急 jǐnjí　urgent
2. 人的思想感情，往往随着◆经济_____的变化而发生变化。
3. 股市行情◆瞬息万变◆，需要随时◆分析变化着的_____。
4. 如果没有什么新_____，今天的会就开到这儿吧。
5. 有什么特殊◆_____，务必◆马上告诉我。
6. 经历了那场感情风波◆，他的身体_____大不如前了。
7. 对方执行◆合同的_____，要密切◆关注。
8. 他们家的经济_____大大好转◆，再也不用为孩子的学费发愁了。
9. 按我对他的经济_____的了解，他买不起这么豪华◆、昂贵◆的车。
10. 灾害发生后，_____十分危急◆，全国人民立即紧急行动起来。

◆随着 suízhe　along with
◆行情 hángqíng　market conditions
◆瞬息万变 shùnxī-wànbiàn　myriad changes taking place in the blink of an eye
◆随时 suíshí　at any time
◆特殊 tèshū　special
◆务必 wùbì　must, be sure to
◆风波 fēngbō　disturbance
◆执行 zhíxíng　carry out, implement
◆密切 mìqiè　close, intimate
◆好转 hǎozhuǎn　take a turn for the better
◆豪华 háohuá　luxurious, extravagant
◆昂贵 ángguì　expensive, costly
◆危急 wēijí　critical, desperate, imminent danger

# 缺乏 缺少
# quēfá, quēshǎo (be short of, lack)

### ▶ 常见错误举例　Examples of common mistakes

1. 你生活中缺乏什么可告诉我。
2. 刚来中国时，他缺乏朋友，生活也很不习惯。
3. 这个商场东西很多，可就是缺乏水果。
4. 我们想去踢足球，还缺乏一个守门员。

### ▶ 解析　Explanatory notes

> "缺乏""缺少"都指所需要的、想要的或一般应有的事物没有或不够。两个词的区别在于：
> Both quēfá and quēshǎo refer to the lack or inadequacy of things needed, wanted or that should normally be available. Their differences are explained below.

➡ 1. "缺少"指数量上不够，不能满足需要，尤其多用于指人或物。没有太多的感情色彩。能用"缺少"的地方，都能用"少"。"少"更口语化，而"缺少"更多书面色彩。
Quēshǎo refers to an inadequate quantity that cannot meet certain needs, and it is often used to refer to people or things. It does not have much emotional tone. Wherever quēshǎo can be used, the word shǎo can also be used. Shǎo is more colloquial, and quēshǎo is more likely to be seen in written language.
例如：（1）集合时，我们班少 / 缺少一个人。
（2）我想买一台笔记本电脑，现在还少 / 缺少三千多元钱。
（3）现代人吃得太好太多，又少 / 缺少运动。
（4）搞现代工业化建设，最不能少 / 缺少的是人才。

➡ 2. "缺乏"的"缺"是"短少"、"没有"的意思；"乏"专指"贫乏"，特指缺衣少食。因此，"缺乏"也是指数量上不够，不能满足需要，语义较重，强调极少、甚至是根本没有。下面例句中的"缺乏"都可用"缺少"替换，但两个句子的色彩和分量有一定差异，可仔细体会。
Quē in quēfá means "being short of" or "non-existence", while fá refers specifically to impoverishment or deprivation. Therefore, quēfá also refers to an inadequate quantity

that cannot meet certain needs, but it has a stronger tone, emphasizing extreme shortage or even absolute non-existence. In the following examples, quēfá can be replaced by quēshǎo, but with some differences in tone and weight. Please note these differences carefully.

例如：（1）许多有钱人并不缺乏爱心。

（2）他还太年轻，缺乏工作经验。

（3）外国人对中国文化缺乏研究，是很正常的。

（4）对社会缺乏责任心的人，不会得到人们的尊重。

3. "缺少"比"缺乏"更多用于否定句，下面的例句就不宜用"缺乏"。

Relative to quēfá, quēshǎo is more often used in negative sentences. In the following examples, quēfá would be inappropriate.

例如：（1）青年人是各行各业都不可缺少的力量。

（2）中国人民从来不缺少战胜困难的决心和信心。

## 练习 Exercises

◎ 改正"常见错误举例"中的错误。
Correct the mistakes in the "Examples of common mistakes".

◎ 选词填空。
Fill in the blanks with the appropriate words.

（缺少　缺乏）

1. 广大农村最_____的是医药和救护◆人员。　　◆救护 jiùhù　give first aid, rescue
2. 边远山区◆的儿童_____课外阅读书籍◆。　　◆边远山区 biānyuǎn shānqū　remote mountainous areas
　　　　　　　　　　　　　　　　　　　　　　　◆书籍 shūjí　book
3. 刚毕业的大学生_____工作经验，找工作有一定的困难。
4. 要做个好妈妈，_____耐心◆可不行。　　◆耐心 nàixīn　patience
5. 他干不了这个，可_____自知之明◆，怎能不失败。　　◆自知之明 zìzhīzhīmíng　wisdom to know oneself
6. 我能接受这个工作，但还_____一个好助手◆。　　◆助手 zhùshǒu　assistant
7. 儿童从小_____爱，很容易性格◆扭曲◆。　　◆性格 xìnggé　personality
　　　　　　　　　　　　　　　　　　　　　　　◆扭曲 niǔqū　distort
8. 看看吧，新居◆布置◆好了，还_____什么？　　◆新居 xīnjū　new home
　　　　　　　　　　　　　　　　　　　　　　　◆布置 bùzhì　decorate, fix up
9. 每一项新产品◆的开发◆，不可_____对市场的调研◆。
10. 不少山区的农民_____文化知识、生产技术和资金，对改变当地落后面貌◆_____信心。

◆产品 chǎnpǐn　product　　　◆开发 kāifā　develop　　　◆面貌 miànmào　face, features, appearance
◆调研 diàoyán　investigate and study

223

# 确实 实在
# quèshí (true, indeed), shízài (true, in fact)

## ▶ 常见错误举例　Examples of common mistakes

1. 他昨天实在来了。
2. 这话他实在说了，我们都听见了。
3. 他是个很确实的好人。
4. 他在商场混◆了几年，变得一点儿也不确实了。　　◆混 hùn　muddle along

## ▶ 解析　Explanatory notes

> "确实""实在"，两个词的词性相同，都兼形容词和副词，都有强调真实可信、不虚假的意思。所以，两个词有时可以通用。
> Both quèshí and shízài are of the same part of speech, both adjective and adverb, emphasizing the meaning of being true and credible, not false. Therefore, they can sometimes be used interchangeably.

例如：（1）北京确实 / 实在漂亮。
　　　（2）这孩子确实 / 实在应该好好管一管了。
　　　（3）他最近确实 / 实在忙得不得了。
　　　（4）这家中餐馆确实 / 实在不错。

➡ 1. 上面的句子都是"确实""实在"作状语的例子，两个词虽然可以通用，都表达了"真实可信"的意思，但仔细体会，还是有差异。"确实"强调的更侧重于客观事实，"实在"强调的更侧重于主观感受。
In the above examples, both quèshí and shízài are used as an adverb. Though they are interchangeable, both expressing the meaning of being true and credible, if you examine them carefully, there are still differences between them. Quèshí emphasizes more the objective fact while shízài emphasizes more the subjective feeling.

例如：（1）我确实佩服王老师。（承认一个客观事实　Admitting an objective fact）
　　　　　我实在佩服王老师。（表达自我内心的强烈感受　Expressing my strong inner feelings）

（2）王老师的课确实有意思。
王老师的课实在有意思。

➡ 2. 不能受程度副词修饰的行为动词前面，只能用"确实"作状语，不能用"实在"。
Before an action verb that cannot be modified by an adverb of degree, we can only use quèshí as the adverbial, and not shízài.

例如：（1）他确实跳槽去另外一家公司了。
（2）他确实没告诉我他已经离婚了。
（3）我确实打听到了一些消息。
（4）他确实上过大学，获得过研究生学位。

➡ 3. "确实"后面可以跟副词"很""太""非常"，"实在"不需要再跟程度副词，因"实在"本身强调的程度就是很高的级别。
Quèshí can be followed by such adverbs as hěn (very), tài (too), and fēicháng (exceedingly). Shízài is not followed by adverbs of degree as shízài itself already emphasizes a very high degree.

例如：（1）那个女孩子确实很漂亮。
那个女孩子实在漂亮。
（2）她确实非常聪明、非常能干。
她实在聪明能干。

➡ 4. "确实"和"实在"作为形容词，词义和适用范围还有区别。"实在"除了同"确实"一样，都可用来说明事实的真实不假外，还有诚实、不虚假的意思，用来形容人的品质和做事的方式，"确实"不能这么用。
When quèshí and shízài are used as adjectives, they have differences in meaning and scope. Shízài, apart from having the same meaning as quèshí, which expresses a true fact, also has the meaning of being honest and not pretending. It is used to describe the quality of people and their way of doing things, while quèshí cannot be used this way.

例如：（1）这是一个确实/实在的消息。
（2）你刚才说的，我也听说了，确实/实在是有这么一回。
（3）他是一个非常实在的人，你应该相信他。
（4）你别看他平时说话爱吹，其实他为人很实在。

## 练习 Exercises

◎ 改正"常见错误举例"中的错误。
Correct the mistakes in the "Examples of common mistakes".

◎ 选词填空。
Fill in the blanks with the appropriate words.

（确实　实在）

1. 地震_____叫人害怕。

2. 保护环境_____人人有责。

3. 情人节那天，我_____也想做点浪漫的事，让她开心◆。　◆开心 kāixīn　feel happy

4. 她不愧◆是著名◆的女企业家，_____非常优秀。　◆不愧 búkuì　worthy of
　◆著名 zhùmíng　famous, well known

5. 他们_____结婚了，但_____说不上多般配◆。　◆般配 bānpèi　well-matched

6. 他____是个_____的好人，我很佩服◆他。　◆佩服 pèifu　think highly of

7. 他_____是个有钱人，但_____小气◆得很，一毛不拔◆！　◆小气 xiǎoqì　stingy, mean
　◆一毛不拔 yìmáobùbá　unwilling to give up even a hair; very stingy

8. 他是个____人，说话____，做事也____。

9. 她____去了人才市场，但那里的人____太多了，她挤不进去。

10. 你平时____爱胡吹神侃◆，办起事来可_____。　◆胡吹神侃 húchuī-shénkǎn　indulge in idle and empty talk

# 参考答案 Reference Answers

## 起来　下去

**改正"常见错误举例"中的错误。**
Correct the mistakes in the "Examples of common mistakes".
1. 刚开始还有话说，后来就谈不下去了。
2. 风刮起来了，看来会一直刮下去。
3. 由于工作忙，交流少，夫妻感情逐渐淡了。
4. 这个天，雨下不起来。
5. 她难过得饭也吃不下去了。

**选词填空。**
Fill in the blanks with the appropriate words.
（起来　下去）
1. 下雨了，但足球赛已经踢起来了，那么就应该继续踢下去。
2. 这幅画已经画了一半，却画不下去了。
3. 马路上车很多，车开不起来。
4. 国家的经济状况一天天好起来了。
5. 只听"咔"的一声，车再也发动不起来。
6. 谈判进行不下去，大家心里都不愉快。
7. 忘了词，她唱不下去了，伤心得大声哭起来。
8. 他喝起酒来没个够。
9. 各有各的想法，争论起来没完没了，要有结论，难了。
10. 工作一忙起来，她特别容易烦躁，总和同事吵架。

## 情况　情形　状况

**改正"常见错误举例"中的错误。**
Correct the mistakes in the "Examples of common mistakes".

1. 你跟我谈话的情形，我至今还记得呢。
2. 他的经济情况／状况，你比我了解。
3. 由于长期劳累，他的健康状况一天不如一天。
4. 出现什么新的情况了吗？你这么大惊小怪的！
5. 他俩的婚姻状况怎么样？

**选词填空。**

Fill in the blanks with the appropriate words.

（情形　情况　状况）

1. 这儿发生了什么紧急情况？
2. 人的思想感情，往往随着经济状况的变化而发生变化。
3. 股市行情瞬息万变，需要随时分析变化着的情况。
4. 如果没有什么新情况，今天的会就开到这儿吧。
5. 有什么特殊情况，务必马上告诉我。
6. 经历了那场感情风波，他的身体状况／情况大不如前了。
7. 对方执行合同的情况，要密切关注。
8. 他们家的经济情况／状况大大好转，再也不用为孩子的学费发愁了。
9. 按我对他的经济情况／状况的了解，他买不起这么豪华、昂贵的车。
10. 灾害发生后，情况／情形十分危急，全国人民立即紧急行动起来。

## 缺乏　缺少

**改正"常见错误举例"中的错误。**

Correct the mistakes in the "Examples of common mistakes".

1. 你生活中缺少什么可告诉我。
2. 刚来中国时，他缺少朋友，生活也很不习惯。
3. 这个商场东西很多，可就是缺少水果。
4. 我们想去踢足球，还缺少一个守门员。

**选词填空。**

Fill in the blanks with the appropriate words.

（缺少　缺乏）

1. 广大农村最缺乏／缺少的是医药和救护人员。

2. 边远山区的儿童缺少课外阅读书籍。
3. 刚毕业的大学生缺乏/缺少工作经验，找工作有一定的困难。
4. 要做个好妈妈，缺少耐心可不行。
5. 他干不了这个，可缺乏自知之明，怎能不失败。
6. 我能接受这个工作，但还缺少一个好助手。
7. 儿童从小缺少爱，很容易性格扭曲。
8. 看看吧，新居布置好了，还缺少什么？
9. 每一项新产品的开发，不可缺少/缺乏对市场的调研。
10. 不少山区的农民缺少文化知识、生产技术和资金，对改变当地落后面貌缺乏信心。

## 确实　实在

**改正"常见错误举例"中的错误。**
Correct the mistakes in the "Examples of common mistakes".
1. 他昨天确实来了。
2. 这话他确实说了，我们都听见了。
3. 他是个很实在的好人。
4. 他在商场混了几年，变得一点儿也不实在了。

**选词填空。**
Fill in the blanks with the appropriate words.
（确实　实在）
1. 地震确实/实在叫人害怕。
2. 保护环境确实人人有责。
3. 情人节那天，我确实也想做点浪漫的事，让她开心。
4. 她不愧是著名的女企业家，确实非常优秀。
5. 他们确实结婚了，但实在说不上多般配。
6. 他确实是个实实在在的好人，我很佩服他。
7. 他确实是个有钱人，但实在小气得很，一毛不拔！
8. 他是个实在人，说话实在，做事也实在。
9. 她确实去了人才市场，但那里的人实在太多了，她挤不进去。
10. 你平时确定爱胡吹神侃，办起事来可实实在在。

# 十分  非常  shífēn, fēicháng (very)

## ▶ 常见错误举例  Examples of common mistakes

1. 今天她不非常高兴。
2. 这次见面，两人都很非常激动◆。   ◆激动 jīdòng   excited
3. 吃了药以后，他非常睡得好。
4. 这次面试◆，我不是非常有把握◆。   ◆面试 miànshì   interview
   ◆把握 bǎwò   assurance, certainty
5. 老师对我们这次的考试成绩非常很满意。

## ▶ 解析  Explanatory notes

> 副词"十分"和"非常"，词义很相近，都表示程度很高，但具体用法上有区别。
> The adverbs shífēn and fēicháng have similar meanings, both indicating a high degree. But they have differences in usage.

➡ 1. "非常"比"十分"使用范围更广些。如在日常生活中说"他非常会说话"；而不说"他十分会说话"；又如常说"她心里非常害怕"，而不说"她心里十分害怕"。
Fēicháng is used more widely than shífēn, especially in everyday Chinese, as shown in the examples given here.

➡ 2. "十分"前能加否定词，"非常"则不能。
Shífēn can follow a negative word, while fēicháng cannot.
例如：（1）从这儿走十分方便。
   从这儿走不十分方便。
   从这儿走不非常方便。✗
（2）能不能出国学习，对他十分重要。
   能不能出国学习，对他非常重要。
   能不能出国学习，对他不十分重要。
   能不能出国学习，对他不非常重要。✗

➡ 3. "非常"可以重叠，"十分"则不能。如可以说"她的英语非常非常好"，却不能说"十分十分好"。其他如：非常非常冷，非常非常忙，非常非常漂亮，等等。
Fēicháng can be duplicated, while shífēn cannot, as shown in the examples given here.

## 练习 Exercises

◎ 改正"常见错误举例"中的错误。
Correct the mistakes in the "Examples of common mistakes".

◎ 选词填空。
Fill in the blanks with the appropriate words.

（非常　十分）

1. 谢谢，这次我不_____想去，就不麻烦◆你了。　◆麻烦 máfan　trouble
2. 你这样做影响◆_____不好。　◆影响 yǐngxiǎng　influence
3. 学生对老师上课不_____满意。
4. 你做这种工作_____不合适◆。　◆合适 héshì　suitable
5. 你最近工作不_____忙，可以抽时间去旅行。
6. 他很有钱，但穿着◆不_____讲究◆。　◆穿着 chuānzhuó　dress, attire　◆讲究 jiǎngjiu　be particular about
7. 能参加这样的高级会谈◆_____不容易，你千万别错过机会。　◆会谈 huìtán　talk
8. 他讲汉语不_____流利◆，但在中国生活、工作没太大困难。　◆流利 liúlì　fluent

# 什么　怎么　shénme (what), zěnme (how)

## 常见错误举例　Examples of common mistakes

1. 今天什么吃？
2. 烤鸭什么吃？
3. 这件衣服什么洗？
4. 结婚什么准备了？

## 解析　Explanatory notes

"什么""怎么"，都是疑问代词，"什么"询问事物的性质或人的职务、身份等；"怎么"询问行为的方式、原因、结果等。两个词用法上有很大区别。

> Both shénme and zěnme are interrogative pronouns. Shénme is used to ask about the nature of things or the position or status of people, while zěnme is used to ask about the mode, reason or result of an action. They are quite different.

➡ 1. "什么",常放在动词后面,作谓语动词的宾语;"怎么",放在动词谓语前面作状语。
Shénme is often placed after a verb and functions as the object of the verb. Zěnme is often placed before a predicate verb as the adverbial.

　　例如:(1)你在做什么?(问事　Asking about a thing)
　　　　(2)你是她什么人?(问人　Asking about a person)
　　　　(3)你今天上课怎么迟到了?(问原因　Asking about the reason)
　　　　(4)这个问题你是怎么回答的?(问方式　Asking about the mode)

➡ 2. "什么"可直接放在动词谓语"是"的前面作主语,也可放在名词前作定语,修饰主语或宾语,"怎么"不能这么用。"怎么"如果用作定语,后面必须跟量词,常用量词"个、回",被修饰的名词多是"人、事、东西"。
Shénme can be placed before the predicate verb shì (be) as its subject, or before a noun as its attribute, modifying the subject or the object, while zěnme cannot be used this way. When zěnme is used as an attribute, it must be followed by a measure word such as gè or huí, and the noun modified by it often refers to a person, a matter or a thing.

　　例如:(1)什么是你最想要的?
　　　　(2)什么都没有发现。
　　　　(3)她的什么情况我们都不知道。
　　　　(4)你有什么困难就对我说,别客气。
　　　　(5)我就想试试他到底是怎么一个人!
　　　　(6)你告诉我,这是怎么一回事啊?

➡ 3. "什么""怎么",都可用于否定句,"什么"用在名词前,"怎么"用在动词或形容词前,都表示有一定程度,减弱否定的语气,是一种较婉转的表达方式。
Both shénme and zěnme can be used in a negative sentence. Shénme is placed before a noun, while zěnme is placed before a verb or an adjective. They both express a certain degree, reducing the negative tone and being a more tactful way of expression.

例如：（1）你说去吧，没什么好怕的。

（2）你可别说什么假话，什么假话也瞒不过我。

（3）他来中国不久，汉语还说得不怎么流利。

（4）他还不满一岁，还不怎么会说话。

➡ 4. "什么"还可用在形容词后表示婉转否定；也可用在动词后，表示不满。"怎么"没有这种用法。
Shénme can also be placed after an adjective to express a mild negation, and it can also be placed after a verb to express dissatisfaction. Zěnme cannot be used this way.

例如：（1）还年轻漂亮什么呀，都快成老太婆了！

（2）麻烦什么呀，一点儿不麻烦！

（3）你还啰嗦什么啊，烦不烦人！

（4）你懂什么，靠边去！

➡ 5. "怎么"，可做谓语，它后面加"了、啦"，表示询问。"什么"没有这种用法。
Zěnme can be used as a predicate with such particles as le or la behind it to express a query, while shénme cannot be used this way.

例如：（1）她最近怎么了，总爱发火？

（2）你怎么了，睡不着？

（3）怎么啦，你这么大惊小怪的？

（4）他怎么你了，你这么生气？

▶ 练习　Exercises

◎ 改正"常见错误举例"中的错误。
Correct the mistakes in the "Examples of common mistakes".

◎ 选词填空。
Fill in the blanks with the appropriate words.

（什么　怎么）

1. 这种布料♦的衣服＿＿＿＿洗，你问她吧，她知道。　　◆布料 bùliào　fabric

2. 这屋子＿＿＿＿装修♦，买＿＿＿＿家具，他都听太太的。　　◆装修 zhuāngxiū　refurbish

3. 我们大家正在商量，应该＿＿＿＿帮助他。

4. 为了多挣钱，给爸爸治病◆，他＿＿＿苦都吃◆过。
- ◆治病 zhì bìng  treatment
- ◆吃苦 chī kǔ  endure hardship

5. 在市场上闯荡◆了这么多年，他＿＿＿场面◆没见过。
- ◆闯荡 chuǎngdàng  make a living away from home
- ◆场面 chǎngmiàn  scene

6. 孩子大了，个性◆强了，＿＿＿教育孩子，成了大问题。
- ◆个性 gèxìng  personality

7. 他现在正生气，你说＿＿＿他都听不进去。

8. 你说的这个故事◆没＿＿＿新鲜的。
- ◆故事 gùshi  story

9. 我们做了＿＿＿，要遭受◆这样的惩罚◆！
- ◆遭受 zāoshòu  suffer
- ◆惩罚 chéngfá  punishment

10. 这个问题，你＿＿＿看，说说你的看法◆。
- ◆看法 kànfǎ  view, opinion

# 什么样　怎么样　shénmeyàng　zěnmeyàng
## (what, what about)

### ▶ 常见错误举例　Examples of common mistakes

1. 你怎么，忙吗？
2. 他们打算怎么？
3. 他是个怎么样的人你应该清楚。
4. 你喜欢怎么样的花？

### ▶ 解析　Explanatory notes

"什么样""怎么样"，都是疑问代词。是"什么+样"、"怎么+样"的组合词。"样"，就是"样子"，是形状、面貌。因此，"什么样""怎么样"都是对形状、面貌、样子、状态的询问。

Both shénmeyàng and zěnmeyàng are interrogative pronouns. They are formed by [shénme + yàng] and [zěnme + yàng]. The yàng is the same as yàngzi, meaning shape or feature. Therefore, both shénmeyàng and zěnmeyàng ask about the shape, the features, the look or the status of something.

➡ 1. "什么样"，侧重询问的是外在的样子，如相貌、衣着等特征；或具体类别，如分成类型的人、事等。"怎么样"，侧重表述内在的样子，如人的性格、品质等特征，或事情、行为的性质、状况、结果等。

Shénmeyàng focuses on asking about external appearance, such as physical appearance, clothing and other characteristics; or specific categories, such as people or things divided into different types and so on. Zěnmeyàng focuses on expressing intrinsic features, such as personality, qualities and characteristics of people, or the nature, condition, or result of things or acts.

例如：（1）你那男朋友什么样，你快说说。（关心的主要是外貌 Focus on the appearance）

（2）你那男朋友到底是怎么样一个人，你清楚吗？（关心的是人的品质、经历 Focus on the quality or experience）

（3）什么样的事，让你这么日夜不安。（好事、坏事；令人兴奋的事或伤心事等 Good or bad things; exciting or upsetting things）

（4）你在美国的生活怎么样了，我们很挂念。（询问生活的状况 Asking about living conditions）

➡ 2. "怎么样"可以做"想、认为、觉得"一类表心理活动的动词谓语的宾语，询问状况、性质等，"什么样"不能这么用。

Zěnmeyàng can function as the object of predicate verbs indicating mental activities such as "think", "consider", or "feel", or asking about the nature or status of things, while shénmeyàng cannot be used this way.

例如：（1）你认为老板对我们怎么样？

（2）你想怎么样，说说你的要求！

（3）你今天感觉怎么样，病好一些了吗？

（4）你觉得王小姐这个人怎么样？

➡ 3. 同"什么"和"怎么"一样，"怎么样"可放在动词前作状语，是询问行为的方式、原因等；"什么样"放在动词前后作定语，修饰主语或宾语，询问事物的性质、状态或人的职务、身份等。

Like shénme and zěnme, zěnmeyàng can be placed before the verb as an adverbial, asking about the mode or reason for an act, and shénmeyàng can be placed before or after the verb as an attribute modifying the subject or the object, asking about the nature or state of things or about the position and status of people.

例如：（1）你说，我怎么样做你才能满意呢？
　　　（2）怎么样才能赚到钱呢？
　　　（3）做人要真诚，是什么样就是什么样。
　　　（4）你要嫁给什么样的人，过什么样的生活？

➡ 4. "什么"和"什么样"都可作定语，但"什么样"需加"的"，"什么"不用加"的"。"怎么样"不能作定语。

Both shénme and shénmeyàng can be used as attributes, but de needs to be added to shénmeyàng and not to shénme, while zěnmeyàng cannot be used as an attribute.

例如：（1）什么样的生活都是一种生活。
　　　　　什么生活都是一种生活。
　　　（2）我的爸爸妈妈什么样的苦都吃过。
　　　　　我的爸爸妈妈什么苦都吃过。

➡ 5. "什么样"和"怎么样"都可以作补语，但句子结构不同。

Both shénmeyàng and zěnmeyàng can be used as complements, but with different sentence structures.

例如：（1）那女孩长得怎么样？（动词+得+怎么样　verb + de + zěnmeyàng）
　　　（2）期末考试，你考得怎么样？
　　　（3）几年不见，你都老成什么样了！（动词+成+什么样　verb + chéng + shénmeyàng）
　　　（4）你看，你把孩子吓成什么样了！

➡ 6. "怎么样"，可以用于否定句，表示程度，是一种委婉说法。"什么样"没有这种用法。

Zěnmeyàng can be used in a negative sentence to express the degree and act as a euphemism, while shénmeyàng cannot be used this way.

例如：（1）他的为人不怎么样。（品德不太好　Not good morally）

（2）这部电影不怎么样。（水平不高　Not of a high level）

（3）你这事做得不怎么样。（做得不太好　Not well done）

## 练习　Exercises

◎ 改正"常见错误举例"中的错误。
Correct the mistakes in the "Examples of common mistakes".

◎ 选词填空。
Fill in the blanks with the appropriate words.

（什么　怎么　什么样　怎么样）

1. 你对_____的工作感兴趣？
2. _____的困难也吓不倒他！　　◆吓 xià　scare, frighten
3. _____，你俩的关系好一点了吗？　　◆关系 guānxì　relation
4. 你有_____的本事，你自己最清楚。　　◆本事 běnshì　skill, ability
5. 你出国留学的事办得_____了？
6. 让他给你当网球教练_____？我看不_____！　　◆网球 wǎngqiú　tennis　◆教练 jiàoliàn　coach
7. 你今天感觉_____？需要_____，你尽管说。　　◆尽管 jǐnguǎn　feel free to, although
8. 女人十分讲究，_____的上衣，配_____的裙子，穿_____颜色的皮鞋，挎_____款式的手袋。
　　◆（搭）配 (dā)pèi　match, arrange in pairs or groups　◆皮鞋 píxié　leather shoes
　　◆挎 kuà　carry on the arm　◆款式 kuǎnshì　pattern, style, design
　　◆手袋 shǒudài　handbag
9. 一个人究竟_____，不只要看他说_____，更要看他做_____，_____做。
10. 有的人不真诚，不讲道德，你能把他_____？　　◆真诚 zhēnchéng　sincere　◆究竟 jiūjìng　after all

# 时间 时候 shíjiān, shíhou (time)

### ▶ 常见错误举例 Examples of common mistakes

1. 开车去需要◆多少时候？　　◆需要 xūyào　need
2. 明天去长城什么时间出发？
3. 我刚到中国的时间，一句中国话都不会说。
4. 我在学校门口等了很长时候，始终没见你。
5. 对不起，我记错约会的时候了。

### ▶ 解析 Explanatory notes

> "时间""时候"，都是表示时段的时间单位，比如一条没有起点、也没有终点的无限长的直线，"时间""时候"都是这条线上的一段，有起点，也有终点，有连绵性、持续性。所以"时间"和"时候"，常常可以互换。
>
> Both shíjiān and shíhou express units of time. If we compare time to an infinite straight line without a starting point or an end, both shíjiān and shíhou indicate a segment on this line, with a starting point and an end, with continuity and sustainability. Therefore, shíjiān and shíhou are often interchangeable.

例如：（1）你什么时间/时候有空，我请你吃饭。
　　　（2）什么时间/时候干什么应该有个计划。
　　　（3）我没时间/时候听你讲废话。

但是，"时间"和"时候"，也有明显不同，许多时候二者不能互换。

However, there also exist obvious differences between shíjiān and shíhou, and on many occasions they are not interchangeable.

例如：（1）小时候，妈妈对我讲，大海是我故乡。
　　　（2）最近这段时间我很忙。
　　　（3）听音乐会的时候，不应该随处走动和大声说话。
　　　（4）你来得正是时候，早一点我不在，晚一点我又要走了。
　　　（5）明天下午五点以后，我有半个小时的空闲时间，你可以来找我。
　　　（6）上课的时候，请不要抽烟。

以上例句中的"时间""时候"都不能互换。从这些例句，我们可以明白，"时间"比较具体，长度界限甚至很明确，在它的前后往往有表具体时间的钟点或日期；"时候"长度界限则比较模糊，它附带的不是表具体时间的钟点或日期，而是表示某些特征的修饰语。

In the above examples, shíjiān and shíhou are not interchangeable. From these examples, we understand that shíjiān is more specific, even with very clear limit of length. Words denoting specific time or dates often appear before and after it, while shíhou has a more blurred limit of length. It does not collocate with words denoting specific time or dates, but takes modifiers denoting certain characteristics.

## 练习 Exercises

◎ 改正"常见错误举例"中的错误。
Correct the mistakes in the "Examples of common mistakes".

◎ 选词填空。
Fill in the blanks with the appropriate words.

（时间　时候）

1. 什么_____说什么话，见什么人说什么话，这也是学问◆。
2. _____不等人，快干吧。
3. 两年前的这个_____我第一次来中国。
4. 我像你这么大的_____，早打工◆挣钱◆供◆自己上大学了。
5. 工作再忙也要挤◆_____看报。
6. 火车什么_____到？
7. 他把一天的_____安排◆得太满了，一点休息_____都没有。
8. 等人的_____，_____过得最慢。
9. 人的一生很短暂◆，要学会珍惜_____。
10. 你的_____太宝贵，我不想多占你的_____。

◆学问 xuéwèn　knowledge, learning
◆打工 dǎgōng　do a (temporary) job
◆挣钱 zhèngqián　earn money
◆供 gōng　supply
◆挤 jǐ　squeeze, press closely together
◆安排 ānpái　arrange, arrangement
◆短暂 duǎnzàn　of a short duration, transient

# 是　是……的　shì (be), shì…de (shì is used with de at the end of the sentence to indicate category, characteristic, etc.)

## 常见错误举例　Examples of common mistakes

1. 北京世界有名的城市。
2. 那本书是中文。
3. 我想你最近是很忙了。
4. 他的中文水平是怎么样?
5. 这支圆珠笔♦是红,不是蓝。　　◆圆珠笔 yuánzhūbǐ　ballpoint pen
6. 这件事他是告诉我的。

## 解析　Explanatory notes

> "是",是特殊动词,主要起肯定和联系作用,并可以表示多种关系,它在句子中的作用比较复杂。"是"的基本用法,可参见"是、在"。
> Shì is a special verb, mainly performing an affirmative and linking function, and it expresses many kinds of relations. Its function in a sentence is rather complicated. For the basic usages of shì, please refer to the previous entry of shì and zài.

1. "是"作谓语的句子,"是"有时可省略。但这类句子比较特殊,有些需要具备一定条件,比如表示领有,主语限于名词,这个"是"类似"有";有的表示对主语的描写或说明;有的在口语中,主语后有较长的停顿,书面上常有顿号。

   In a sentence in which shì is the predicate, the word shì can sometimes be omitted. However, these sentences are rather special, and come with certain conditions. For instance, to express possession, its subject is restricted to nouns, and shì used this way is similar to yǒu (there be). Sometimes it expresses a description or explanation of the subject. Sometimes in oral Chinese, there is a longer pause after the subject, and this can often be reflected by a slight pause mark (、).

   例如:(1)今天(是)星期三。/今天星期三。

   (2)今天(是)国庆节。

（3）我们（是）一儿一女。

（4）你的婚礼，我（是）一定要去的。

（5）北京、世界有名的城市。

➡ 2. "是……的"，是一种常见用法。"是"是谓语，"的"和它前面的名词／动词／形容词／短语，常常组合为"的"字结构。"是"作为动词，联系前后两个部分，作出判断。

Shì… de is a frequently used structure. Shì is the predicate, and de, together with the noun/verb/adjective/phrase before it, forms a structure with de. Shì, as a verb, links the two parts before and after it to make a judgement.

例如：（1）那本书是我买的。

（2）那条路是鹅卵石铺成的。

（3）这支笔是红的，不是蓝的。

（4）我是学中文的，他是学画画的。

（5）这束花是他送给你的。

例句（1）（2）（5）强调状语"我""鹅卵石""他"，例句（3）（4）强调人或事的类别，有分类的作用。

In the Examples (1), (2), (5), the adverbials wǒ, éluǎnshí and tā are stressed. In the Examples (3) and (4), the structure emphasizes the categories of people or things and functions as classification.

➡ 3. "是……的"句式的使用，有时是为了强调某些意思，"是"有"的确、确实"的意思，要重读。

The structure shì…de is sometimes used for emphasis. Here shì has the meaning of really, or indeed, and it has to be stressed when pronounced.

例如：（1）是他帮你买到火车票的。

（2）是老师帮助我纠正汉语发音的。

（3）这件事是他去办的。

（4）我是在美国读大学生时开始学习汉语的。

▶ 练习 Exercises

◎改正"常见错误举例"中的错误。
**Correct the mistakes in the "Examples of common mistakes".**

◎ 把"是"或"是……的"填入下列各句的适当位置。
Insert shì or shì …de at the appropriate place in each of the following sentences.

1. 我送的这件衣服爸爸妈妈的生日礼物。
2. 他告诉我你已经结婚了。
3. 这个座位谁?
4. 这个电话谁打来?
5. 你什么时候开始学习汉语?
6. 这个好办法!
7. 我自己打工挣钱来中国旅行。
8. 在多数外国人的心目◆中,中国个神秘◆的国家。
9. 他一位出色◆的电影演员◆。
10. 饺子◆许多人爱吃的食品◆。

◆ 心目 xīnmù  mind, view
◆ 神秘 shénmì  mysterious
◆ 出色 chūsè  outstanding
◆ 演员 yǎnyuán  actor
◆ 饺子 jiǎozi  jiaozi, Chinese dumpling
◆ 食品 shípǐn  food

# 是 在 shì (be), zài (exist, taking an object that indicates location)

## ▶ 常见错误举例　Examples of common mistakes

1. 你的家是哪儿?
2. 学校是医院的后边。
3. 我们的办公楼是实验室◆和餐厅◆的中间。
4. 去动物园是哪儿换车◆?

◆ 实验室 shíyànshì  laboratory
◆ 餐厅 cāntīng  dining hall
◆ 换车 huànchē  change buses

## ▶ 解析　Explanatory notes

"是""在"都是动词,都可作谓语。
Both shì and zài are verbs and they can both be used as predicates.

➡ 1. "是"表示存在于某处的是什么；"在"作动词用时，可带表处所的宾语，表示人或物存在于某处。

Shì indicates what exists somewhere. When zài is used as a verb, it also expresses existence. It can take an object that indicates location to express where a person or thing exists.

例如：（1）你的家在哪儿？
　　　　哪儿是你的家？
　　（2）学校在医院后边。
　　　　医院后边是学校。

例句（1）和（2）两组的意思是一样的，但说话人的语气或关注的重心不同，所以表达方式不同，要注意主语和宾语位置上的表达内容。如问："学校在哪儿？"回答应该是："学校在医院后边。"因为问话人关注的重心是"在哪儿？"回答的重心自然也该是"在哪儿（在医院后边）"。如果回答"医院后边是学校"，就不合适了，因为这句话的重心在"是什么（是学校）。"

Examples (1) and (2) have the same meaning, so do Examples (3) and (4). However, they express different tones or emphases, and therefore, they have different modes of expression. We have to pay attention to the meaning expressed by the location of the subject and the object. For instance, if the question is: "Where is the school?" The answer should be: "It is behind the hospital" (using zài), because the emphasis of the question is: "Where is it?" Therefore, the focus of the reply should be the location (behind the hospital). If your reply is "Behind the hospital is the school" (using shì), it would be inappropriate, as the focus is on "what is… (whether it is a school or a …)".

➡ 2. "是"联系两种事物，表示肯定、判断，表明两者同一，这类句子，前后两项可以互换，意思不变；如果表示后者说明前者的种类、属性时，前后两项不能互换。试比较下面两组例句：

Shì can be used to link two things, indicating affirmation and judgement, saying that the two are identical. In these sentences the two items can change order without changing the sentence meaning. When it is used to indicate that the latter is a type or a property of the former, the two things cannot change order. Please compare the following two pairs of examples.

（1）王先生是谁？
　　　谁是王先生？
（2）王先生是北京大学的老师。
　　　北京大学的老师是王先生。✗

第一组，前后两项互换，意思不变；第二组，前后两项互换后，成了病句，因为北京大学的老师有很多，前后两项不等同。

In the first pair the two items can change order without changing the sentences meaning. In the second pair, it is a mistake if we swap the places of the two items as Peking University has many teachers and the two items mentioned are not identical.

➡ 3. "在"作动词也可单纯表示存在，不能带宾语，可单独回答问题。

Zài can be used to simply indicate existence. In this case, it cannot take an object, but can be used on its own to answer questions.

例如：（1）请问，王老师在吗？
在。/他不在，办事去了。
（2）那份文件还在吗？
在，我放在办公室了。

▶ 练习　Exercises

◎ 改正"常见错误举例"中的错误。
Correct the mistakes in the "Examples of common mistakes".

◎ 选词填空。
Fill in the blanks with the appropriate words.

（是　在）

1. 你_____哪儿人？
2. 你_____哪儿？
3. 你_____哪儿的？
4. 商店后边_____什么？
5. _____你左边的人_____谁？
6. 你_____这儿做什么？
7. 我_____台湾◆学的汉语。　　◆台湾 Táiwān　Taiwan
8. 我们的学校_____医院附近。
9. 实验室和餐厅的中间_____我们的办公楼。
10. 你要找的那份资料◆，昨天还_____，今天就不_____了，真是活见鬼◆了！

◆资料 zīliào　material, information
◆活见鬼 huójiànguǐ　simply absurd

# 参考答案 Reference Answers

## 十分　非常

**改正"常见错误举例"中的错误。**
Correct the mistakes in the "Examples of common mistakes".
1. 今天她不十分高兴。
2. 这次见面，两人都非常激动。（删"很"　The word hěn should be deleted.）
3. 吃了药以后，他睡得非常好。
4. 老师对我们这次的考试成绩非常满意。（删"很"　The word hěn should be deleted.）

**选词填空。**
Fill in the blanks with the appropriate words.
（非常　十分）
1. 谢谢，这次我十分／非常不想去，就不麻烦你了。
2. 你这样做影响非常不好。
3. 学生对老师上课不十分满意。
4. 你做这种工作非常不合适。
5. 你最近工作不十分忙，可以抽时间去旅行。
6. 他很有钱，但穿着不十分讲究。
7. 能参加这样的高级会谈非常不容易，你千万别错过机会。
8. 他讲汉语不十分流利，但在中国生活、工作没太大困难。

## 什么　怎么

**改正"常见错误举例"中的错误。**
Correct the mistakes in the "Examples of common mistakes".

1. 今天吃什么？（"什么"位置不对　Shénme is wrongly placed.）
2. 烤鸭怎么吃？
3. 这件衣服怎么洗？
4. 结婚准备什么了？（"什么"位置不对　Shénme is wrongly placed.）

**选词填空。**

Fill in the blanks with the appropriate words.

（什么　怎么）

1. 这种布料的衣服怎么洗，你问她吧，她知道。
2. 这屋子怎么装修，买什么家具，他都听太太的。
3. 我们大家正在商量，应该怎么帮助他。
4. 为了多挣钱，给爸爸治病，他什么苦都吃过。
5. 在市场上闯荡了这么多年，他什么场面没见过。
6. 孩子大了，个性强了，怎么教育孩子，成了大问题。
7. 他现在正生气，你说什么他都听不进去。
8. 你说的这个故事没什么新鲜的。
9. 我们做了什么，要遭受这样的惩罚！
10. 这个问题，你怎么看，说说你的看法。

# 什么样　怎么样

**改正"常见错误举例"中的错误。**

Correct the mistakes in the "Examples of common mistakes".

1. 你怎么样，忙吗？
2. 他们打算怎么办？
3. 他是个什么样的人你应该清楚。
4. 你喜欢什么样的花？

**选词填空。**

Fill in the blanks with the appropriate words.

（什么　怎么　什么样　怎么样）

1. 你对什么样的工作感兴趣？

2. 什么样的困难也吓不倒他!
3. 怎么样,你俩的关系好一点了吗?
4. 你有什么样的本事,你自己最清楚。
5. 你出国留学的事办得怎么样了?
6. 让他给你当网球教练怎么样?我看不怎么样!
7. 你今天感觉怎么样?需要什么,你尽管说。
8. 女人十分讲究,什么样的上衣,配什么样的裙子,穿什么颜色的皮鞋,挎什么款式的手袋。
9. 一个人究竟怎么样,不只要看他说什么,更要看他做什么,怎么做。
10. 有的人不真诚,不讲道德,你能把他怎么样?

# 时间　时候

**改正"常见错误举例"中的错误。**
Correct the mistakes in "Examples of common mistakes".
1. 开车去需要多少时间?
2. 明天去长城什么时候出发?
3. 我刚到中国的时候,一句中国话都不会说。
4. 我在学校门口等了很长时间,始终没见你。
5. 对不起,我记错约会的时间了。

**选词填空。**
Fill in the blanks with the appropriate words.
（时间　时候）
1. 什么时候说什么话,见什么人说什么话,这也是学问。
2. 时间不等人,快干吧。
3. 两年前的这个时候我第一次来中国。
4. 我像你这么大的时候,早打工挣钱供自己上大学了。
5. 工作再忙也要挤时间看报。
6. 火车什么时候到?
7. 他把一天的时间安排得太满了,一点休息时间都没有。
8. 等人的时候,时间过得最慢。

9. 人的一生很短暂，要学会珍惜时间。
10. 你的时间太宝贵，我不想多占你的时间。

## 是　是……的

**改正"常见错误举例"中的错误。**
Correct the mistakes in "Examples of common mistakes".
1. 北京是世界有名的城市。
2. 那本书是中文的。
3. 我想你最近很忙。（多了"是"　The word shì should be deleted.）
4. 他的中文水平怎么样？（多了"是"　The word shì should be deleted.）
5. 这支圆珠笔是红的，不是蓝的。
6. 这件事是他告诉我的。（"是"的位置不对　The word shì is wrongly placed.）

**把"是"或"是……的"填入下列各句的适当位置。**
Insert shì or shì...de at the appropriate place in each of the following sentences.
1. 我送的这件衣服是爸爸妈妈的生日礼物。
2. 是他告诉我你已经结婚了。
3. 这个座位是谁的？
4. 这个电话是谁打来的？
5. 你是什么时候开始学习汉语的？
6. 这是个好办法！
7. 我是自己打工挣钱来中国旅行的。
8. 在多数外国人的心目中，中国是个神秘的国家。
9. 他是一位出色的电影演员。
10. 饺子是许多人爱吃的食品。

## 是　在

**改正"常见错误举例"中的错误。**
Correct the mistakes in the "Examples of common mistakes".

1. 你的家在哪儿？（以英语为母语的学生受母语影响　Influence of the English mother tongue.）
2. 学校在医院的后边。
3. 我们的办公楼在实验室和餐厅的中间。
4. 去动物园在哪儿换车？

**选词填空**。

Fill in the blanks with the appropriate words.

（是　在）

1. 你是哪儿人？
2. 你在哪儿？
3. 你是哪儿的？
4. 商店后边是什么？
5. 在你左边的人是谁？
6. 你在这儿做什么？
7. 我在台湾学的汉语。
8. 我们的学校在医院附近。
9. 实验室和餐厅的中间是我们的办公楼。
10. 你要找的那份资料，昨天还在，今天就不在了，真是活见鬼了！

# 挑 选 挑选
## tiāo, xuǎn, tiāoxuǎn (choose, select)

▶ **常见错误举例  Examples of common mistakes**

1. 你怎么选这么一个人作男朋友？
2. 卖菜的最怕她来买东西，选来选去，半天也买不成。
3. 她在服装商店转来转去，选花了眼◆，也没选中一件衣服。    ◆花了眼 huāleyǎn  be dazzled
4. 她都三十好几了，还是没选到意中人◆。    ◆意中人 yìzhōngrén  Mr Right
5. 你选的这条领带，颜色和西装◆不配。    ◆西装 xīzhuàng  Western-style suit

▶ **解析  Explanatory notes**

> "挑"和"选"，都是动词，意思都是从若干人或物中找出最合心意、最合要求的。"挑"和"选"还组成联合结构的动词"挑选"，意思也一样。三个词常常可以互换。
>
> Both tiāo and xuǎn are verbs and they both mean selecting from a number of people or things the one that is most satisfying or most requested. Tiāo and xuǎn can also be combined to become tiāoxuǎn, which is a compound verb and has the same meaning as tiāo and xuǎn. These three words are often interchangeable.

例如：（1）我这里的水果，大家可以随便挑 / 选 / 挑选。
      （2）这些小伙子，一般高，一样帅气，是从上万名大学生中挑 / 选 / 挑选出来的。
      （3）团长宣布，要挑 / 选 / 挑选若干男、女演员排演新戏。

但"挑""选"的意义和用法不完全相同，许多时候不能互换。"挑"有"挑拣、挑剔"的意思，即根据个人的好恶选择或过分在细小处找毛病。"选"没有这样的意思。"选"又有"选举"的意思，即选出并推荐的意思，"挑"没有这个意思。

But tiāo and xuǎn are not exactly the same in meaning and usage, and on many occasions they cannot be used interchangeably. Tiāo has the implication of picking and choosing or nit-picking, that is, choosing according to personal likes and dislikes or going far to find small defects, while xuǎn does not have this meaning. Xuǎn also has the meaning of electing, that is, to elect and recommend, while tiāo does not have this meaning.

例如：（1）做妻子的不能总挑丈夫的毛病，尤其是在公众面前。
（2）她想结婚，挑来挑去，挑花了眼，转眼就成了大龄单身女人了。
（3）同学们一致选王强当班长。
（4）今年的全球选美活动将在上海举行。

## 练习 Exercises

◎ 改正"常见错误举例"中的错误。
Correct the mistakes in the "Examples of common mistakes".

◎ 选词填空。
Fill in the blanks with the appropriate words.

（挑 选 挑选）

1. 这孩子吃饭_____食，所以身体不好。
2. 她跑遍了城里的婚纱◆店，也没有_____到一件中意◆的婚纱。
3. 参加比赛的都是各班_____出来的优秀◆学生。
4. 做人，不能总是睁大眼睛_____别人身上的毛病。
5. 刚毕业找工作不能期望值太高，_____肥拣◆瘦，否则难免◆碰壁◆。
6. 那位演◆王子◆的芭蕾舞◆演员，真是百里_____一的帅◆小伙子。
7. 现在全国农村的村官◆都是村民自己_____的，不再是上级◆任命◆了。
8. _____好脾气的婆婆◆，_____长得帅又有钱的男人，终于把自己_____成了大龄单身◆女人。
9. 班长宣布，要_____几名同学参加高校◆汉语比赛。
10. 人都有这样的经历。在需要作抉择的时候，_____来_____去，结果往往是最糟糕的。

◆ 婚纱 hūnshā wedding dress
◆ 中意 zhòngyì satisfactory
◆ 优秀 yōuxiù excellent
◆ 拣 jiǎn choose, select
◆ 难免 nánmiǎn inevitably
◆ 碰壁 pèngbì meet with a rebuff
◆ 王子 wángzǐ prince
◆ 演 yǎn play (a role)
◆ 芭蕾舞 bāléiwǔ ballet
◆ 帅 shuài handsome, elegant
◆ 村官 cūnguān village official
◆ 上级 shàngjí superior
◆ 任命 rènmìng appoint
◆ 婆婆 pópo mother-in-law
◆ 单身 dānshēn single
◆ 高校 gāoxiào institutions of higher learning, universities and colleges

# 通过　经过　tōngguò, jīngguò
# （through, pass, pass through）

## ▶ 常见错误举例　Examples of common mistakes

1. 通过一年多的努力，她汉语水平提高很快。
2. 经过学生代表把我们的意见转达◆给老师。　　◆转达 zhuǎndá　convey
3. 学生经过阅读这些课外读物，大大提高了汉语水平。
4. 他俩是经过我介绍才认识的。
5. 经过参观访问和中国朋友交谈，我们增进◆了对中国的了解。　　◆增进 zēngjìn　enhance, promote

## ▶ 解析　Explanatory notes

> "经过"和"通过"，意思十分近似，《现代汉语词典》解释"经过"的第一义项就是"通过"两个字。但在实际语言环境中，"经过"和"通过"还是有一些不同的。
>
> Jīngguò and tōngguò have very similar meanings. In the *Contemporary Chinese Dictionary*, the first description given to explain the meaning of jīngguò is tōngguò. But in the actual language environment, there are still some differences between jīngguò and tōngguò.

➡ 1. 两个词都可以作介词用，"通过"的介词宾语多是人、事、活动、方式等，而"经过"的介词宾语多是经历、过程。试比较下面的句子：

Both of them can be used as a preposition. The prepositional object after tōngguò usually indicates a person, a thing, an activity or a way, while the prepositional object after jīngguò usually indicates an experience or a process.

例如：（1）通过考试选拔人才。
　　　（2）通过广告向顾客推销商品。
　　　（3）经过多年的努力，他当上了公司总经理。
　　　（4）经过紧张的抢救，他终于醒过来了。

"经过"和"通过"常常可以通用互换，但意思略有不同，"通过"侧重于方式、手段，"经过"侧重于经历、过程。

Tōngguò and jīngguò can often be used interchangeably, but with slightly different meanings. Tōngguò tends to emphasize the ways and means while jīngguò tends to emphasize the experiences and processes.

例如：（1）经过/通过座谈，大家取得了一致意见。

（2）经过/通过反复协商，双方在合同上签了字。

➡ 2. 两个词都可以作动词用，都有由某处到某处的意思。这类句子中的"经过"和"通过"一般都不能互换，有的句子虽然可以互换，但意思就不一样了。

Both of them can be used as verbs, having the meaning of passing from one place to another. In such sentences, jīngguò and tōngguò are normally not interchangeable. In some sentences, when they are swapped, their meaning changes.

例如：（1）今天我经过你家，没时间进去看你。

（2）62路公共汽车要经过我们学校。

（3）从北京去上海要经过南京。

（4）他这次考试已经通过。

（5）我的签证申请通过代办处交给了美国大使馆。

（6）外宾车队已经通过了天安门广场。

## ➤ 练习 Exercises

◎ **改正"常见错误举例"中的错误。**
Correct the mistakes in the "Examples of common mistakes".

◎ **选词填空。**
Fill in the blanks with the appropriate words.

**（经过 通过）**

1. 我们_____广交中国朋友，练习汉语口语。
2. _____阅读课文，我们学习语法。
3. _____实地考察◆，才能有感性◆认识。

◆考察 kǎochá　inspect, investigate
◆感性 gǎnxìng　perceptual

4. 只有_____多说多练，才能完全掌握技巧。
5. 被我公司聘用◆的人，除了要_____笔试，还要_____面试。

◆聘用 pìnyòng　employ, engage

6. _____三个月的试用，他被录用◆了。

◆录用 lùyòng　employ, take somebody on the staff

7. 大佛◆_____多年的日晒雨淋◆，已经面目全非◆了。
8. _____他多方努力，机票终于订到了。
9. 他俩_____了漫长◆的等待，终于走到了一起。
10. _____比较，大家提高了对同类商品的鉴别◆能力◆。

◆ 大佛 dàfó   a great statue of Buddha
◆ 日晒雨淋 rìshài-yǔlín   exposed to the sun and rain
◆ 面目全非 miànmùquánfēi   beyond recognition
◆ 漫长 màncháng   long, endlessly
◆ 鉴别 jiànbié   distinguish, appraise
◆ 能力 nénglì   ability, faculty

# 同意　允许
## tóngyì (agree), yǔnxǔ (permit, allow)

### ▶ 常见错误举例　Examples of common mistakes

1. 他的这种做法我不允许。
2. 父母不同意孩子说假话◆。　　◆ 假话 jiǎhuà   lie, falsehood
3. 爸爸的书桌不同意我们乱动。
4. 老师不同意上课时学生随便离开教室。
5. 展览会上的展品不同意参观者用手触摸◆。　　◆ 触摸 chùmō   touch

### ▶ 解析　Explanatory notes

"同意"和"允许"都有表示许可某人做某事的意思，有时可以互换。
Both tóngyì and yǔnxǔ express the meaning of permitting someone to do something, and they are sometimes interchangeable.

例如：（1）爸爸妈妈允许/同意我来中国留学。
　　　（2）学校允许/同意学生用业余时间打工。

（3）老师允许/同意我们周末开舞会。
（4）学校允许/同意老师到校外兼职。

➡ 1. "允许"和"同意"，语气的轻重有明显不同，"允许"语气较重，有"准许""批准"的意思，是公文里的用语和语气，行为双方常处于领导与被领导、上下级、长幼等不等同的地位。下面例句中的"允许"不能用"同意"替换。

However, yǔnxǔ and tóngyì have obvious differences in the severity of their tones. Yǔnxǔ is more severe, carrying with it the meaning of permitting or approving. It is the language used for an official document. The two sides of the action are often unequal, such as between leaders and followers, between the dominant and the subordinate, and the old and the young. In the following examples, yǔnxǔ cannot be replaced by tóngyì.

例如：（1）政府不允许公务员经商。
（2）学校不允许学生考试作弊。
（3）公司绝不允许任何员工故意泄漏商业秘密。
（4）人民绝不允许坏人逍遥法外。

➡ 2. 对别人的主张表示赞成或持相同的意见，"允许"没有这层意思。

Tóngyì indicates agreement with others' ideas or holding the same opinion, while yǔnxǔ does not have this meaning.

例如：（1）我完全同意他的意见。
（2）大家同意的话请举手。
（3）公司同意了我们要求增加工资的方案。
（4）公司同意借一笔钱给我们周转。

## 练习 Exercises

◎ 改正"常见错误举例"中的错误。
Correct the mistakes in the "Examples of common mistakes".

◎ 选词填空。
Fill in the blanks with the appropriate words.

（同意　允许）

1. 他们的家教◆很严◆，来了客人，不_____孩子们随便插话◆。
2. 不得到主人的_____不能随便使用主人的卫生间。
3. 政策_____的话，我们就_____你去校外兼职◆。
4. 许多家长都不_____自己的孩子利用业余◆时间去打工。
5. 私人住宅◆，不经主人____，不得入内。
6. 记者采访◆，必须征得被采访者的_____。
7. 我们应该_____别人发表不同意见。
8. 银行____借一笔周转◆资金给我们。
9. 任何公司都不会_____自己的员工故意◆泄漏◆公司的商业◆秘密◆。
10. 病人家属不在手术单上签字◆表示____，医生不能擅自做手术。

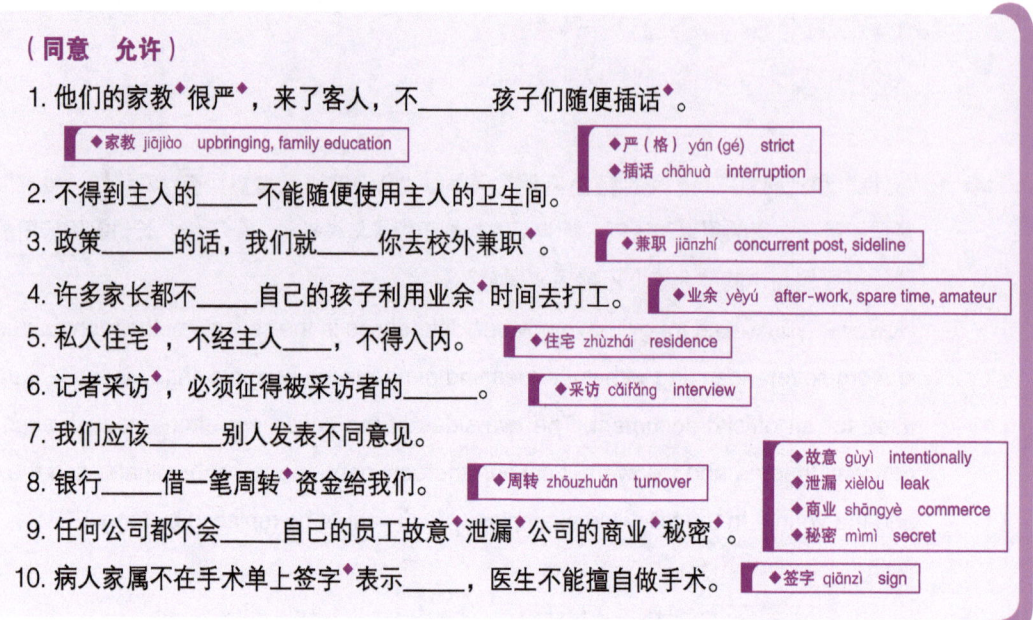

# 参考答案 Reference Answers

## 挑 选 挑选

**改正"常见错误举例"中的错误。**
Correct the mistakes in the "Examples of common mistakes".
1. 你怎么挑这么一个人作男朋友?
2. 卖菜的最怕她来买东西,挑来挑去,半天也买不成。
3. 她在服装商店转来转去,挑花了眼,也没挑中一件衣服。
4. 她都三十好几了,还是没挑到意中人。
5. 你挑的这条领带,颜色和西装不配。

**选词填空。**
Fill in the blanks with the appropriate words.
(挑 选 挑选)
1. 这孩子吃饭挑食,所以身体不好。
2. 她跑遍了城里的婚纱店,也没有挑到一件中意的婚纱。
3. 参加比赛的都是各班选／挑选出来的优秀学生。
4. 做人,不能总是睁大眼睛挑别人身上的毛病。
5. 刚毕业找工作不能期望值太高,挑肥拣瘦,否则难免碰壁。
6. 那位演王子的芭蕾舞演员,真是百里挑一的帅小伙子。
7. 现在全国农村的村官都是村民自己选的,不再是上级任命了。
8. 挑好脾气的婆婆,挑长得帅又有钱的男人,终于把自己挑成了大龄单身女人。
9. 班长宣布,要挑／选／挑选几名同学参加高校汉语比赛。
10. 人都有这样的经历。在需要作抉择的时候,挑来挑去,结果往往是最糟糕的。

## 通过 经过

**改正"常见错误举例"中的错误。**
Correct the mistakes in the "Examples of common mistakes".

1. 经过一年多的努力，她汉语水平提高很快。
2. 通过学生代表把我们的意见转达给老师。
3. 学生通过阅读这些课外读物，大大提高了汉语水平。
4. 他俩是通过我介绍才认识的。
5. 通过参观访问和中国朋友交谈，我们增进了对中国的了解。

**选择填空。**
Fill in the blanks with the appropriate words.
1. 我们通过广交中国朋友，练习汉语口语。
2. 通过阅读课文，我们学习语法。
3. 经过实地考察，才能有感性认识。
4. 只有通过多说多练，才能完全掌握技巧。
5. 被我公司聘用的人，除了要通过笔试，还要通过面试。
6. 经过三个月的试用，他被录用了。
7. 大佛经过多年的日晒雨淋，已经面目全非了。
8. 经过 / 通过他多方努力，机票终于订到了。
9. 他俩经过了漫长的等待，终于走到了一起。
10. 经过比较，大家提高了对同类商品的鉴别能力。

## 同意　允许

**改正"常见错误举例"中的错误。**
Correct the mistakes in the "Examples of common mistakes".
1. 他的这种做法我不同意。
2. 父母不允许孩子说假话。
3. 爸爸的书桌不允许我们乱动。
4. 老师不允许上课时学生随便离开教室。
5. 展览会上的展品不允许参观者用手触摸。

**选词填空。**
Fill in the blanks with the appropriate words.

（同意　允许）
1. 他们的家教很严，来了客人，不允许孩子们随便插话。
2. 不得到主人的允许／同意不能随便使用主人的卫生间。
3. 政策允许的话，我们就同意你去校外兼职。
4. 许多家长都不允许／同意自己的孩子利用业余时间去打工。
5. 私人住宅，不经主人允许／同意，不得入内。
6. 记者采访，必须征得被采访者的同意。
7. 我们应该允许别人发表不同意见。
8. 银行同意借一笔周转资金给我们。
9. 任何公司都不会允许自己的员工故意泄漏公司的商业秘密。
10. 病人家属不在手术单上签字表示同意，医生不能擅自做手术。

# 为　为了　wèi (for), wèile (for the sake of)

### ▶ 常见错误举例　Examples of common mistakes

1. 他为了朋友去医院取药。
2. 为了儿子的成功而高兴。
3. 为了他能公费◆来中国学习汉语，他高兴得一夜没睡好。　◆公费 gōngfèi　at public expense
4. 为了妈妈不担心，他不敢说他已经失业◆一个月了。　◆失业 shīyè　unemployed
5. 为了他每天锻炼◆，他不长胖。　◆锻炼 duànliàn　exercise
6. 他周密安排旅行日程为了省钱省时间。
7. 我很高兴为你。
8. 同学们开生日晚会◆为了他。　◆晚会 wǎnhuì　party

### ▶ 解析　Explanatory notes

介词"为"：

The preposition wèi:

➡ 1. 介绍出行为的受益对象，相当于"替""给"。

It introduces the beneficiary of the action, meaning tì or gěi.

例如：（1）他为我去书店买书。
　　　（2）请你为他讲几句好话吧。

➡ 2. 表示动作的原因、目的。

It expresses the cause or purpose of the action.

例如：（1）父亲整天为养家挣钱。
　　　（2）为学中文他来中国。

介词"为了"，只有"为"的第二种用法，即引出动作或行为的目的。由"为了"组成的介宾词组常放在句首，用逗号隔开；也可放在主语后，谓语前。"常见错误句举例"中有些常见病句，是介词词组放置位置的错误。

The preposition wèile has only the second usage mentioned above. That is, it introduces the purpose of the action. The prepositional phrase introduced by wèile normally occurs at the beginning of a sentence, with a comma separating it from the sentence proper. It can also be placed after the subject, but before the predicate. In the examples of common mistakes, some are errors in the position of this prepositional phrase.

例如：（1）为帮助别人，他自己常常吃苦受累。

（2）他为了找回失去的市场，不惜花大钱登广告。

（3）为了了解中国，他学习汉语。

（4）商店为了方便顾客延长了营业时间。

所以，"为"和"为了"的区别，只在有没有第一种用法。有的句子，既可以用"为"，也可以用"为了"，意思却不同，请认真体会。

Therefore, the difference between wèi and wèile lies in the presence or absence of the first usage. In some sentences, both wèi and wèile can be used, but with different meanings.

## 练习　Exercises

◎ 改正上面"常见错误举例"中的错误。
**Correct the mistakes in the "Examples of common mistakes".**

◎ 选词填空。
**Fill in the blanks with the appropriate words.**

（为　为了）

1. ＿＿＿友谊，让我们干杯。

2. 我们都＿＿＿弟弟考上大学高兴。

3. 什么时候再不＿＿＿吃穿发愁♦，生活才算好。　　♦发愁 fāchóu　worry

4. 我这样做全是＿＿＿你好。

5. 请你以后再别＿＿＿我这么求人♦。　　♦求人 qiú rén　ask somebody for help

6. ＿＿＿提高♦自己的听力，他每天坚持♦听半小时广播♦。
　　♦提高 tígāo　raise, increase
　　♦坚持 jiānchí　persist
　　♦广播 guǎngbō　broadcast

7. ＿＿＿找到更理想♦的工作，他又去读大学了。　　♦理想 lǐxiǎng　ideal

#  Reference Answers

## 为 为了

**改正"常见错误举例"中的错误。**
**Correct the mistakes in the "Examples of common mistakes".**

1. 他为朋友去医院取药。(删"了"　The word le should be deleted.)
2. 为儿子的成功而高兴。(删"了"　The word le should be deleted.)
3. 为他能公费来中国学习汉语,他高兴得一夜没睡好。(删"了"　The word le should be deleted.)
4. 为了不长胖,他每天锻炼。(目的与结果的表达短语错误　Mistake in the relation between purpose and result.)
5. 为了省钱省时间,他周密安排旅行日程。("为了"短语应放句首　The phrase introduced by wèile should be placed at the beginning of the sentence.)
6. 我为你高兴。
7. 同学们为他开生日晚会。

**选词填空。**
**Fill in the blanks with the appropriate words.**
(为　为了)

1. 为了友谊,让我们干杯。
2. 我们都为弟弟考上大学高兴。
3. 什么时候再不为吃穿发愁,生活才算好。
4. 我这样做全是为了你好。
5. 请你以后再别为了我这么求人。
6. 为了提高自己的听力,他每天坚持听半小时广播。
7. 为了找到更理想的工作,他又去读大学了。

# 详细 仔细
## xiángxì (detailed), zǐxì (careful)

### ▶ 常见错误举例 Examples of common mistakes

1. 我详细地看了她一眼。
2. 我搜集的资料很仔细。　　◆搜集 sōují　gather, collect
3. 这个问题，我很详细地想了很久。
4. 更仔细的情况我也不知道。

### ▶ 解析 Explanatory notes

> "详细""仔细"都是形容词，都有周到、细致的意思。在同一个句子里，有时两个词都可以。
> Both xiángxì and zǐxì are adjectives with the meaning of being thoughtful and careful, and sometimes they can both be used in the same sentence.

例如：（1）他是怎么说的，你详细／仔细说一说。
　　　（2）你把会议内容详细／仔细给大家介绍一下。
　　　（3）请你仔细／详细地回答我的问题。
　　　（4）这个调查仔细／详细分析了整个事件。

但是，上面的例句，意思并不完全相同。"详细""仔细"的词义差异实际上很明显。"仔细"是形容做人、做事很细心、很周到，连最细小之处都能注意到。"详细"本义是审慎、细论，所以多用来形容论述的周密完备，资料的周密完备。下面例句中的"仔细""详细"就不能互换了。

Nevertheless, the above examples do not have exactly the same meaning. The semantic differences between xiángxì and zǐxì are quite obvious. Zǐxì is used to describe a person being very careful and thoughtful in dealing with people and things, paying attention even to the smallest details. The original meaning of xiángxì is detailed and elaborate, and it is often used to describe an elaborate and complete account or detailed and complete information. In the following examples, zǐxì and xiángxì are not interchangeable.

例如：（1）他是一个非常仔细的人。（做任何事都很注意细小处　Paying attention to all the small details）
　　　（2）别人给你钱时，你要仔细假钞。（细心、小心辨认　Being careful, distinguishing them carefully）

（3）这道数学题，你仔细算一算，别计算错了。（细心、小心计算　Being careful, do the calculations carefully）

（4）他为我提供了非常详细的资料。（资料周密完备　Detailed and complete data）

（5）昨天发生的事，我已经知道了，但详细情形我还不清楚。（事情完整周全　Complete details of a matter）

（6）你的报告一定要力求详细周密，不要让人家挑出毛病。（论述周密完备　Detailed and complete report）

## ▶ 练习　Exercises

◎ 改正"常见错误举例"中的错误。
Correct the mistakes in the "Examples of common mistakes".

◎ 选词填空。
Fill in the blanks with the appropriate words.

（详细　仔细）

1. 请你_____填写◆这张表格◆。　　◆填写 tiánxiě　fill in
　　　　　　　　　　　　　　　　　　◆表格 biǎogé　form
2. 你快说说_____的经过。
3. 医生在做手术时总是十分_____。
4. 我还不了解◆她的_____情况。　　◆了解 liǎojiě　understand, know
5. 你做题的时候_____点儿，别马马虎虎◆。　　◆马虎 mǎhu　careless, casual
6. 我仔细看过你的履历表◆了，写得很_____。　　◆履历表 lǚlìbiǎo　curriculum vitae, résumé
7. 你能把你的_____地址告诉我吗？请你_____地写在这里。
8. 他的毕业论文◆对自己的论点◆作了_____的论证◆。
　　◆论文 lùnwén　thesis, dissertation
　　◆论点 lùndiǎn　argument
　　◆论证 lùnzhèng　expound and prove
9. 她总是大大咧咧◆，过日子◆从来都不_____。
　　◆大大咧咧 dàda-liēliē　careless, casual
　　◆过日子 guò rìzi　lead a life
10. 世界各地都有大量假钞◆流通◆，拿到钱时可要_____辨认◆。
　　◆假钞 jiǎchāo　counterfeit money
　　◆流通 liútōng　circulation
　　◆辨认 biànrèn　distinguish

# 象 像
## xiàng (elephant), xiàng (be like)

### ▶ 常见错误举例 Examples of common mistakes

1. 你长得象爸爸还是象妈妈?
2. 这话你好象说过。
3. 她留给我的印像很深。
4. 房东大娘就象妈妈一样。

### ▶ 解析 Explanatory notes

"象",陆地上最大的动物的名称,"象"可作为一个独立的词单独使用,如"一头象";"象"还有仿效、模拟的意思。"像"是"象"分化出来的另一个字,两个字都有相似、相像的意思,古代、近代曾可通用;在现代规范化的汉语中,"象"和"像"是同音不同义的两个汉字,意义和用法都有明显区别,不能混用。

Xiàng (象) is an elephant, a giant animal. It can be used as an independent word on its own, such as yì tóu xiàng (an elephant). Xiàng (象) also means to imitate Xiàng. (像) is a word derived from xiàng (象). Both of them have the meaning of being alike or similar. They were interchangeable in ancient and modern times. In standard contemporary Chinese, they are homophones have obvious differences in meaning and usage and should not be mixed up.

➡ 1. "象"作为一个词素时,不能单独用,它必须与别的词素组合才能成为一个词,如"气象""景象""印象""形象""想象◆""象征◆"等等。

◆想象 xiǎngxiàng   imagine
◆象征 xiàngzhēng   symbol, symbolic

Xiàng (象), when used as a morpheme, cannot be used on its own. It has to combine with other morphemes to form a word, such as qìxiàng (weather), jǐngxiàng (scene), yìnxiàng (impression), xíngxiàng (image), xiǎngxiàng (imagine), xiàngzhēng (symbolic), etc.

➡ 2. "像"的主要含义有三个。(1)名词,比照人或物制成的形象,如画像、图像,"这是一张人物画像";(2)动词,相似,在形象上有某些相同点,如:她长得像她姐姐。(3)副词,好像,有些像,如:天好像要下雨了!他们俩好像多年没见的老朋友。

Xiàng（像）has three meanings: (1) It is a noun which means an image made according to the apearance of a person or an animal, as in huàxiàng (portrait), túxiàng (image), zhè shì yì zhāng rénwù huàxiàng (This is a character portrait), etc. (2) It is a verb meaning being alike or having some similarities, as in tā zhǎngde xiàng tā jiějie (She looks like her sister). (3) It is an adverb meaning like or somewhat like, as in tiān hǎoxiàng yào xiàyǔ le (It looks like rain), tāmen liǎ hǎoxiàng duō nián méi jiàn de lǎo péngyou (They two seem to be old friends who have not seen each other for years).

## 练习　Exercises

◎ 改正"常见错误举例"中的错误。
Correct the mistakes in the "Examples of common mistakes".

◎ 选词填空。
Fill in the blanks with the appropriate words.

（象　像　气象◆　象征　想象　音像　印象）　◆气象 qìxiàng　atmosphere

1. 快走，____要下雨了！
2. 她长得太漂亮了，____电影明星◆一样。　◆明星 míngxīng　star
3. 这是一家卖____制品◆的商店。　◆制品 zhìpǐn　product
4. 他的这个创意◆非常有____力。　◆创意 chuàngyì　innovation, creative idea
5. 他在非洲◆旅行，曾经骑着大____，穿过◆野生◆动物保护区。
   ◆非洲 Fēizhōu　Africa
   ◆穿过 chuānguò　go through
   ◆野生 yěshēng　wild
6. 他们刚认识，就____多年未◆见的老朋友，无话不谈。　◆未 wèi　not, have not
7. 北京人的好客，北京城的美丽，给我留下了深刻◆____。　◆深刻 shēnkè　deep, profound
8. 春天来了，到处都是欣欣向荣◆的新____。　◆欣欣向荣 xīnxīnxiàngróng　thriving, flourishing
9. 奥运会的吉祥物◆，是世界和平、友谊的____。　◆吉祥物 jíxiángwù　mascot
10. 现在的年轻人再也不会____他们的父辈◆那样生活了。　◆父辈 fùbèi　father's generation

# 些 一些 点儿
## xiē, yìxiē, diǎnr (some)

### ▶ 常见错误举例　Examples of common mistakes

1. 你应该作让步*一些。　　◆让步 ràngbù　concede, concession
2. 一些他的衣服放在我这儿。
3. 我听说过他一些的情况。
4. 老师，有点儿地方我没听懂。
5. 有点儿东西我不要了，你有用拿去用吧！

### ▶ 解析　Explanatory notes

> "些""一些""点儿"，都是量词，表示不定量或少量。表示少量时，前面数词限于"一"。
> Xiē, yìxiē and diǎnr are all measure words, expressing an indefinite or a small quantity. When they are used to express a small quantity, the numeral preceding them is restricted to yì (one) only.

例如：（1）买一些茶叶带回去。
　　　（2）他说了些什么？
　　　（3）父亲留下一些钱走了。
　　　（4）北京冬天一点儿都不冷。

常和量词"些"配搭的词：
Words that are often collocated with xiē:

➡ 1. 量词"些"前面的数词，只用"一"，不能加其他数词。口语中常省去"一"。
The numeral preceding xiē is restricted to yì (one) only. No other numerals can be used. The word yì is often omitted in colloquial Chinese.

➡ 2. 量词"些"常和"有""某""这""那""前"等组合。例如"有些人""有些事"；"某些人""某些事"；"这些人""这些事"；"那些人""那些事"等。这些组合常在句子中作主语。

Xiē is often collocated with such words as yǒu, mǒu, zhè, nà, and qián, as in yǒuxiē rén (some people), yǒuxiē shì (some things), mǒuxiē rén (certain people), mǒuxiē shì (certain things), zhèxiērén (these people), zhèxiē shì (these things), nàxiē rén (those people), nàxiē shì (those things), etc. These collocations often perform the function of a subject in a sentence.

例如：（1）有些人总爱说谎。

（2）某些社会现象实在让人烦。

"一些"的意义和用法与"些"基本相同，口语中常说"些"，"一些"常常省去"一"。"点儿"也是表少量的量词，但和"些"的区别较明显。

Yìxiē has similar meanings and usages to xiē. In colloquial Chinese we often omit yì and use xiē. Diǎnr is also a measure word indicating a small quantity, but there are quite obvious differences between diǎnr and xiē.

➡ 1. "些"可表示不定量，但不一定很少；而"点儿"表示的都是少量。

Xiē can express an indefinite quantity, not necessary a very small one, while diǎnr only expresses a small quantity.

例如：（1）你先走吧，我还要和经理说点儿事儿。（可能是一件事　Maybe one thing only）

（2）你先走吧，我还要和经理说些事儿。（可能不只一件事　Maybe more than one thing）

➡ 2. "些"可用于可计数的事物；"点儿"不常用，而常与"这、那、有"连用。

Xiē can be used with a countable noun, while diǎnr is not often used this way. Diǎnr is often collocated with zhè, nà, and yǒu.

例如：你看，一些人在跳舞！（√）

你看，一点儿人在跳舞。（×）

你看，就这点儿人在跳舞！（√）

今天有点儿冷。（√）

➡ 3. 这/那些＋名词，是单纯复数（中性），不涉及数量的多或少；"这点儿＋名词"，强调少。

The format [zhè (nà) xiē + noun] just indicates a plural. It gives no indication as to whether the quantity is large or small. The format [zhèdiǎnr + noun] emphasizes that the quantity is small.

## 练习　Exercises

◎ 改正"常见错误举例"中的错误。
Correct the mistakes in the "Examples of common mistakes".

◎ 选词填空。
Fill in the blanks with the appropriate words.

（些　一些　点儿　一点儿）

1. 我还有_____钱，不买东西，吃饭够了。
2. 有_____情况还不清楚，不能下结论。
3. 我有_____事想找你谈谈。
4. 你就给这_____钱，糊弄谁啊！　　◆糊弄 hùnong　fool, deceive
5. 有_____话不方便◆当面◆说，倒是写信好。
6. 你的演讲很好，_____毛病◆都没有。

◆方便 fāngbiàn　convenient
◆当面 dāngmiàn　in somebody's presence, to somebody's face
◆毛病 máobìng　weakness, blunder

7. 在北京我还有_____朋友，有难事可请他们帮助。
8. 这_____事不用你，我自己一个人能做完。
9. 这_____困难，我们事先◆没估计◆到。

◆事先 shìxiān　beforehand
◆估计 gūjì　estimate, reckon

10. 这_____路都走不动，还能干什么？

# 形势　趋势　趋向
xíngshì (situation), qūshì (trend), qūxiàng (trend, tend to)

## 常见错误举例　Examples of common mistakes

1. 我的意见趋势他。
2. 公司目前的趋向不太好。
3. 股票市场的趋势在恶化。
4. 现在就业趋势很严峻◆。　　◆严峻 yánjùn　stern, severe

## ▶ 解析　Explanatory notes

"形势"和"趋势"中的"势"本义是大的权力，如现在常说的"势如破竹""仗势欺人""有钱有势"就是用的本义，后引申为力量发展的趋向和呈现出的局面。"形"的本义就是形状、样子，"形势"的两个词素意思一样，是联合结构词，意思就是事物呈现出来的状况、局面、样子。"趋"的本义是小步快走以表示恭敬，后引申为奔向、归向。因此，"趋势"的意思就是"小步快走的样子、状态"，换句话说就是事物发展呈现出的状况、局面、样子；"趋向"的意思就是"小步快走表现出来的奔赴方向"，换句话说就是事物发展所奔赴的方向。所以，三个词的区别对待十分明显。下面例句中的"形势"和"趋势""趋向"不能互换。

The character shì in xíngshì, and qūshì originally referred of a large amout of power. In such idiomatic expressions as shìrúpòzhú (to be like splitting bamboo), zhàngshì-qīrén (to take advantage of power to bully people), yǒuqián-yǒushì (rich and powerful), the character shì still has its original meaning. However, over time its meaning has been extended to also mean developing trends and current situations. The character xíng originally meant shape or appearance. The two morphemes of the word xíngshì put together are a compound structure and they have the same meaning, that is, the state, situation or appearance of things. The original meaning of the character qū was to walk in fast small steps to show reverence; later, it was extended to mean "running towards" or "turning towards". Therefore, qūshì means "the state or appearance of fast small steps", or in other words, the state or situation presented by the development of things. Qūxiàng means "the direction as shown by fast small steps", or in other words, the direction of the development of things. The distinction between the three words is therefore obvious. In the following examples, xíngshì, qūshì and qūxiàng cannot be used interchangeably.

例如：（1）股票市场的形势在进一步恶化。
　　　（2）搞外贸的人时刻关注着国际形势的变化。
　　　（3）全球气候变暖的趋势/趋向令人忧虑。
　　　（4）目前的经济形势很好，但看发展的趋势/趋向，存在着很大危机。

➡　"趋势""趋向"都作名词用，有时可通用，如上面的例（3）（4）。但如果说侧重于说明一种发展形势时，"趋向"不能替换"趋势"。"趋向"作动词时，"趋势"也不能替换成"趋向"。

Both qūshì and qūxiàng can be used as a noun, and they are sometimes interchangeable, as in Examples (3) and (4) above. However, if the focus is on the development of a situation, then qūshì cannot be replaced by qūxiàng.

形势　趋势　趋向

例如：（1）离婚后再复婚正在成为一种趋势。

（2）全世界人民要生存、要发展的历史趋势是不阻挡的。

（3）现在的国际形势总的来说是趋向于缓和。

（4）经过讨论，大家的意见已经趋向统一。

## 练习　Exercises

◎ 改正"常见错误举例"中的错误。
Correct the mistakes in the "Examples of common mistakes".

◎ 选词填空。
Fill in the blanks with the appropriate words.

（形势　趋势　趋向）

1. 目前全世界的金融＿＿＿令◆人忧虑◆。
   ◆令 lìng　make, cause
   ◆忧虑 yōulǜ　worry

2. 经过激烈◆争论，大家的认识已经＿＿＿统一◆。
   ◆激烈 jīliè　intense, heated
   ◆统一 tǒngyī　unify, unification

3. 今年NBA赛场的＿＿＿多变，很难说谁能夺◆冠◆。
   ◆夺(取) duó(qǔ)　capture, strive for
   ◆冠(军) guàn(jūn)　champion

4. 模特儿的新式服装总能引导◆当年的流行◆＿＿＿。
   ◆引导 yǐndǎo　guide, lead
   ◆流行 liúxíng　popular, fashionable

5. 外国人都对中国的经济＿＿＿感到乐观◆。
   ◆乐观 lèguān　optimistic

6. 现在欣赏骨感◆模特儿的＿＿＿正在改变。
   ◆骨感 gǔgǎn　bony

7. 我们没有理由对全球气候日益变暖◆的＿＿＿持悲观◆态度。
   ◆变暖 biàn nuǎn　warming
   ◆悲观 bēiguān　pessimistic

8. 他们俩的关系曾经一度◆很紧张，现在正＿＿＿缓和◆。
   ◆一度 yídù　once, for a time
   ◆缓和 huǎnhé　relax, ease up

9. 稳定的政治经济＿＿＿，在任何时候都是社会发展的必要前提◆。
   ◆前提 qiántí　premise, prerequisite

10. 中国有几代同堂◆的传统，但现在出现了家庭日益变小的＿＿＿。

◆几代同堂 jǐ dài tóng táng　several generations living under one roof

# 幸亏 多亏
## xìngkuī (fortunately), duōkuī (thanks to)

### 常见错误举例 Examples of common mistakes

1. 考试成绩公布了，我多亏通过了。 ◆成绩 chéngjì result, mark
2. 这道题老师指导过了，幸亏我才做对了。
3. 我迷路了，多亏碰到老朋友把我送了回来。 ◆迷路 mílù get lost
4. 多亏我开车小心，差点儿撞车了。

### 解析 Explanatory notes

> "幸亏"是副词，"多亏"是动词。两个词都有由于某种原因避免了不良后果，感到庆幸的意思。但词义强调重心不同；词性不同，用法也不同。
> Xìngkuī is an adverb, while duōkuī is a verb. Both of them have the meaning that one feels lucky because adverse consequences are avoided for some reason. But they have different foci of emphasis, belong to different parts of speech, and have different usages.

➡ 1. "多亏"强调避免不良后果的原因或有利条件是他人带来的，而"幸亏"强调原因或有利条件的出现是偶然的，有一种侥幸的感慨。
Duōkuī lays emphasis on the fact that the reasons or favourable conditions that help avoid the adverse consequences are brought about by others, while xìngkuī lays emphasis on the fact that the appearance of the reasons or favourable conditions is accidental, carrying with it a sense of luck.

例如：（1）这次比赛，多亏老师的指导，我才得了奖。
（2）这次比赛，幸亏有老师的指导，我才得了奖。
（3）多亏朋友帮助，要不她早就坚持不住了。
（4）幸亏有朋友帮助，要不她早就坚持不住了。

➡ 2. 由于某种有利条件而使不希望发生的事得以避免，只能用"幸亏"，不能用"多亏"。
If the favourable conditions enable one to avoid something one do not want to happen, xìngkuī can be used, but not duōkuī.

例如：（1）幸亏我反应灵敏，要不就撞车了。
　　　（2）幸亏我没去，去了肯定也赶上这场灾难了。
　　　（3）幸亏我带的钱多，不然我就回不了家了。

3. "幸亏"是副词，多用在主语前或谓语前，而"多亏"是动词，可直接作谓语，带宾语。"幸亏"可用于否定式，而"多亏"没有否定式。

Xìngkuī is an adverb which is often placed before the subject or the predicate, while duōkuī is a verb which can be used as the predicate, taking an object. Xìngkuī can be used in the negative form, while duōkuī does not have a negative form.

例如：（1）我们幸亏出发早，才没有误飞机。
　　　（2）幸亏你及时提醒，我才没有被疲软的股市套牢。
　　　（3）多亏你的照顾，我才这么快地适应了这份新工作。
　　　（4）多亏你想得周到，我这次出差十分顺利。

## 练习 Exercises

◎ 改正"常见错误举例"中的错误。
**Correct the mistakes in the "Examples of common mistakes".**

◎ 选词填空。
**Fill in the blanks with the appropriate words.**

（幸亏　多亏）

1. ＿＿＿带了雨具◆，要不就要淋雨◆了。
2. 我们＿＿＿没听他的话，不然就上当◆了。
3. 他＿＿＿误点了，才逃过◆了这场灾难。
4. ＿＿＿老师指导◆，我才在比赛中得了大奖◆。
5. ＿＿＿我及时◆撤出◆了股市◆，不然◆我也被套牢◆了。
6. 这个问题太难了，＿＿＿老师没叫我回答。
7. 你＿＿＿是留在了大城市，好机会都叫你碰上了。
8. 我＿＿＿没说什么，要不她又要生气了。
9. ＿＿＿你发现◆得及时，不然问题就大了。
10. ＿＿＿你反应◆灵敏◆，一把拉住了她，才没出什么大事。

◆ 雨具 yǔjù　rain gear
◆ 淋雨 lín yǔ　get wet in the rain
◆ 上当 shàngdàng　be taken in, be fooled
◆ 逃过 táoguò　escape from
◆ 指导 zhǐdǎo　instruct, guide
◆ 大奖 dàjiǎng　award at the highest level
◆ 及时 jíshí　timely
◆ 撤出 chèchū　withdrawal
◆ 股市 gǔshì　stock market
◆ 不然 bùrán　otherwise
◆ 套牢 tàoláo　hold up
◆ 发现 fāxiàn　discover
◆ 反应 fǎnyìng　reaction
◆ 灵敏 língmǐn　agile, sensitive

# 参考答案 Reference Answers

## 详细　仔细

**改正"常见错误举例"中的错误。**
Correct the mistakes in the "Examples of common mistakes".
1. 我仔细地看了她一眼。
2. 我搜集的资料很详细。
3. 这个问题,我很仔细地想了很久。
4. 更详细的情况我也不知道。

**选词填空。**
Fill in the blanks with the appropriate words.
（详细　仔细）
1. 请你仔细／详细填写这张表格。
2. 你快说说详细的经过。
3. 医生在做手术时总是十分仔细。
4. 我还不了解她的详细情况。
5. 你做题的时候仔细点儿,别马马虎虎。
6. 我仔细看过你的履历表了,写得很详细／仔细（"详细"指内容,"仔细"指填写完备、没有错误）。
7. 你能把你的详细地址告诉我吗?请你仔细地写在这里。
8. 他的毕业论文对自己的论点作了详细／仔细的论证。
9. 她总是大大咧咧,过日子从来都不仔细。
10. 世界各地都有大量假钞流通,拿到钱时可要仔细辨认。

# 参考答案

## 象　像

**改正"常见错误举例"中的错误。**
Correct the mistakes in the "Examples of common mistakes".
1. 你长得像爸爸还是像妈妈?
2. 这话你好像说过。
3. 她留给我的印象很深。
4. 房东大娘就像妈妈一样。

**选词填空。**
Fill in the blanks with the appropriate words.
（象　像　气象　象征　想象　音像　印象）
1. 快走，好像要下雨了!
2. 她长得太漂亮了，像电影明星一样。
3. 这是一家卖音像制品的商店。
4. 他的这个创意非常有想象力。
5. 他在非洲旅行，曾经骑着大象，穿过野生动物保护区。
6. 他们刚认识，就像多年未见的老朋友，无话不谈。
7. 北京人的好客，北京城的美丽，给我留下了深刻印象。
8. 春天来了，到处都是欣欣向荣的新气象。
9. 奥运会的吉祥物，是世界和平、友谊的象征。
10. 现在的年轻人再也不会像他们的父辈那样生活了。

## 些　一些　点儿

**改正"常见错误举例"中的错误。**
Correct the mistakes in the "Examples of common mistakes".
1. 你应该作一些让步。
2. 他的一些衣服放在我这儿。
3. 我听说过他的一些情况。（1—3题修饰语的位置不对，是语序错误　Sentences 1-3 have mistakes in word order—the modifier is wrongly placed.）
4. 老师，有些地方我没听懂。

5. 有些东西我不要了,你有用拿去用吧!("一点儿"应改为"一些" Yīxiē should be used)

**选词填空。**

Fill in the blanks with the appropriate words.

(些 一些 点儿 一点儿)

1. 我还有些/一些钱/点儿/一点儿,不买东西,吃饭够了。
2. 有些/一些情况还不清楚,不能下结论。
3. 我有些/一些/点儿/一点儿事想找你谈谈。
4. 你就给这点儿钱,糊弄谁啊!
5. 有些/一些话不便当面说,倒是写信好。
6. 你的演讲很好,一点儿毛病都没有。
7. 在北京我还有些/一些朋友,有难事可请他们帮助。
8. 这些事不用你,我自己一个人能做完。
9. 这些/点儿困难,我们事先没估计到。
10. 这点儿/一点儿路都走不动,还能干什么?

## 形势 趋势 趋向

**改正"常见错误举例"中的错误。**

Correct the mistakes in the "Examples of common mistakes".

1. 我的意见趋向他。
2. 公司目前的形势不太好。
3. 股票市场的形势在恶化。
4. 现在就业形势很严峻。

**选词填空。**

Fill in the blanks with the appropriate words.

(形势 趋势 趋向)

1. 目前全世界的金融形势令人忧虑。
2. 经过激烈争论,大家的认识已经趋向统一。
3. 今年NBA赛场的形势多变,很难说谁能夺冠。

4. 模特儿的新式服装总能引导当年的流行趋势。
5. 外国人都对中国的经济形势感到乐观。
6. 现在欣赏骨感模特儿的趋向／趋势正在改变。
7. 我们没有理由对全球气候日益变暖的趋势持悲观态度。
8. 他们俩的关系曾经一度很紧张，现在正趋向缓和。
9. 稳定的政治经济形势，在任何时候都是社会发展的必要前提。
10. 中国有几代同堂的传统，但现在出现了家庭日益变小的趋向／趋势。

## 幸亏　多亏

**改正"常见错误举例"中的错误。**
Correct the mistakes in the "Examples of common mistakes".
1. 考试成绩公布了，我幸亏通过了。
2. 这道题幸亏老师指导过了，我才做对了。
3. 我迷路了，幸亏碰到老朋友把我送了回来。
4. 幸亏我开车小心，差点儿撞车了。

**选词填空。**
Fill in the blanks with the appropriate words.
（幸亏　多亏）
1. 幸亏带了雨具，要不就要淋雨了。
2. 我们幸亏没听他的话，不然就上当了。
3. 他幸亏误点了，才逃过了这场灾难。
4. 多亏／幸亏老师指导，我才在比赛中得了大奖。
5. 幸亏我及时撤出了股市，不然我也被套牢了。
6. 这个问题太难了，幸亏老师没叫我回答。
7. 你幸亏是留在了大城市，好机会都叫你碰上了。
8. 我幸亏没说什么，要不她又要生气了。
9. 多亏／幸亏你发现得及时，不然问题就大了。
10. 幸亏你反应灵敏，一把拉住了她，才没出什么大事。

# 也 还 yě (also), hái (still, even more)

## ▶ 常见错误举例 Examples of common mistakes

1. 主人送我们到门外，也把我们送到车站。
2. 烤鸭我太爱吃了，我也要再吃一次。
3. 北京人热情，常常告诉你怎么走，也陪你边走边聊◆。 　　◆聊 liáo chat
4. 主人做了那么多菜，也说没什么菜。

## ▶ 解析 Explanatory notes

> "也""还"都是副词，在句中位置也基本相同，意义也相近。有的时候，"也""还"可互换，但所侧重、强调不同。
>
> Both yě and hái are adverbs, and their positions in sentences are similar, and share similar meanings. Sometimes they are interchangeable, but they have different foci and emphases.

例如：（1）我们有口语课、听力课，还有语法课。
　　　（2）我们有口语课、听力课，也有语法课。

前者强调的是补充、增加；后者强调的是相同、类同，细细琢磨，不难看出两者的差别来。在下面讲述的"也""还"的各项意义和用法中，只有第一项的意义和用法相近，虽有区别，但例句中的"也"和"还"可以互换，其他各项都不能互换。

Yě emphasizes a supplement and addition, while hái emphasizes sameness or similarity. If you think about it carefully, it is not difficult to see the difference between them. In the usages of yě and hái explained below, only their first meanings and usages are similar. Though there are still some differences between them, yě and hái in the examples can be used interchangeably. However, they are not always interchangeable in the other sections.

"也"的主要用法有：
The main usages of yě are as follows:

➡ 1. 表示两件事或两种情况相同，同样。
　　 To express that two things or the two situations are the same.

例如：（1）他今天穿的，衬衣是新的，裤子也是新的。
　　　（2）你的衣服已经洗了，鞋子也洗了。

➡ 2. 强调的语气。

To express a tone of emphasis.

例如：（1）他的办事效率也太低了。
　　　（2）我一点儿也不想吃。

➡ 3. 具有关联作用，表示转折或让步等。

To express a turning point or concession.

例如：（1）虽然受点累，只要你高兴，我也心甘情愿。
　　　（2）即使你骂我，我也不生气。
　　　（3）就算你有钱，也不要浪费。

"还"的主要用法有：

The main usages of hái are as follows:

➡ 1. 表示行为动作或情况状态的持续不变，一样。

To express that certain behaviour or situation has remained the same.

例如：（1）几年不见了，你还是老样子。
　　　（2）不管他怎么努力，还是得不到老板的赏识。

➡ 2. 用在比较句中，表示程度差别、增加。

Used in a sentence indicating comparison, to express a difference or an increase of degree.

例如：（1）你说话快，他说话比你还快。
　　　（2）这次考得比上次还糟。

➡ 3. 表示在已提到的以外，另有所补充，即项目、数量增加、范围扩大。

To introduce something added apart from what is already mentioned, that is, the increase in the number of items, the quantity or scope.

例如：（1）这家超市，家用电器、日用百货，还有糖果点心，应有尽有。
　　　（2）你什么没给过他，吃的、用的，他还要什么？

## 练习 Exercises

◎ 改正"常见错误举例"中的错误。
Correct the mistakes in the "Examples of common mistakes".

◎ 选词填空。
Fill in the blanks with the appropriate words.

（也　还）

1. 大家_____有什么要说的?

2. 你有一本《汉英·现代汉语辞典》，我_____有一本《汉英·现代汉语辞典》。

3. 你没有什么话说，我_____没有什么话说。

4. 错也认了，骂也骂了，你_____要怎么样?

5. 不管我的心情多么糟糕◆，我_____得去上班。　　◆糟糕 zāogāo　terrible

6. 现在的孩子真难教育。错了_____不能批评◆。　　◆批评 pīpíng　criticize, criticism

7. 你已经吃了一份大汉堡包◆，_____想吃什么?　　◆汉堡包 hànbǎobāo　hamburger

8. 现在，市场很不景气◆，你_____要加大投资力度◆，是不是太不明智◆了。
　　◆景气 jǐngqì　thriving　　◆力度 lìdù　intensity of force, depth of intensity　　◆明智 míngzhì　sensible, wise

9. 领导不赏识◆你，你就是再努力，_____没有用。　　◆赏识 shǎngshí　appreciate

10. 现在你房子有了，车子也有了，_____有什么不满足◆的?　　◆满足 mǎnzú　satisfy

# 也　又　yě (also), yòu (again)

## 常见错误举例　Examples of common mistakes

1. 他感冒了，也我感冒了。

2. 我喜欢吃中国菜和也我喜欢喝中国茶。

3. 我没有钱，你又没有钱，还想买面包?

## 解析　Explanatory notes

> "又"和"也"都表示两事或动作相同。
> Both yòu and yě express the sameness of two things or two actions.

➡ 1. 表示两事或两个动作相同，这是副词"也"的基本用法。"也"用在前后两个小句，或只用在后一小句。位置在主语后，谓语前。

The basic usage of the adverb yě is to express the sameness of two things or two actions. Yě can be used either in both of the two clauses or only in the second clause. Its place is after the subject but before the predicate.

例如：（1）我喜欢吃西餐，也喜欢吃中餐。
　　　（2）我们也唱中国歌，也唱外国歌。
　　　（3）有钱他高兴，没有钱他也高兴。

➡ 2. 很多时候，可用"也"的地方也可以用"又"，但意思可能很不一样。

In many cases, when you can use yě, you can also use yòu, but they may have different meanings.

例如：（1）昨天他来了，今天他又来了。
　　　（2）昨天他来了，今天他也来了。

例（1）是说他昨天来了一次，今天是第二次来。例（2）虽然也是说他今天是第二次来，但说这句话时，是在对等列举对象，要表达的主要意思，是说别人来了，他也来了。

In Example (1), the meaning is that he came once yesterday, and he comes again today. Though Example (2) also means that he comes again today, but the major implication is that he also comes, as do other people. It is used to equate the objects listed.

"也"和"又"的不同用法，主要有：
The different usages of yě and yòu are as follows:

➡ 1. "也"表示和其他人的动作一样；"又"则表示和自己以前的动作一样。

Yě indicates the sameness as an action by others, while yòu indicates the sameness as one's own previous action.

例如：（1）我喜欢吃中餐，他也喜欢吃中餐。
　　　（2）这个字的发音，他练了一遍又一遍，可怎么也发不准。

➡ 2. "也"和"又"都可以重重叠表示两种动作或状态同时存在，但用法不同。"又……又……"，可插入动词或形容词，而"也……也……"，一般只能插入动词。主语相同时，一般用"又……又……"；主语不同时，一般用"也……也……"。

Both yě and yòu can be duplicated to indicate the coexistence of two actions or two states, but their usages are different. In the format of [yòu...yòu...], verbs or adjectives can be inserted. But in the format of [yě...yě...], only verbs can be inserted. When the two subjects are the same, normally yòu...yòu... is used. When the two subjects are different, normally yě...yě... is used.

例如：（1）她说话又快又清楚。

（2）这个演员又唱歌又跳舞。

（3）你也请假，他也请假，今天还怎么演出！

## ▶ 练习 Exercises

◎ 改正上面"常见错误举例"中的错误。
Correct the mistakes in the "Examples of common mistakes".

◎ 把"也"字填到适当的位置：
Insert yě at the appropriate place.

1. 风停了，雨住了。
2. 一会儿功夫，屋子整理◆好了。　　◆整理 zhěnglǐ  tidy up, put in order
3. 告诉你有什么用，说了你不明白。
4. 难怪◆他不高兴，你太不客气了。　　◆难怪 nánguài  no wonder
5. 他身体好，一天病假没请过，永远◆不知道累。　　◆永远 yǒngyuǎn  forever
6. 一点儿风都没有，树叶一动不动。

◎ 选词填空。
Fill in the blanks with the appropriate words.

（又　也）

1. ___快___好，___轻___软，___干净___整齐◆。　　◆整齐 zhěngqí  tidy, regular
2. 他这一年___当爹___当妈，真不容易。
3. 父亲六十大寿，儿子送来了礼物◆，女儿___送来了礼物。　　◆礼物 lǐwù  gift, present
4. 走___不是，说___不是，真不知怎么办才好。
5. 他学了两年多汉语，可至今___没听他用汉语跟中国朋友交谈◆过。　　◆交谈 jiāotán  talk, converse

# 一点儿　有点儿　yìdiǎnr (a little), yǒudiǎnr (having a little)

## ▶ 常见错误举例　Examples of common mistakes

1. 今天我一点儿不舒服。　　◆舒服 shūfu comfortable
2. 我会说汉语一点儿。
3. 工作找到了，我一点儿高兴。
4. 我的身体有一点儿好。
5. 你来得一点儿早。
6. 我的汉语比以前说得有一点儿好。

## ▶ 解析　Explanatory notes

> "一点儿"用作量词，表示不定数量，数量比"一些"少；也用作副词，表示程度、数量略微增加或减少。"有点儿"是副词，有"稍微"或"少量"的意思，表示程度不高。粗看起来，两个词的意义很相近，留学生和外国朋友容易混用。其实，这两个词的用法有很大区别。
>
> Yìdiǎnr is a measure word indicating an indefinite quantity, which is less than yìxiē (some). It can also be used as an adverb to express a slight increase or decrease in degree or quantity. Yǒudiǎnr is an adverb with the meaning of a little or a small quantity, indicating that the degree is not high. At the first glance, the meaning of these two words is similar and foreign students easily mix them up. However, as a matter of fact, these two words have very different usages.

➡ 1. "一点儿"和"有点儿"都能同形容词配搭，表述不如意的情绪。但在句子中的位置明显不同。"一点儿"要放在形容词或动词后边，而"有点儿"必须放在形容词或动词的前边。

Both yìdiǎnr and yǒudiǎnr can collocate with an adjective to express an unsatisfactory sentiment, but their places in a sentence are obviously different. Yìdiǎnr should follow the adjective or the verb, while yǒudiǎnr should precede the adjective or the verb.

例如：（1）这件衣服长了一点儿。
　　　　这件衣服有点儿长。
　　　（2）私立学校的学费是贵了一点儿，但入学也容易一点儿。
　　　　私立学校的学费有点儿贵，但入学也容易一点儿。
　　　（3）他这个人就是糊涂一点儿，但人不坏。
　　　　他这个人就是有点儿糊涂，但人不坏。

跟"有点儿"搭配的形容词，多是带有消极色彩或贬义的词，比如"糊涂"；而上面的例（2）"入学也容易一点儿"，就不能改成"入学也有点儿容易"，因为"容易"是个中性甚至是褒义形容词。

Most of the adjectives collocating with yǒudiǎnr have a negative or derogatory connotation, e.g., hútu (muddled). In Example (2) above, "It is a bit easier to get into a private school", róngyì (easy) is a neutral or even positive adjective, so it cannot collocate with yǒudiǎnr.

➡ 2. "一点儿"可用于修饰人或事物，"有点儿"则不能这么用。

Yìdiǎnr can be used to modify a person or a thing, while yǒudiǎnr cannot be used this way.

例如：（1）我只有这么点儿钱。
　　　（2）就这点儿事，你还干不了？
　　　（3）你就这么一点儿人，帮不上什么忙。
　　　（4）剧场里就这么一点儿观众，太冷清了。

➡ 3. "一点儿""有点儿"都能作副词，放在形容词或动词谓语前，表示程度。但"一点儿"只用于否定句，"有点儿"则没这个限制。

Both yìdiǎnr and yǒudiǎnr can be used as an adverb of degree preceding the adjective or the predicate verb. However, yìdiǎnr can only be used this way in a negative sentence, while yǒudiǎnr does not have this restriction.

例如：（1）这个姑娘就是有点儿爱使小性儿。
　　　（2）她离婚后，有点儿后悔了。
　　　（3）这个人说话有点儿不着边际。
　　　（4）她好像一点儿也不后悔。
　　　（5）他们在一起就说上海话，我一点儿也听不懂。

一点儿　有点儿

➡ 4. 在表示比较的"比"字句中，只能用"一点儿"，不能用"有点儿"。

When the word bǐ (than) is used for comparison, we can only use yìdiǎnr but not yǒudiǎnr.

例如：（1）妹妹比姐姐高一点儿。√
　　　　妹妹比姐姐有点儿高。✗
　　（2）女孩儿说话大都比男孩儿快一点儿。√
　　　　女孩儿说话大都比男孩儿有点儿快。✗

▶ 练习　Exercises

◎ 改正"常见错误举例"中的错误。
**Correct the mistakes in the "Examples of common mistakes".**

◎ 选词填空。
**Fill in the blanks with the appropriate words.**

（一点儿　有点儿）

1. 他去办这件事，我_____都不放心◆。　　◆放心 fàngxīn  at ease
2. 这么多年过去了，他竟_____不见老。
3. 他是广东人，你不说，我真是_____都听不出来。　　◆离婚 líhūn  divorce
4. 她离婚◆了，可_____也不后悔◆。　　◆后悔 hòuhuǐ  regret
5. 工作累_____没关系，只要心情◆愉快◆。　　◆心情 xīnqíng  mood, frame of mind
◆愉快 yúkuài  happy, joyful
6. 这菜_____咸◆，也太辣了_____，我吃不了。　　◆咸 xián  salty
◆面熟 miànshú  look familiar
7. 他，我_____面熟◆，只是不知在哪儿见过，请你给我_____时间想想。
8. 做生意，开始我_____不摸门◆，慢慢地才驾轻就熟◆。　　◆摸门 mōmén  have the knack of
◆驾轻就熟 jiàqīng-jiùshú  do a familiar job with ease
9. 一听说有考试，他就_____紧张◆。　　◆紧张 jǐnzhāng  nervous
10. 女孩子都_____爱使小性子◆。　　◆小性子 xiǎoxìngzi  childish temper, tendency to get angry easily over trivial matters

285

# 一定　当然
# yídìng (certainly), dāngrán (of course)

## ▶ 常见错误举例　Examples of common mistakes

1. 我们是好朋友，你举行婚礼◆不邀请我，我一定很难过◆。
2. 我们能学好汉语一定。
3. 你当然有什么事没告诉我，说话吞吞吐吐的。
4. 你有什么不高兴的事，当然要讲出来，不要闷◆在心里。
5. 这是妈妈送我的生日礼物，我一定很高兴。

◆ 婚礼　hūnlǐ　wedding ceremony
◆ 难过　nánguò　sad; unhappy

◆ 闷　mèn　sulk, depressed

## ▶ 解析　Explanatory notes

> 副词"当然""一定"都表示坚决、确定，很多情况下可以互换使用。
> The adverbs dāngrán and yídìng express firmness and determination. On many occasions they can be used interchangeably.

例如：（1）你的生日我一定/当然来。
　　　（2）这事儿一定/当然与他有关系。
　　　（3）只要是你说的，我一定/当然照办。

但是，仔细体会，"当然""一定"都表示坚决、确定的意思外，还是有明显不同。
However, when we look at their meanings carefully, despite the fact that they both express firmness and determination, it can be seen that they have obvious differences.

➡ 1. "一定"强调意志坚决、肯定无疑；"当然"强调合于事理或情理。
　　Yídìng emphasizes a strong will and being without doubt, while dāngrán emphasizes good sense and reason.

例如：（1）今年圣诞节，你一定要回来。
　　　　　　今年圣诞节，我当然要回来。
　　　（2）他不来，一定是有原因的。
　　　　　　他不来，当然是有原因的。

286

这两组例句中的"一定"和"当然"不能互换。例（1）中的第一句表达的是坚决的要求，第二句表达的是根据"事理"和"情理"作出的决定。例（2）同理。

In the above two groups of examples, yídìng and dāngrán cannot replace each other. The first sentence of Example (1) expresses a definite requirements while the second sentence expresses a decision based on good sense or reason. Example (2) has similar differences.

▶ 2. 否定式：The negative form:

"一定 + 不"，限用于第一人称，当表示"必然、确实无疑"时，可与"当然"互换。

The format [yídìng + bù] is restricted to the first person. When it expresses certainty and being without doubt, it can be replaced by dāngrán.

例如：（1）我一定/当然不迟到。
（2）我一定/当然不同意他去。

"一定"的否定式，也可于第二、三人称，但是有条件，后面要跟能愿动词，形成"一定+不要"（不能、不会、不肯、不愿）的格式，"当然"不一定需要这个条件。

The negative form of yídìng can be used with the second and third person under the condition that it will be followed by a modal verb as in the format [yídìng + búyào] (bùnéng, búhuì, bùkěn, búyuàn). The negative form of dāngrán does not necessarily have such restriction.

例如：（1）他一定不要忘了给他打电话。
（2）他一定不会乱说话。
（3）你当时在国外，当然不知道这里发生了什么事。
（4）他不是公司的人，他当然不清楚公司的事。

习惯用语"不一定"表示不能确定、不能肯定；"当然"没有这种用法，不能说"不当然"。

The idiomatic expression bù yídìng means that something is not certain or not for sure. Dāngrán cannot be used this way. We cannot say bù dāngrán.

例如：今天不一定下雨。√
今天不当然下雨。✗

▶ 练习　Exercises

◎ 改正"常见错误举例"中的错误。
Correct the mistakes in the "Examples of common mistakes".

◎ 选词填空。
Fill in the blanks with the appropriate words.

（一定　当然）

1. 你＿＿＿＿得向老师请假，否则就要作旷课◆处理◆。
   - ◆旷课 kuàngkè　play truant
   - ◆处理 chǔlǐ　discipline, handle, treat
2. 我＿＿＿＿不会把这话当真。
3. 从银行取钱，＿＿＿＿要当面点清◆。
   - ◆点清 diǎnqīng　count clearly
4. 这个条件你＿＿＿＿能接受◆。
   - ◆接受 jiēshòu　accept
5. 我＿＿＿＿不把这件事告诉他。
6. 他病了，你＿＿＿＿得抽◆时间去看看他。
   - ◆抽 chōu　find (time)
7. 我＿＿＿＿不会忘记你的嘱咐◆。
   - ◆嘱咐 zhǔfu　advise, urge
8. 饭前＿＿＿＿要洗手，讲卫生。
9. 这件事我＿＿＿＿抓紧◆办。
   - ◆抓紧 zhuājǐn　pay close attention to
10. 酒后＿＿＿＿不能开车。

# 一直　始终　yìzhí, shǐzhōng (all along)

## ▶ 常见错误举例　Examples of common mistakes

1. 她说她始终等你，不见到你她不走。
2. 只要有可能，他打算在这儿始终做下去。
3. 他始终不肯走，等到12点要闭馆◆了他才不得不走。
   - ◆闭馆 bìguǎn　closed
4. 他走后到现在始终没来过信。

## ▶ 解析　Explanatory notes

一直，表示动作持续不断或状态持续不变。始终，表示从头到尾持续不变。所以，用"始终"的句子大都可换用"一直"。

Yìzhí is used to express a continuing action or state while shǐzhōng is used to express that something remains unchanged from start to finish. Therefore, in most cases shǐzhōng can be replaced by yìzhí.

例如：（1）他始终想不起来这个人是谁。

（2）女儿的婚事他始终不同意。

（3）母亲死后，屋子里的摆设始终没变。

➡ 1. "一直"后的动词可带时间词语，"始终"后的动词则不能，因为"始终"的词义已含时间的起点和终点。

The verb following yìzhí can take an expression denoting time, but the verb following shǐzhōng cannot because shǐzhōng itself means a period of time from start to finish.

例如：（1）大雨一直下了两个小时。 √

（2）大雨始终下了二个小时。 X

➡ 2. "一直"可用于将来，"始终"则不能。

Yìzhí can be used to refer to the future, but shǐzhōng cannot.

例如：（1）我打算在这儿一直住下去。（指从说话的当时起到未来的很长时间里

Indicating the long period of time from the time of speaking to the future） √

（2）我打算在这儿始终住下去。 X

➡ 练习 Exercises

◎ 改正上面"常见错误举例"中的错误。
Correct the mistakes in the "Examples of common mistakes".

◎ 选词填空。
Fill in the blanks with the appropriate words.

（一直　始终）

1. 她_____在哭，已经哭了一个多小时了。

2. 这种工作他当然不打算_____做到老，只要有好机会他就要调换◆工作。

3. 雨就这样不紧不慢地下着，_____下到天黑。

◆调换 diàohuàn　change, exchange

4. 他俩_____是好朋友，有困难怎么不帮他一把？

5. 谈判_____没有结果。

6. 情况_____没有改变，双方都不愉快。

◆稳定 wěndìng　stable
◆签 qiān　sign
◆订货 dìnghuò　order goods

7. 市场价格_____不稳定◆，我们不敢签◆订货◆合同。

8. 她跑遍了各大商场，可_____没挑到一件满意的上衣。

9. 他来北京十几年了，地方口音◆_____没改。

◆口音 kǒuyīn　accent

# 一直 一向 向来
## yìzhí, yíxiàng, xiànglái (all along)

### ▶ 常见错误举例　Examples of common mistakes

1. 他对穿着一直比较马虎◆。　　◆马虎 mǎhu　careless, casual
2. 经理对工作一直要求严格。
3. 我父亲在家一直饭来张口，衣来伸手。
4. 病倒前他身体向来很好。
5. 他一直有什么说什么，不弄虚作假◆。　　◆弄虚作假 nòngxū-zuòjiǎ　practise fraud

### ▶ 解析　Explanatory notes

> "一直""一向"都有表示从过去到现在一样的意思。
> Both yìzhí and yíxiàng express consistency from a past time until now.

例如：（1）他一直很忙。
　　　（2）他一向很忙。

但是，"一直""一向"的意义和用法都有明显不同。
But the meanings and usages of yìzhí and yíxiàng have obvious differences.

➡ 1. "一直"强调动作或行为连续进行，没有中断，或者事物、状态没有改变，始终如此。
　　Yìzhí emphasizes the continuous progress of an act or action without interruption, or that the state of a thing or its status remains the same without change.
　　例如：（1）这十几年我一直在找你。
　　　　　（2）毕业后他一直做这个工作。

而"一向"强调行动或状态的稳定性，从过去到现在都是一个样。
Yíxiàng emphasizes the stability of an action or a state, which remains the same from a past time to the present.
例如：（1）我一向说话算数，从不食言。
　　　（2）他工作一向认真负责，一丝不苟。

这两个例句中的"一向"都可以换成"一直",但强调的重点不同,"一直"强调行动连续不中断,而"一向"强调稳定不变,要细心体会。

In these two examples, yíxiàng can be replaced by yìzhí, but with different emphases. Yìzhí emphasizes the continuous progress of the action without interruption, while yíxiàng emphasizes stability without change. You have to carefully note the differences.

➡ 2. "一直"在表示动作的连续性时,常常有表示起止时间的词语,用"一向"的句子则没有。

When yìzhí is used to express the continuity of an action, the sentence often takes an expression denoting a beginning and an ending time, while a sentence with yíxiàng does not take on such expressions.

例如:(1)昨天晚上,我一直守在电话旁,一步也没离开过。
(2)经理上班后一直在等你,5分钟前刚出去。
(3)你别看他很有钱,他一向生活朴素,从不乱花钱。
(4)你一向身体可好?

➡ 3. "一直"表示行为循笔直的方向进行,中间不拐弯;"一向"没有这个用法。

Yìzhí can also be used to indicate going straight ahead without turning, while yíxiàng cannot be used this way.

例如:(1)从这往前一直走就到北京火车站了。
(2)车子一直往北开。
(3)车子一直开到学校,中途没人下车。

➡ 4. "一直"表示时间时,可用于过去,也可用于将来;"一向"也可用于将来,甚至直到永远,但是,如果句中有表示现在、以后的时间词或表示时间概念的词语,则不能用"一向",只能用"一直"。

When yìzhí is used to express time, it can indicate either the past or the future. Yíxiàng can also be used to indicate a future time, up until eternity. However, if the sentence contains an expression denoting a time after the present, or other expressions denoting time, we can only use yìzhí and not yíxiàng.

例如:(1)他的性格内向,一向不爱说话。(可能永远都是这样,直到他死。 It's likely that he will always stay this way.)

（2）工作检查从月初开始一直到月底。

（3）他一直睡到中午11点才醒。

（4）这儿就是你的家，你可以一直住下去。

➡ 5. "一向""向来"基本相同，都可用来说明行为、状态，从过去到现在都是这样，一般情况下都可以互换。但如果限定了时段，则用"一向"，绝不用"向来"。

Yíxiàng and xiànglái are basically the same. They can both be used to express the sameness of an action or a state from the past until the present. They are normally interchangeable with each other. However, if the period of time is specially defined, then we can only use yíxiàng and can never use xiànglái.

例如：（1）他向来说一不二。

（2）前一向你都去哪儿了？（"前一向"指说话以前的一段时间 Qián yíxiàng refers to a period of time before the time of speaking.）

（3）这一向我实在太累了。（"这一向"指最近一段时间 Zhè yíxiàng refers to a recent period of time.）

## 练习 Exercises

◎ 改正"常见错误举例"中的错误。
Correct the mistakes in the "Examples of common mistakes".

◎ 选词填空。
Fill in the blanks with the appropriate words.

（一直　一向　向来）

1. 他_____不随便◆张口请别人帮忙。　　◆随便 suíbiàn　at will; without concern

2. 老板_____说话痛快◆，今天怎么吞吞吐吐◆的了？

3. 他花钱_____有多少花多少，从不计划。　　◆痛快 tòngkuài　frank and direct, to one's heart's content
　　◆吞吞吐吐 tūntūn-tǔtǔ　hesitant in speech

4. 这几年他_____住在上海。

5. 我_____把他当成自己的好朋友，没想到他会骗◆我。　　◆骗 piàn　cheat

6. 他俩_____少来往，不知怎么最近交往◆多了起来。　　◆交往 jiāowǎng　contact, associate

7. 公司_____注意信誉。

8. 他对自己的工作_____很满意，不知道他为什么改行◆。　　◆改行 gǎiháng　give up one's original profession for a new one

9. 你别看他年纪小，他_____很有主见◆。　　◆主见 zhǔjiàn　one's own judgement

10. 结婚后他_____跟太太合不来。

# 以 以便 yǐ (in order to, so as to), yǐbiàn (in order to, so that)

## 常见错误举例 Examples of common mistakes

1. 你应该买一本词典，以随时查生词。
2. 我送花给她以便表示我的祝贺◆。   ◆祝贺 zhùhè   congratulate, congratulations
3. 建议你少抽烟以便利身体健康。
4. 我买电脑是以便学习中文。

## 解析 Explanatory notes

连词"以""以便"都用来连接两个分句，并且都用在后一个分句的开头，表示目的或使下文所说目的容易实现，相当于"为了、为的是"。两个词有时可以互换。
Both yǐ and yǐbiàn are connectives which link two clauses, and they are both placed at the beginning of the second clause to express purpose, or to make the purpose described easy to achieve. They are almost equivalent to wèile (in order to) or wèi de shì (for the sake of). These two words can sometimes be used interchangeably.

例如：（1）我要早点儿参加工作，以 / 以便尽快减轻父母的经济负担。
　　　（2）我们保持联系，以 / 以便增进了解。
　　　（3）给他打个电话吧，以 / 以便消除误解。
　　　（4）学生们利用假期打工，以 / 以便积累经验。

但"以"和"以便"也有一些区别。
But there are still some differences between yǐ and yǐbiàn.

➡ 1. 只是单纯地表示目的时，用"以"，不用"以便"。如果是强调做某事是为做另一件事提供方便，使之更顺利达到目的，则用"以便"，不用"以"。
When it is simply to express a purpose, we use yǐ and not yǐbiàn. If we want to emphasize that something is done for the sake of making another thing more convenient, making it possible for the goal to be achieved more smoothly, then we use yǐbiàn and not yǐ.

例如：（1）全国人民纷纷向灾区人民捐款，以表达骨肉同胞的爱心。
　　　（2）年轻人应该不断学习，增长才干，以适应社会的需要。
　　　（3）请各位应聘人员写清楚通讯地址和电话号码，以便联系。
　　　（4）你要提前订机票，以便按时回国。

➡ 2. "以便"后面可以是有主语的小句，动词前可以有状语，动词后可以有宾语。"以"可以连接两个动词短语（谓语+宾语），"以"后的动词多是双音节词；主句有主语（可省略），而分句没有主语（不是主语省略），动词短语的动词前也不带状语。

Yǐbiàn can precede a clause with its own subject, in which the verb can follow an adverbial or precede an object. Yǐ can link up two verbal phrases [predicate + object], in which the verb is mostly disyllabic. In this kind of sentences the main clause has its own subject (which can be omitted), but the subordinate clause does not have its own subject (not an omission). The verb in the verbal phrase does not take an adverbial.

例如：（1）学校的阅览室都是开架的，以便读者自由选取阅读书籍。
　　　（2）我们准备了一份计划，以便公司同仁深入、细致地讨论。
　　　（3）加强绿化以美化环境。
　　　（4）坚持科学发展观，以促进各项事业健康发展。

➡ 3. "以便"后面可以跟单音节动词短语，动词前后还可以有附加成分，"以"则不能。

Yǐbiàn can be followed by a verbal phrase with a monosyllabic verb, which can have additional elements before or after it, while yǐ cannot be used this way.

例如：（1）你早点儿下班，以便早点儿回家看父母。
　　　（2）你应该要她的电话，以便想她就可以见她。
　　　（3）学校设校长办公日，以便及时听取师生的意见。

➡ 4. 在一些成语或固定格式里，只能用"以"，后跟单音节动词。这类短语中的"以"也可以看作介词，是"以之+动词短语"的形式，"之"是代词，所代内容，在上文已经出现了。这个"以"不能用"以便"替换。

In some idioms or set expressions, only yǐ can be used and it is followed by a monosyllabic verb. In such phrases, yǐ can also be regarded as a preposition in the format of [yǐ zhī + verbal phrase]. Here zhī is a pronoun. What it stands for has already been mentioned. In this situation, yǐ cannot be replaced by yǐbiàn.

例如：（1）今送上一份薄礼，以表谢忱。
　　　（2）今天发节日红包，以示关怀。
　　　（3）他虽然犯了错误，还继续留任，以观后效。
　　　（4）老总派来一名专家，以助我一臂之力。

## 练习　Exercises

◎ 改正"常见错误举例"中的错误。
Correct the mistakes in the "Examples of common mistakes".

◎ 选词填空。
Fill in the blanks with the appropriate words.

◆障碍　zhàng'ài　barrier, obstacle
◆通道　tōngdào　passage
◆残疾人　cánjírén　the disabled

（以　以便）

1. 现在医院、超市等公共场所都有了无障碍◆通道◆，＿＿＿＿残疾人◆出入。
2. 政府号召市民重视绿化◆，＿＿＿＿美化◆环境。

◆绿化　lǜhuà　make (a place) green by planting trees, etc.
◆美化　měihuà　beautify

3. 学生们利用◆假期开展社会调查，＿＿＿＿开阔◆视野，增长见识◆。
4. 一球员犯规◆，裁判亮出黄牌◆，＿＿＿＿示警告。
5. 你就买个手机吧，＿＿＿＿联系。

◆利用　lìyòng　utilize, take advantage of
◆开阔　kāikuò　widen, broaden
◆见识　jiànshi　experience, knowledge
◆犯规　fànguī　foul
◆黄牌　huángpái　yellow card

6. 女人出门都喜欢带个手袋，＿＿＿＿放些化妆品◆和小物件。

◆化妆品　huàzhuāngpǐn　cosmetics

7. 世界各国都在采取刺激◆经济的措施，＿＿＿＿实现经济形势好转。

◆刺激　cìjī　stimulate

8. 父母进成年孩子的房间也要先敲门，＿＿＿＿示对孩子的尊重。
9. 利用一切可以利用的资源，＿＿＿＿满足人类社会日益◆增长的需要。
10. 向灾区人民送温暖，＿＿＿＿表达各族同胞◆的骨肉◆亲情◆。

◆日益　rìyì　day by day, increasingly
◆同胞　tóngbāo　compatriot, fellow citizen
◆骨肉　gǔròu　flesh and blood, kindred
◆亲情　qīnqíng　emotional attachment among family members

# 以来 以后 来 yǐlái (since), lái (up to the present), yǐhòu (afterwards)

## 常见错误举例 Examples of common mistakes

1. 昨晚十点以来，我就上床睡觉了。
2. 孩子摔倒以来，就不停地哭。
3. 他当上总经理以来，我就离开公司了。
4. 我出车祸以来，就不开车了。

## 解析 Explanatory notes

"以来""以后"都是表方位的名词。在"以来""以后"前边的修饰语，多是时间名词，或表示时间的词语，或小句，划定了"以来""以后"的时间界限。"以来"表示从"这个时刻"算起到说话时为止的一段时间；"以后"表示从"这个时刻"往后的一段时间。

Both yǐlái and yǐhòu are nouns indicating position. The modifiers preceding yǐlái or yǐhòu are often nouns, expressions or clauses denoting time, which delineate the time limit for yǐlái or yǐhòu. Yǐlái indicates a period of time starting from a certain moment until the time of speaking, while yǐhòu indicates a period of time starting from a moment.

例如：（1）他上班以来，生活充满阳光。（从上班那一天开始到说话的时候 From the day he started work until the time of speaking）

（2）我家装修以来，麻烦不断。

（3）小王上大学以后，成熟多了。（从上大学那天起往后 Starting from the day when he began university）

（4）参加工作以后，王小姐越来越在意穿着打扮。

➡ 1. 因为"以来"表示从过去时到说话时发生的事，所以它强调的是在这一段时间中不断发生的事情，后边小句的动词多为表变化（提高、发展）或延续的动词。换句话说，"以来"之前的修饰语，不能是表示一次性短时体的，不具延续性的。

As yǐlái refers to things that happened starting from a past time until the moment of speaking, it therefore lays emphasis on things that continued to happen during this period of time. The verb in the clause that follows is more often a verb denoting change

296

(such as improve, develop) or continuation. In other words, the modifiers preceding yǐlái cannot denote actions that just occur one time, for a short duration and do not have continuity.

例如：（1）张老先生退休以来，体力一天不如一天。
（2）进入二十世纪以来，全球的气候变得越来越反常。
（3）备战高考以来，小李每天晚上看书到深夜。√
高考以来，小李每天晚上看书到深夜。✗
（4）叫错人以后，他不敢再叫人了。√
叫错人以来，他不敢再叫人了。✗

➡ 2. "以来"的句子用于说话以前发生的事，"以后"可用于过去，也可以用于将来。下面句子中的"以后"不能换成"以来"。

Sentences with yǐlái refer to things that happened before the time of speaking, while yǐhòu can refer to both the past and the future. Yǐhòu in the following sentences cannot be replaced by yǐlái.

例如：（1）小王问小张："大学生毕业以后，你打算做什么？"
（2）王小姐说，她结婚以后，就做全职太太。

➡ 3. 有时候，"以来""以后"可以互换通用，但意思略有不同，需要细心体会。

Sometimes, yǐlái and yǐhòu can be used interchangeably, but with slight differences in meaning.

例如：（1）改革开放以来，温饱问题基本得到解决。
（2）改革开放以后，温饱问题基本得到解决。
（3）进入二十世纪以来，全球的气候变得越来越反常。
（4）进入二十世纪以后，全球的气候变得越来越反常。

例（1），"温饱问题"的解决是在"改革开放"过程中不断地解决，强调的是过程。例（2）则是强调"时间"是在"改革开放以后"。例（3）（4）也是同样的道理。

In Example (1), the "food and clothing problem" has been continuously resolved through the process of "reform and opening up" with the emphasis placed on the process. Example (2) emphasizes that the time is "after the reform and opening up". Examples (3) and (4) have similar differences.

➡ 4. "以来""以后"的前面常有"从、自、自从"等词，"来"的用法基本上同"以来"，但"来"只用在表示时间段落的词语后，而且前面不能有"从、自、自从"等词语。

Such words as cóng, zì, zìcóng (meaning "since") often appear before yǐlái and yǐhòu. The usage of lái is basically the same as yǐlái, but lái can only follow an expression denoting a period of time, and it cannot be preceded by such words as cóng or zì.

例如：（1）改革开放三十年来，中国发生了巨大变化。（"三十年" 是个具体的时间段 "30 years" denotes a specific period of time）

（2）五千多年来，中华文明世代相传。（"五千多年" 也是具体的时间段 "More than 5000 years" also denotes a specific period of time.）

## ▶ 练习  Exercises

◎ 改正"常见错误举例"中的错误。
Correct the mistakes in the "Examples of common mistakes".

◎ 选词填空。
Fill in the blanks with the appropriate words.

（以来   来   以后）

1. 展览会开幕◆_____，每天要接待◆几万名观众◆。
   - ◆开幕 kāimù   opening
   - ◆接待 jiēdài   receive, admit
   - ◆观众 guānzhòng   audience
2. 摔断腿_____，他再也不敢从高处往下跳了。
3. 八十年代_____，新鲜事越来越多。
4. 孩子考上大学_____，父母的心理◆负担轻了，经济负担重了。
   - ◆心理 xīnlǐ   psychology
5. 张小姐做了全职太太◆_____，整天忙着相夫教子◆。
   - ◆全职太太 quánzhí tàitai   full-time wife
   - ◆相夫教子 xiāngfū-jiàozǐ   help the husband and teach the son
6. 改革开放三十年_____，中国人民的生活发生了巨大◆变化。
   - ◆巨大 jùdà   huge, tremendous
7. 自从结婚_____，她的生活中就充满◆了阳光◆。
   - ◆充满 chōngmǎn   be full of, be filled with
   - ◆阳光 yángguāng   sunshine
8. 中国人民在温饱◆问题基本◆解决◆_____，开始追求◆更丰富◆的文化生活。
   - ◆温饱 wēnbǎo   have adequate food and clothing
   - ◆基本 jīběn   essential, by and large
   - ◆解决 jiějué   solve, resolve
   - ◆追求 zhuīqiú   seek, pursue
   - ◆丰富 fēngfù   plentiful, abundant
9. 自从到中国工作_____，他就喜欢骑自行车上下班。
10. 王先生回家_____，发现太太的情绪◆有些反常◆。
    - ◆情绪 qíngxù   mood, emotion
    - ◆反常 fǎncháng   abnormal, unusual

# 以为　认为
# yǐwéi (think), rènwéi (believe, maintain)

### ▶ 常见错误举例　Examples of common mistakes

1. 我以为这一定是你的错，不是他的错。
2. 我以为这么多工作一天时间绝对◆完成不了。　　◆绝对 juéduì　absolute
3. 下这么大的雨，我认为你不来了呢！
4. 他俩的感情◆很好，吵吵闹闹◆是难免的，我以为他俩不会离婚。　　◆感情 gǎnqíng　feeling, emotion
5. 我以为医生的话不一定要全听。　　◆吵闹 chǎonào　quarrel

### ▶ 解析　Explanatory notes

> "认为""以为"都是表示对人或事物、事件的看法或判断，意义和用法都很相似。
> Both rènwéi and yǐwéi express opinions or judgements of people or things, and therefore they have similar meanings and usages.

例如：（1）我们认为/以为她是合格的老师。
　　　（2）他认为/以为她是这个医院最好的医生。

但是，"认为"和"以为"意义和用法有所不同，许多时候不能互换。就是上面的两例，意思和感情色彩也不完全一样。

But rènwéi and yǐwéi also have different meanings and usages and cannot be used interchangeably on many occasions. In the above two examples, they are not exactly the same in their meanings and emotional connotations.

➡ 1. "认为"是经过认真思考和分析而得出结论，语气肯定。"以为"是表示自己的一种设想、估计或推断，主观臆断成分重，有时可能是对的，有时也可能是错的，因而语气不够肯定。
Rènwéi indicates a conclusion reached after serious reflection and analysis, and has a positive tone. Yǐwéi indicates an assumption, estimation or inference, which has a strong element of subjective conjecture. As it is sometimes right and sometimes wrong, it carries a tone of uncertainty.

例如：（1）我认为她有能力做好这件事。
（2）我以为她有能力做好这件事。

例（1）态度肯定，例（2）只是一种判断，可能判断错误。所以上面的句子，还可以写成这样：
Example (1) indicates a positive attitude while Example (2) is only a conjecture and may be wrong. Therefore, these sentences can be rewritten as the following.

（1）我认为她有能力做好这件事，事实证明也是这样。
（2）我以为她有能力做好这件事，事实证明我的看法错了。

正因为"以为"的"主观臆断"成分重，往往与事实不符，所以许多句子出现前后对立的对比关系。这类句子中的"以为"，都不能换用成"认为"。
Because yǐwéi implies a strong element of subjective conjecture and often does not conform to reality, many sentences with yǐwéi may include contradictory, antagonistic statements. In such sentences, yǐwéi cannot be replaced by rènwéi.

例如：（1）我以为他会来，结果他没有来。
（2）你以为这就是爱孩子？你这是在害他。
（3）我本以为他很老实，谁知他跟我也玩心眼儿。
（4）你以为你是谁，你怎么能决定我的命运！

➡ 2. "认为"多用于对重大事情的看法，主语可以是个人，也可能某是些人、组织、政府、会议等等。"以为"主语多用于个人，具有表示委婉和自谦的特殊含义，还多表现自我否定的意味。
Rènwéi often expresses a view on important issues and its subject may be an individual, an organization, a government or a conference. The subject of yǐwéi is mostly an individual, with a special connotation of tact and modesty, and often carrying a sense of self-denial.

例如：（1）公司上上下下的人都认为，你是总经理的最合适的人选。
（2）我认为你应该接受这个挑战。
（3）我一直以为我的意见是正确的，现在看来，我太自以为是了。

➡ 3. "认为""以为"常与"被"或"让"成句，但"认为"前可用"被"，"以为"前只能用"让"。
Rènwéi and yǐwéi often collocate with bèi or ràng. Bèi can be used before rènwéi while only ràng can be put before yìwéi in a sentence.

例如：（1）你不及时还钱，会被银行认为你不讲信用。
（2）你不及时还钱，会让银行以为你不讲信用。

例子（1）是被动句，可改为主动句"银行会认为你不及时还钱是不讲信用"被动句中的主语"你不及时还钱",实际是主动句中"以为"的宾语;而"认为"的真正行为主体是"银行",所以句子表达的主观意志很强。两句的意思不变,都表达"银行"的一个肯定的判断。例(2)是个使动句。前面的"你不及时还钱"是全句的主语,行为"让"是它发出的,是"你不及时还钱"的行为"让(使)""银行"产生了某种不十分肯定的推断。

The Example (1) is a passive sentence and it can be changed into an active sentence: "Yínháng huìrènwèi nǐ bù jíshí huánqián shì bù jiǎng xìnyòng" without changing its meaning. In the passive sentence the subject nǐ bù jíshí huánqián is actually the object of rènwèi in the active sentence. The real subject of rènwèi is yínháng. The sentence gives a positive judgement of yínháng and denotes a strong subjective will. The Example (2) is a causative sentence. The subject nǐ bù jíshí huánqián is the doer of the action ràng. The subject causes yínháng to make certain indefinite assumptions.

## 练习 Exercises

◎ 改正"常见错误举例"中的错误。
**Correct the mistakes in the "Examples of common mistakes".**

◎ 选词填空。
**Fill in the blanks with the appropriate words.**

（认为　以为）

1. 你_____他唱得怎么样?
2. 你_____他有希望得到这份工作吗?
3. 这本书我_____很有趣,你有空的话可以读读。
4. 我_____有什么大事呢,就这点事你就急成这样?
5. 我_____这件事非说说清楚不可! 你们说呢?
6. 长城被公众◆_____是世界最伟大◆的古建筑◆之一◆。
7. 你这么向她认错,让别人_____你是理亏◆呢!
8. 他_____自己的字写得不错,其实很一般。
9. 你这么大手大脚◆花钱,你_____你的父母◆挣钱容易吗?
10. 我_____他完全可以承担◆这项工作,你认为呢?
11. 会议认为,世界各国必须采取◆行动,共同应对金融◆危机◆。
12. 我们_____HSK(汉语水平考试)能比较准确地◆测试◆出外国人的汉语水平。

- ◆公众 gōngzhòng　the public
- ◆伟大 wěidà　great
- ◆古建筑 gǔ jiànzhù　ancient architecture
- ◆之一 zhīyī　one of ...
- ◆理亏 lǐkuī　not justified

- ◆大手大脚 dàshǒu-dàjiǎo　wasteful, extravagant
- ◆承担 chéngdān　undertake
- ◆金融 jīnróng　finance
- ◆科学 kēxué　science, scientifically
- ◆父母亲 fù-mǔqin　father and mother, parents
- ◆采取 cǎiqǔ　adopt
- ◆危机 wēijī　crisis
- ◆测试 cèshì　test

# 由　从　yóu (by, from), cóng (from)

## ▶ 常见错误举例　Examples of common mistakes

1. 从感冒引起了咳嗽。
2. 这个项目从我负责◆。　　◆负责 fùzé  be responsible, be in charge of
3. 由经理说话的语气◆就知道他生气了。　　◆语气 yǔqì  tone, manner of speaking

## ▶ 解析　Explanatory notes

> "由"和"从",都可以作介词用。二者有相同之处。"由"和"从"都可表示时间、处所、发展变化的起点,以及表达一件事的由来、源头。"从"字更口语化一些,有些句子,习惯上更多用"从"。
>
> Both yóu and cóng can be used as prepositions, and the two have similarities. Both yóu and cóng can express the starting point of a change in time, place or location. They can also indicate the origin or source of a thing. Cóng is more colloquial and is more often customarily used in certain sentences.

例如：（1）这些钱是由大家凑的。

（2）这些钱是从大家那儿凑来的。

（3）这趟火车从/由北京出发开往上海。

（4）他从/由小到大都不让人省心。

（5）凡事都有一个从/由不懂到懂、从/由不会到会的过程。

"由"和"从"有一些明显不同。

Yóu and cóng also have some obvious differences.

➡ 1. "由"能引进动作、行为的实施者,"从"没有这个功能,此时不能用"从"替换"由"。
Yóu can introduce the doer of an act or behaviour, while cóng does not have this function. Here yóu cannot be replaced by cóng.

例如：（1）今年的入学典礼由学生会主席主持。

（2）交通工具由他们解决。

（3）你的访问日程由对方安排。
（4）这个问题由我直接同他们谈。

➡ 2. "由"表示凭借、方式、原因等，"从"不能。下面例句中的"由"也不能用"从"替换。
Yóu can express such meanings as depending on, the way or the reason, while cóng cannot. In the following examples, yóu cannot be replaced by cóng.

例如：（1）考察团由政府官员、经济学家、企业家组成。
（2）派出代表团成员由协商决定。
（3）他不小心，由感冒引发了肺炎。
（4）这些年，由厄尔尼诺现象引起全球气候反常。

➡ **练习　Exercises**

◎ 改正"常见错误举例"中的错误。
Correct the mistakes in the "Examples of common mistakes".

◎ 选词填空。
Fill in the blanks with the appropriate words.

（由　从）

♦提供 tígōng provide
♦祖传 zǔchuán be handed down from one's ancestors
♦秘方 mìfāng secret prescription
♦精制 jīngzhì make with extra care

1. 本品_____名医提供♦祖传♦秘方♦精制♦而成。
2. 携带♦入境♦物品♦_____此检查过关。

♦携带 xédài carry, take along　♦物品 wùpǐn article, goods
♦入境 rùjìng enter a country

3. _____历史♦原因♦造成♦的经济落后♦状况♦，必须尽快改变♦。

♦历史 lìshǐ history　♦落后 luòhòu backward
♦原因 yuányīn reason, cause　♦状况 zhuàngkuàng condition, state
♦造成 zàochéng cause　♦改变 gǎibiàn change

4. _____自己身上找原因，不要把责任推♦给别人。　♦推 tuī push, push away
5. _____无到有，_____小到大，公司发展♦成今天的规模♦，他们付出了辛勤♦的劳动♦。
6. 旅游团_____导游黄小姐带领出境。

♦规模 guīmó scale
♦辛勤 xīnqín hard-working
♦发展 fāzhǎn develop
♦劳动 láodòng work, labour

7. 今天_____这儿讲起。
8. 这本书我_____头至尾读了一遍。
9. 这件事还得_____头说起，别着急。
10. _____此来看，根本问题还不在这儿。

# 有 yǒu（have）

### ▶ 常见错误举例　Examples of common mistakes

1. 我有头疼。
2. 今天上午我们有上课。
3. 你有几岁了?
4. 我有一次吃过北京烤鸭。
5. 多跟中国人谈话对我了解中国很大帮助。
6. 从前他很穷，现在他很多钱了。
7. 他教书很经验。

### ▶ 解析　Explanatory notes

➡ 1. "有"作为谓语动词主要表示"领有、具有、存在、发生、出现"等意义，所以凡表示这些意义的句子，谓语必须用"有"，"常见错误举例"中的5、6、7缺少作谓语的"有"：
Yǒu as a predicate verb mainly expresses the meanings of "own, possess, exist, happen, and appear". Sentences expressing such meanings should use yǒu as the predicate verb. In the above examples of common mistakes, Numbers 5, 6, and 7 lack the predicate verb yǒu.

➡ 2. "有"表示存在时，句首限于用时间词语或处所词语。"有"后面为存在的主体。
When yǒu is used to express existence, only expressions indicating time or place can be used at the beginning of the sentence. In the following two examples which use colloquial Chinese, yǒu is often omitted.
例如：（1）火车上有多少乘客?
　　　（2）班里有多少学生?（口语中这两个例子里的"有"字常省略。　In colloquial Chinese, the character yǒu can often be omitted.）

➡ 3. 一般动词谓语或形容词谓语句，谓语中不该用"有"。
In sentences which use a common verb or adjective as the predicate, yǒu cannot be used in the predicate.

例如：（1）他今年炒股（票）♦赚了很多钱。　　♦股（票）gǔ(piào) (share), stock
　　　（2）北京非常漂亮。

"常见错误举例"中的1、2、3、4都是一般动词或形容词谓语句，不是"有"字句。

In the "Examples of common mistakes", Numbers 1, 2, 3, and 4 are such sentences and therefore yǒu should not be used in the predicate.

## 练习　Exercises

◎ 改正上面"常见错误举例"中的错误。
　Correct the mistakes in the "Examples of common mistakes".

◎ 把下面各句改写成"有"字句：
　Rewrite the following into sentences with yǒu.

1. 他很诚实♦，说话一句是一句。　♦诚实 chéngshí　honest
2. 她的约会♦在上午8点。　♦约会 yuēhuì　appointment, date
3. 老师经验丰富。
4. 她看上去还很年轻♦，可已是两个孩子的妈妈了。　♦年轻 niánqīng　young
5. 钱多不一定幸福♦。　♦幸福 xìngfú　happy, happiness
6. 你是不是要对我说什么？
7. 电话在哪儿？

# 有　具有　拥有
## yǒu, jùyǒu, yōngyǒu (have, possess)

## 常见错误举例　Examples of common mistakes

1. 我刚才有了早饭。
2. 她拥有一双灵巧♦的手。　♦灵巧 língqiǎo　nimble, skilful
3. 昨天是星期天，我有休息了。
4. 他有亿万财富♦，但没有健康。　♦财富 cáifù　wealth

305

> **解析　Explanatory notes**

> "有""具有""拥有"都是与"无、没"相对的词，表示领有、占有、具备什么的意思。它们的主要区别是：
> Yǒu, jùyǒu and yōngyǒu are all words opposite to wú (no) and méi (have not), expressing to possess, to occupy and to have. Their differences are explained as follows.

➡ 1. "有"运用的范围最广，能够用"具有""拥有"的地方几乎都可以用"有"来代替，尤其是在口语中。但"有"包含的意义比较多，除了可表示与"无"相对应的意义外，还可表示存在、比较、发生或出现等多项意义，"具有""拥有"没有这些意思，也不常用于口语中。

Yǒu is the most widely used term. Whenever jùyǒu and yōngyǒu can be used, they can almost always be replaced by yǒu, especially in spoken Chinese. However, yǒu has multiple meanings. Apart from being the opposite to wú (no), it can also express meanings such as existence, comparison, occurrence or appearance. Jùyǒu and yōngyǒu do not have these meanings, and they are not often used in spoken Chinese.

例如：（1）他家有三口人。

（2）许多家庭都是一对夫妻有一个孩子。（与"无"相对应　The opposite of wú）

（3）最近世界形势有了新的变化。（出现与发生　Occurrence and appearance）

（4）机器人有跟真人相似的外形。（比较　Comparison）

（5）我们教室里有最现代化的教学设备。（存在　Existence）

➡ 2. "具有"有具备、陈设出来的意思，且多用于抽象事物。用"具有"的句子说明的是本体具备的某种特性。下面例句中的"具有"不能用"拥有"替换。

Jùyǒu has the meaning of being provided with and displaying, and it is more often associated with abstract things. Sentences using jùyǒu refer to characteristics possessed by the subject. In the following examples, jùyǒu cannot be replaced by yōngyǒu.

例如：（1）他的画具有浓厚的西部地方特色。

（2）外国朋友喜欢具有中国少数民族风格的服装。

（3）竞选者的演说具有很大的煽动性。

（4）这部小说具有很高的文化品味。

3. "拥有"有双手拥抱、环抱的意思。用"拥有"的句子说明的是本体领有某种对象。所以"拥有"表示对大量土地、人口、资源、财产等等的领有、占有。下面例句中的"拥有"不能用"具有"替换。

Yōngyǒu has the meaning of embracing or encircling. Sentences using yōngyǒu refer to certain objects possessed by the subject. Therefore, yōngyǒu is used to indicate possession, occupation of large quantities of land, population, resources or properties. In the following examples, yōngyǒu cannot be replaced by jùyǒu.

例如：（1）中国拥有13亿人口，960万平方公里的土地。
（2）中国沿海地区拥有雄厚的人力和自然资源。
（3）比尔·盖茨拥有巨额私人资产。
（4）现代人拥有人类有史以来创造的一切文明。

## 练习 Exercises

◎ 改正"常见错误举例"中的错误。
Correct the mistakes in the "Examples of common mistakes".

◎ 选词填空。
Fill in the blanks with the appropriate words.

（有　具有　拥有）

1. 这幅中国画_____很高的艺术◆价值◆。
   ◆艺术 yìshù　art
   ◆价值 jiàzhí　value
2. _____什么也别_____病，没什么也别没钱。
3. 我们_____的现代文明，是全人类共同创造◆的。
   ◆创造 chuàngzào　create
4. 他得了不治之症◆，_____的时间不多了。
   ◆不治之症 búzhìzhīzhèng　incurable disease
5. 母亲让我们_____了宝贵的生命，这是多大的财富呀。
   ◆人力 rénlì　manpower, human resources
   ◆物力 wùlì　material resources
6. 我们已经_____足够的人力◆、物力◆来应对各种灾难和困难。
7. 这份合同对双方都_____约束力◆。
   ◆约束力 yuēshùlì　binding force
   ◆私人 sīrén　private
   ◆财产 cáichǎn　property
   ◆法律 fǎlǜ　law
8. 公民_____的私人◆财产◆，受到国家法律◆保护。
9. 人要_____知识，_____文化，才会_____高雅◆气质◆。
   ◆高雅 gāoyǎ　refined, elegant
   ◆气质 qìzhì　temperament, disposition
10. 我们要做一个_____头脑◆的人，学会用自己的头脑生活和工作。
    ◆头脑 tóunǎo　brains, mind

# 又 再 还
# yòu (again), zài (again), hái (still)

## ▶ 常见错误举例　Examples of common mistakes

1. 他想下星期又去医院检查一下。
2. 这本书前几天他再看了一遍。
3. 我买了三套教材，又想买几本工具书。
4. 下次我又来北京时一定去看你。

## ▶ 解析　Explanatory notes

> 副词"又""再""还"都表示动作或行为的重复，但又有一些区别。
> Yòu, zài and hái are all adverbs expressing repetition of an action or behaviour, but they also have some differences between them.

➡ 1. "又"用于已实现的动作或行为；而"再"和"还"用于未实现的动作和行为——有的将要发生，有的是假想的。

Yòu is used to indicate an action or a behaviour that has already been performed, while zài and hái are used to indicate an action or a behaviour that has not been performed—some are going to happen and some are just imaginary.

例如：（1）他今年又来中国了。
　　　　　他明年再/还来中国。
　　　（2）你又喝酒了，病还没好呢！
　　　（3）这出戏，今天又演了一场，明天再演一场，一个月后，还会演几场。
　　　（4）他以前犯过这种错误，今天老毛病又犯了，以后可能还会再犯。

➡ 2. "还"表示范围扩大，即在已指出的以外，另有增加和补充。补充的情况可能发生在过去，也可能发生在未来。这时"还"可以换用"又"，但不是"范围扩大"的意思。"再"没有这个意义和用法。

Hái is used to indicate an extension of the scope, that is, apart from what has been pointed out, there is some addition or supplement to it. Maybe the additional part happened in the past, or it may take place in the future. In such circumstances, hái can be replaced by yòu, but it does not indicate an extension of the scope. Zài does not have this meaning and usage.

例如：（1）开学时，我交了学费，还交了书本费。

（2）除了本职工作外，他还兼有数职。

（3）你已经说了一大堆废话，你还想说什么？

3. "再""还"都表示未实现动作或行为的重复，但不同处在于："还"只是客观说明动作或行为的重复，而"再"有强调的意义，或强调行为、动作发生有先有后，不只是客观叙述。

Both zài and hái express the repetition of an action or a behaviour that has not been performed. Their difference lies in the fact that while hái only objectively indicates the repetition of an action or a behaviour, zài carries emphasis. It may also emphasize that an action or a behaviour is before another. It is more than just an objective description.

例如：（1）你快去，商店还没关门。

（2）你这么说，他听了还能高兴？

（3）再说也没用，他就是不听。

（4）水果、点心都买了，再买点瓜子、糖吧。

## 练习 Exercises

◎ 改正"常见错误举例"中的错误。
**Correct the mistakes in the "Examples of common mistakes".**

◎ 选词填空。
**Fill in the blanks with the appropriate words.**

（又 再 还）

1. 我吃了一次烤鸭后_____想吃。

2. 我和太太去商店买了一件衣服，_____买了一条裤子，_____打算买双鞋。

3. 你_____没去过长城吧？

4. 上午去了商店_____去书店。

5. 这本书特别精彩◆，你一定要_____看一遍。　　◆精彩 jīngcǎi  brilliant

6. 这份合同的条款◆，我_____要_____想想能不能接受。　　◆条款 tiáokuǎn  clause, article, provision

7. 上次我是先打电话预约好时间＿＿＿＿去的。 ◆预约 yùyuē  make an appointment, make a reservation
8. 昨天，你去他家，他不在，今天＿＿＿＿去，他＿＿＿＿不在，明天你＿＿＿＿去吗？
9. 这次回国后，我＿＿＿＿会＿＿＿＿来中国。
10. 老师仔细讲了一遍，他怕学生＿＿＿＿没听懂，就＿＿＿＿讲了一遍。 ◆仔细 zǐxì  careful, carefully

# 原来　本来　yuánlái, běnlái (originally)

## ▶ 常见错误举例  Examples of common mistakes

1. 她是我本来的女朋友。
2. 我们按本来的计划出发了。　◆出发 chūfā  start, depart, set off
3. 本来是这么回事，我错怪他了。　◆怪 guài  blame
4. 学生原来就应该好好学习嘛！

## ▶ 解析  Explanatory notes

"原来"与"本来"作副词时都表示用先前的情况和现实情况作对比，常常可以互换。但表达的意思有所不同。

As adverbs, both yuánlái and běnlái express a comparison between the previous situation and the reality. Usually they can be used interchangeably, but they do have some differences in the meanings they express.

➡ 1. "原来"以事实变化前的时间为起点，由以前指向现在；用"原来"的句子含有现在已经发生变化、不是先前那样的意思。

Yuánlái takes the time before the change of a situation as its starting point. It points from the past to the present. A sentence with yuánlái implies that now the situation has changed, and it is not the same as before.

例如：（1）原来我的发音不好，刻苦练了好长时间，现在好了。
（2）原来我身体不好，而且很胖。通过慢跑，身体好了，人也瘦了。
（3）她原来是一个很开朗的女孩儿，现在变得沉默寡言了。

"本来"以变化发生的当时或正要发生的时间为起点，从当前指向过去，说明先前是什么样子；用"本来"的句子常含有出现情况变化的原因。

Běnlái takes the time when the change happened or was going to happen as its starting point. It points from the present to the past, telling us what the previous situation was like. A sentence with běnlái often implies the reason for the change.

例如：（1）我本来不想跟他说话了，后来想想算了，原谅他了。
（2）她本来不会做饭，结婚以后，也就学会做了。
（3）她本来是学经济的，为了多挣钱，现在成了演员。

➡ 2. "原来"还表示发现从前不知道的情况，含有忽然醒悟的意思，"本来"没有这层意思。"本来"还表示按道理就该是什么样子的意思，"原来"没有这层意思。下面句子中的"原来""本来"不能互换。

Yuánlái is also used to indicate a situation that was not known before, implying a meaning of sudden awakening, while běnlái does not have this meaning. Běnlái is also used to express that the situation ought to be like this according to reason, while yuánlái does not have this meaning. In the following sentences, yuánlái and běnlái are not interchangeable with each other.

例如：（1）你这么一说，我就明白了，事情原来是这样。
（2）她的歌唱得这么好，我说她是谁呢，原来是著名的歌唱家。
（3）他这人太老实，本来就不是做生意的料。
（4）现在股市持续低迷，你本来就不应该再进去。

➡ 3. "原来"和"本来"的感情色彩不尽相同。"原来"用于叙述客观存在与新情况的自然发生，是中性词；"本来"则含有强烈的解释、说明语气，且反映的变化常与主观人为有关。

Yuánlái and běnlái have different emotional connotations. Yuánlái is neutral, which is used to describe the objective existence of a circumstance and the natural occurrence of a new situation. Běnlái implies a strong tone of explanation, and the change it reflects is often subjectively human-related.

例如：（1）他提前回国了，原来是日程有了变化。

（2）他原来抽烟，现在不抽烟了。

（3）她本来不吃辣的，在中国生活久了，现在可爱吃麻婆豆腐了。

（4）他本来不会说汉语，现在他说得可流利了，原来他娶了一位中国妻子。

▶ 4. "原来""本来"还是形容词。"原来"表示"没有改变的"意思；"本来"表示"原有的、本有的"意思。二者不能互换。

Both yuánlái and běnlái can also be used as adjectives. Yuánlái expresses the meaning of being unchanged, while běnlái expresses the meaning of being original and true. They cannot be used interchangeably.

例如：（1）我原来的意思是先买车后买房。

（2）原来的计划不能改变！

（3）这回我可认识了他的本来面目！

（4）你原来的梦想就这样随风飘散了？

## ▶ 练习 Exercises

◎ 改正"常见错误举例"中的错误。
Correct the mistakes in the "Examples of common mistakes".

◎ 选词填空。
Fill in the blanks with the appropriate words.

（原来　本来）

1. _____就是你的错，你不承认也不行。
2. 股市_____一直持续◆低迷◆，昨天突然强势◆反弹◆。
3. 世上_____没有路，走的人多了，也就成了路。
4. 夫妻◆俩_____的感情很好，由于长期◆两地分居◆，离婚了。
5. 这车_____只有一点小毛病，就因为没及时修理◆，出大事儿了吧。
6. _____是你呀，我还以为是小王呢。
7. 他_____以为可以按时到，不想路上堵车◆，还是迟到了。
8. 这道题我____做对了，后来又改错了。
9. 她____是个沉默寡言◆的人，现在变得活泼◆开朗◆了。
10. 小小挫折◆就像一阵风，不会把你_____的梦想吹跑的！

◆持续 chíxù　sustain
◆低迷 dīmí　sluggish, low
◆强势 qiángshì　strong, strongly
◆反弹 fǎntán　rebound

◆夫妻 fūqī　married couple, husband and wife
◆长期 chángqī　long-term
◆分居 fēnjū　separate
◆修理 xiūlǐ　repair, mend

◆堵车 dǔchē　traffic jam

◆沉默寡言 chénmòguǎyán　taciturn
◆活泼 huópo　lively
◆开朗 kāilǎng　cheerful

◆挫折 cuòzhé　setback

# Y 参考答案 Reference Answers

## 也　还

**改正"常见错误举例"中的错误。**
Correct the mistakes in the "Examples of common mistakes".
1. 主人送我们到门外，还把我们送到车站。
2. 烤鸭我太爱吃了，我还要再吃一次。
3. 北京人热情，常常告诉你怎么走，还陪你边走边聊。
4. 主人做了那么多菜，还说没什么菜。

**选词填空。**
Fill in the blanks with the appropriate words.
（也　还）
1. 大家还有什么要说的？
2. 你有一本《汉英·现代汉语词典》，我也有一本《汉英·现代汉语词典》。
3. 你没有什么话说，我也没有什么话说。
4. 错也认了，骂也骂了，你还要怎么样？
5. 不管我的心情多么糟糕，我／还得去上班。
6. 现在的孩子真难教育。错了还／也不能批评。
7. 你已经吃了一份大汉堡包，还想吃什么？
8. 现在，市场很不景气，你还要加大投资力度，是不是太不明智了。
9. 领导不赏识你，你就是再努力，也没有用。
10. 现在你房子有了，车子也有了，还有什么不满足的？

## 也　又

**改正"常见错误举例"中的错误。**
Correct the mistakes in the "Examples of common mistakes".

1. 他感冒了，我也感冒了。
2. 我喜欢吃中国菜，我也喜欢喝中国茶。
3. 我没有钱，你也没有钱，还想买面包？

**把"也"字填到适当的位置。**
Insert yě at the appropriate place.
1. 风停了，雨也住了。
2. 一会儿功夫，屋子也整理好了。
3. 告诉你有什么用，说了你也不明白。
4. 难怪他不高兴，你也太不客气了。
5. 他身体好，一天病假也没请过，永远不知道累。
6. 一点儿风都没有，树叶也一动不动（或：树叶一动也不动）。

**选词填空。**
Fill in the blanks with the appropriate words.
（又　也）
1. 又快又好，又轻又软，又干净又整齐。
2. 他这一年又当爹又当妈，真不容易。
3. 父亲六十大寿，儿子送来了礼物，女儿也送来了礼物。
4. 走也不是，说也不是，真不知怎么办才好。
5. 他学了两年多汉语，可至今也没听他用汉语跟中国朋友交谈过。

# 一点儿　有点儿

**改正"常见错误举例"中的错误。**
Correct the mistakes in the "Examples of common mistakes".
1. 今天我有点儿不舒服。
2. 我会说一点儿汉语。
3. 工作找到了，我高兴一点儿了。
4. 我的身体好一点儿。
5. 你来得有点儿早。
6. 我的汉语比以前说得好一点儿。

**选词填空。**

Fill in the blanks with the appropriate words.

（一点儿　有点儿）

1. 他去办这件事，我一点儿都不放心。
2. 这么多年过去了，他竟一点儿不见老。
3. 他是广东人，你不说，我真是一点儿都听不出来。
4. 她离婚了，可一点儿也不后悔。
5. 工作累一点儿没关系，只要心情愉快。
6. 这菜有点儿咸，也太辣了一点儿，我吃不了。
7. 他，我有点儿面熟，只是不知在哪儿见过，请你给我一点儿时间想想。
8. 做生意，开始我有点儿不摸门，慢慢才驾轻就熟。
9. 一听说有考试，他就有点儿紧张。
10. 女孩子都有点儿爱使小性子。

## 一定　当然

**改正"常见错误举例"中的错误。**

Correct the mistakes in the "Examples of common mistakes".

1. 我们是好朋友，你举行婚礼不邀请我，我当然很难过。
2. 我们一定能学好汉语。
3. 你一定有什么事没告诉我，说话吞吞吐吐的。
4. 你有什么不高兴的事，一定要讲出来，不要闷在心里。
5. 这是妈妈送我的生日礼物，我当然很高兴。

**选词填空。**

Fill in the blanks with the appropriate words.

（一定　当然）

1. 你一定得向老师请假，否则就要作旷课处理。
2. 我当然不会把这话当真。
3. 从银行取钱，一定要当面点清。
4. 这个条件你一定能接受。
5. 我一定不把这件事告诉他。

6. 他病了，你一定得抽时间去看看他。
7. 我当然不会忘记你的嘱咐。
8. 饭前一定要洗手，讲卫生。
9. 这件事我一定抓紧办。
10. 酒后一定不能开车。

## 一直　始终

**改正"常见错误举例"中的错误。**
Correct the mistakes in the "Examples of common mistakes".
1. 她说她一直等你，不见到你她不走。
2. 只要有可能，他打算在这儿一直做下去。
3. 他一直不肯走，等到12点要闭馆了他才不得不走。
4. 他走后到现在一直／始终没来过信。

**选词填空。**
Fill in the blanks with the appropriate words.
（一直　始终）
1. 她一直在哭，已经哭了一个多小时了。
2. 这种工作他当然不打算一直做到老，只要有好机会他就要调换工作。
3. 雨就这样不紧不慢地下着，一直下到天黑。
4. 他俩始终是好朋友，有困难怎么不帮他一把？
5. 谈判始终没有结果。
6. 情况始终／一直没有改变，双方都不愉快。
7. 市场价格始终不稳定，我们不敢签订货合同。
8. 她跑遍了各大商场，可始终没挑到一件满意的上衣。
9. 他来北京十几年了，地方口音始终没改。

## 一直　一向　向来

**改正"常见错误举例"中的错误。**
Correct the mistakes in the "Examples of common mistakes".
1. 他对穿着一向／向来比较马虎。

2. 经理对工作一向／向来要求严格。
3. 我父亲在家向来饭来张口，衣来伸手。
4. 病倒前他身体一直很好。
5. 他一向／向来有什么说什么，不弄虚作假。

**选词填空。**
Fill in the blanks with the appropriate words.
（一直　一向　向来）
 1. 他向来不随便张口请别人帮忙。
 2. 老板一向／向来说话痛快，今天怎么吞吞吐吐的了？
 3. 他花钱一向／向来有多少花多少，从不计划。
 4. 这几年他一直住在上海。
 5. 我一向／向来把他当成自己的好朋友，没想到他会骗我。
 6. 他俩一向／向来少来往，不知怎么最近交往多了起来。
 7. 公司一向／向来注意信誉。
 8. 他对自己的工作一直很满意，不知道他为什么改行。
 9. 你别看他年纪小，他一向／向来很有主见。
10. 结婚后他一直跟太太合不来。

# 以　以便

**改正"常见错误举例"中的错误。**
Correct the mistakes in the "Examples of common mistakes".
1. 你应该买一本词典，以便随时查生词。
2. 我送花给她以表示我的祝贺。
3. 建议你少抽烟以利身体健康。
4. 我买电脑以便学习中文。（删去"是"　The word shì shoud be deleted.）

**选词填空。**
Fill in the blanks with the appropriate words.
（以　以便）
 1. 现在医院、超市等公共场所，都有了无障碍通道，以便残疾人出入。
 2. 政府号召市民重视绿化，以美化环境。

3. 学生们利用假期开展社会调查，以／以便开阔视野，增长见识。
4. 一球员犯规，裁判亮出黄牌，以示警告。
5. 你就买个手机吧，以便联系。
6. 女人出门都喜欢带个手袋，以便放些化妆品和小物件。
7. 世界各国都在采取刺激经济的措施，以实现经济形势好转。
8. 父母进成年孩子的房间也要先敲门，以示对孩子的尊重。
9. 利用一切可以利用的资源，以满足人类社会日益增长的需要。
10. 向灾区人民送温暖，以表达各族同胞的骨肉亲情。

## 以来　以后　来

**改正"常见错误举例"中的错误。**
Correct the mistakes in the "Examples of common mistakes".
1. 昨晚十点以后，我就上床睡觉了。
2. 孩子摔倒以后，就不停地哭。
3. 他当上总经理以后，我就离开公司了。
4. 我出车祸以后，就不开车了。

**选词填空。**
Fill in the blanks with the appropriate words.
（以来　以后　来）
1. 展览会开幕以来，每天要接待几万名观众。
2. 摔断腿以后，他再也不敢从高处往下跳了。
3. 八十年代以来／以后，新鲜事越来越多。
4. 孩子考上大学以后，父母的心理负担轻了，经济负担重了。
5. 张小姐做了全职太太以后，整天忙着相夫教子。
6. 改革开放三十年来，中国人民的生活发生了巨大变化。
7. 自从结婚以后，她的生活中就充满了阳光。
8. 中国人民在温饱问题基本解决以后，开始追求更丰富的文化生活。
9. 自从到中国工作以后／以来，他就喜欢骑自行车上下班。
10. 王先生回家以后，发现太太的情绪有些反常。

## 以为　认为

**改正"常见错误举例"中的错误。**
Correct the mistakes in the "Examples of common mistakes".
1. 我认为这一定是你的错，不是他的错。（语气肯定　A positive tone.）
2. 我认为这么多工作一天时间绝对完成不了。
3. 下这么大的雨，我以为你不来了呢！（"你"来了　You have come.）
4. 他俩的感情很好，吵吵闹闹是难免的，我认为他俩不会离婚。（从前面说的事实得出的结论　The conclusion is drawn from the fact stated above.）
5. 我认为医生的话不一定要全听。

**选词填空。**
Fill in the blanks with the appropriate words.
（认为　以为）
1. 你认为/以为他唱得怎么样？
2. 你认为/以为他有希望得到这份工作吗？
3. 这本书我认为很有趣，你有空的话可以读读。
4. 我以为有什么大事呢，就这点事你就急成这样？
5. 我认为/以为这件事非说说清楚不可！你们说呢？
6. 长城被公众认为是世界最伟大的古建筑之一。
7. 你这么向她认错，让别人以为你是理亏呢！
8. 他以为自己的字写得不错，其实很一般。
9. 你这么大手大脚花钱，你以为你的父母挣钱容易吗？
10. 我认为他完全可以承担这项工作，你认为呢？
11. 会议认为，世界各国必须采取行动，共同应对金融危机。
12. 我们认为HSK（汉语水平考试）能比较准确地测试外国人的汉语水平。

## 由　从

**改正"常见错误举例"中的错误。**
Correct the mistakes in the "Examples of common mistakes".
1. 由感冒引起了咳嗽。

2. 这个项目由我负责。
3. 从经理说话的语气就知道他生气了。

**选词填空。**
Fill in the blanks with the appropriate words.
1. 本品由名医提供祖传秘方精制而成。
2. 携带入境物品由此检查过关。
3. 由历史原因造成的经济落后状况，必须尽快改变。
4. 从自己身上找原因，不要把责任推给别人。
5. 从无到有，从小到大，公司发展成今天的规模，他们付出了辛勤的劳动。
6. 旅游团由导游黄小姐带领出境。
7. 今天从这儿讲起。
8. 这本书我从头至尾读了一遍。
9. 这件事还得从头说起，别着急。
10. 由此来看，根本问题还不在这儿。

## 有

**改正"常见错误举例"中的错误。**
Correct the mistakes in the "Examples of common mistakes".
1. 我头疼。（多"有"字　The word yǒu should be deleted.）
2. 今天上午我们有课。
3. 你几岁了？(多"有"　The word yǒu should be deleted.）
4. 我吃过一次北京烤鸭。
5. 多跟中国人谈话对我了解中国有很大帮助。（少"有"字　The word yǒu should be inserted.）
6. 从前他很穷，现在他有很多钱了。
7. 他教书很有经验。

**把下面各句改写成"有"字句。**
Rewrite the following into sentences with yǒu.
1. 他很诚实，有一句说一句。

2. 她上午8点有约会。
3. 老师有丰富的经验。
4. 她看上去还很年轻，可已是有两个孩子的妈妈了。
5. 钱多不一定有幸福。
6. 你是不是有什么要对我说？
7. 哪儿有电话？

## 有　具有　拥有

**改正"常见错误举例"中的错误。**
Correct the mistakes in the "Examples of common mistakes".

1. 我刚才吃了早饭。（用"有"是受英语母语影响　Using the word yǒu is because of English mother tongue influence.）
2. 她有一双灵巧的手。（与"拥有"配搭的宾语不合适　Yōngyǒu had an inappropriate collocation with the object.）
3. 昨天是星期天，我休息了
4. 他拥有亿万财富，但没有健康。

**选词填空。**
Fill in the blanks with the appropriate words.
　（有　具有　拥有）
1. 这幅中国画具有很高的艺术价值。
2. 有什么也别有病，没什么也别没钱。
3. 我们拥有的现代文明，是全人类共同创造的。
4. 他得了不治之症，拥有的时间不多了。
5. 母亲让我们拥有了宝贵的生命，这是多大的财富呀。
6. 我们已经有/具有/拥有足够的人力、物力来应对各种灾难和困难。
7. 这份合同对双方都有/具有约束力。
8. 公民拥有的私人财产，受到国家法律保护。
9. 人要有知识，有文化，才会有高雅气质。
10. 我们要做一个有头脑的人，学会用自己的头脑生活和工作。

## 又　再　还

**改正"常见错误举例"中的错误。**
Correct the mistakes in the "Examples of common mistakes".

1. 他想下星期还/再去医院检查一下。（"又"只能用于已完成的行为　Yòu implies an already finished act.）
2. 这本书前几天他还看了一遍。
3. 我买了三套教材，还想买几本工具书。（范围扩大　Enlarging the scope）
4. 下次我再来北京时一定去看你。

**选词填空。**
Fill in the blanks with the appropriate words.
（又　再　还）

1. 我吃了一次烤鸭后还想吃。
2. 我和太太去商店买了一件衣服，又买了一条裤子，还打算买双鞋。
3. 你还没去过长城吧？
4. 上午去了商店又去书店。
5. 这本书特别精彩，你一定要再看一遍。
6. 这份合同的条款，我还要再想想能不能接受。
7. 上次我是先打电话预约好时间再去的。
8. 昨天，你去他家，他不在，今天又去，他还不在，明天你还去吗？
9. 这次回国后，我还会再来中国。
10. 老师仔细讲了一遍，他怕学生还没听懂，就再/又讲了一遍。

## 原来　本来

**改正"常见错误举例"中的错误。**
Correct the mistakes in the "Examples of common mistakes".

1. 她是我原来的女朋友。
2. 我们按原来的计划出发了。
3. 原来是这么回事，我错怪他了。
4. 学生本来就应该好好学习嘛！

**选词填空。**

Fill in the blanks with the appropriate words.

（原来　本来）

1. 本来就是你的错，你不承认也不行。
2. 股市本来一直持续低迷，昨天突然强势反弹。
3. 世上本来没有路，走的人多了，也就成了路。
4. 夫妻俩原来的感情很好，由于长期两地分居，离婚了。
5. 这车本来/原来只有一点小毛病，就因为没及时修理，出大事儿了吧。
6. 原来是你呀，我还以为是小王呢。
7. 他本来以为可以按时到，不想路上堵车，还是迟到了。
8. 这道题我原来做对了，后来又改错了。
9. 她本来/原来是个沉默寡言的人，现在变得活泼开朗了。
10. 小小挫折就像一阵风，不会把你原来的梦想吹跑的！

# 在　正　正在　zài (exist, at, be doing, in the course of), zhèng, zhèngzài (in the course of)

### ▶ 常见错误举例　Examples of common mistakes

1. 我们在课堂，不要说话。
2. 在桌子有书。
3. 在这个星期我很忙。
4. 他是在北京大学的学生。
5. 别叫他了，正他打电话呢。
6. 我见到你前面走，就追上来了。　　◆追 zhuī　chase, pursue
7. 我们正找你，你就来了。

### ▶ 解析　Explanatory notes

> "在"，可作动词、介词和副词。
> Zài can be used as a verb, a preposition or an adverb.

▶ 1. 动词"在"表示存在，如"你在哪儿？""我在家。"
The verb zài indicates existence.

▶ 2. "在"作介词，跟表时间、处所、方位等词语组合成介词短语，在句子中作状语或补语。
Zài, as a preposition, collocates with expressions indicating time, place, direction, etc., to form a prepositional phrase, functioning as an adverbial or a complement.
例如：（1）我是在北京认识她的。
　　　（2）飞机在下午三点到北京机场。
　　　（3）参观安排在周六上午。
　　　（4）在老师的帮助下，我的汉语水平提高很快。
　　　（5）旅客随身带的行李限制在20公斤以内。

这类句子，学生因为受母语影响，常常忽略介词短语的完整性，如"在教室里""在课堂上"等。
In these sentences, because of the influence of their native languages, students often neglect the completeness of the prepositional phrase.

➡ 3. 副词"在"表示动作、行为处于进行、持续状态。这种时候，常可用"正"或"正在"来表达，下面的例句中的"在"都可换成"正在"。

The adverb zài indicates that the action or act is in progress. In such circumstances, zhèng or zhèngzài are often used. In the examples below, zài can be replaced by zhèngzài.

例如：（1）老师在上课呢。
（2）他在北京做生意。

但副词"在""正""正在"在用法上也有一些不同。
However, the adverb zài, zhèng and zhèngzài have some differences in their usages.

➡ 1. "在"着重指动作、行为的状态，"正"着重指动作、行为处于某种状态的时间，而"正在"既指时间又指状态。

Zài emphasizes the state of an act or action. Zhèng emphasizes the time when an act or action is in a certain state, while zhèngzài emphasizes both the time and the state of an act or action.

例如：（1）妈妈在睡觉，你还大声唱歌！（着重指状态 Emphasizing the state）
（2）妈妈正睡觉呢，你还大声唱歌！（着重指时间 Emphasizing time）
（3）妈妈正在睡觉，你还大声唱歌！（着重指时间 Emphasizing time）

➡ 2. "正"后面一般不能用动词的单纯形式，而常用"正+动词+呢（着呢）"的句式；"在""正在"不限。

Usually, zhèng does not precede the simple form of a verb. Its usual format is [zhèng + verb + ne (zhè'ne)], but zài and zhèngzài do not have such restrictions on their format.

例如：（1）你继续说，我正听着呢！
（2）我没工夫理你，我正忙着呢！
（3）对不起，我在写信，没看见你进来。
（4）你来找我的时候，我正在开会。

➡ 3. 因为"在"本身可作介词用，所以后面不能用介词。"正""正在"不限。

As zài can be used as a preposition, it cannot be followed by another preposition, while zhèng and zhèngzài do not have such restrictions.

例如：（1）一轮红日正从东方升起。√

（2）一轮红日正在从东方升起。√

（3）一轮红日在从东方升起。✗

4. "在"可表示动作、行为反复进行或长期持续，句子中常有"一直""总""还"一类副词，而"正""正在"没有这种功能，因为"正""正在"是表示行为发生的当时状态，是所谓的"进行时态"。

Zài can be used to indicate repetition or the long-term sustainability of an act or action, and such adverbs as yìzhí, zǒng or hái are often used in these sentences. Zhèng and zhèngzài do not have such function as they indicate the so-called "progressive tense", expressing the state of an act or action when it is occurring.

例如：（1）我经常在回忆儿时的事。√

（2）我一直在考虑你的建议。√

（3）我经常正想儿时的事。✗

（4）我一直正在考虑你的建议。✗

## 练习 Exercises

◎ 改正"常见错误举例"中的错误。
Correct the mistakes in the "Examples of common mistakes".

◎ 选词填空。
Fill in the blanks with the appropriate words.

（在　正　正在）

1. 雨_____下着呢。
2. 会议◆定____明天上午9点召开。　◆会议 huìyì　meeting
3. 老师_____黑板上写字。
4. 我出生____上海，_____北京长大。
5. 她洒◆了一点香水◆_____衣服上。　◆洒 sǎ　spray, sprinkle
　　　　　　　　　　　　　　　　◆香水 xiāngshuǐ　perfume
6. 他一直_____思考◆一个严肃◆的问题。　◆思考 sīkǎo　think, ponder, reflect
　　　　　　　　　　　　　　　　◆严肃 yánsù　stern, serious
7. 他_____考虑◆你的建议。　◆考虑 kǎolǜ　think over, consider
8. 眼看◆又要开学了，父母_____为孩子的学费发愁呢。　◆眼看 yǎnkàn　soon, in a moment, look on helplessly
9. 中国经济_____高速◆发展。　◆高速 gāosù　high speed

# 怎么 不怎么
## zěnme (how), bù zěnme (not quite)

### ▶ 常见错误举例　Examples of common mistakes

1. 你怎么要来中国？
2. 她怎么哭◆？　◆哭 kū　cry, weep
3. 怎么关于◆你学汉语？　◆关于 guānyú　concerning about
4. 怎么敢◆你这样做？　◆敢 gǎn　bold, dare

### ▶ 解析　Explanatory notes

> "怎么"，是一个疑问代词，通常用来询问状况、性质、方式或原因等。询问方式的句子，不用否定式，句尾常带"的"。询问原因的句子，可用否定式，句尾常带"了"，否定词只能放在"怎么"的后边，动词的前边。此外，"怎么"还可以在句中表示虚指或任指（例2、4）。
>
> Zěnme is an interrogative pronoun, often used to ask about the status, nature, mode or cause of something. A sentence asking about the mode cannot be in the negative, and the word de often appears at the end of such a sentence. A sentence asking about the cause can be in the negative, and the word le often appears at the end of such a sentence. The negative word can only be put after zěnme and before the verb. Zěnme can also be used in a sentence to express a vague reference or an arbitrary reference (Examples 2 and 4).

例如：（1）他不怎么会唱歌。（表示虚指　Vague reference）

（2）不知怎么了，怎么请他也不来。（表示任指　Arbitrary reference）

（3）请你告诉我到底是怎么一回事？（询问性质状态　Ask about the nature or status）

（4）你是怎么来的？（询问方式　Asking about the mode）

（5）你病了怎么不去医院呢？（询问原因　Ask about the cause）

"不怎么"，是"怎么"的一种特殊用法。它多见于日常口语，表示一种轻微而婉转的否定语气，"不怎么"不如"不……"的否定语气干脆、果断。"不怎么"后面跟形容词或某些动词（如：想、爱、喜欢、会等），表示程度低。后面跟一般动作性动词，则表示动作发生的次数少。

Bù zěnme is a special usage of zěnme. It often appears in oral Chinese to express a tactful and mildly negative tone. The negative tone of bù zěnme is not as clear-cut and decisive as bù. Bù zěnme is followed by adjectives or certain verbs (such as xiǎng, ài, xǐhuan, huì, etc.) to express a low level of something. When it is followed by general action verbs, it indicates that the action happens infrequently.

例如：（1）北京的水果不怎么贵。
（2）她不怎么喜欢流行歌曲。
（3）我长大了，不怎么想家了。
（4）现在很忙，不怎么去逛商店了。

## 练习 Exercises

◎ 改正"常见错误举例"中的错误。
Correct the mistakes in the "Examples of common mistakes".

◎ 选词填空。
Fill in the blanks with the appropriate words.

（怎么　不怎么）

1. 她长大了，_____跟妈妈一起逛商店了。
2. 她是个听话的孩子，用不着妈妈_____说她。
3. 她是个听话的孩子，妈妈_____说她。
4. 老师给你倒茶，你_____不说"谢谢"？
5. 这次考试_____难。
6. 他只想学好口语，_____喜欢写汉字。
7. 天气♦这么闷热♦，你_____不开窗户？
   ♦ 天气 tiānqì　weather
   ♦ 闷热 mènrè　hot and stuffy
8. 他的汉语还说得_____好。
9. 你干脆点儿，_____想就_____说。
10. 你_____成了流行歌曲♦的粉丝♦。
    ♦ 歌曲 gēqǔ　song
    ♦ 粉丝 fěnsī　fan

## 挣 赚
## zhèng (make, earn), zhuàn (earn, gain)

### 常见错误举例　Examples of common mistakes

1. 你一个月赚多少工资？
2. 他从小就打工，自己赚学费。
3. 写文章，卖稿子◆，能赚几个钱？　　◆稿子 gǎozi　manuscript, contribution
4. 当公务员赚不了大钱。

### 解析　Explanatory notes

> "挣"和"赚"都有从事某种活动获得钱财的意思。
> Both zhèng and zhuàn have the meaning of obtaining money by engaging in certain activities.

"挣钱"是指用劳动力换取钱财，"赚"本是高价卖出的意思，"赚钱"也就是用经商的方式赚取利润，获得钱财。可见"挣"和"赚"区别明显。

Zhèngqián refers to labour in exchange for money, while zhuànqián is a way of doing business to make a profit or to earn money. Therefore, there exist obvious differences between zhèng and zhuàn.

例如：（1）他刚工作，一个月挣不了多少工资。
　　　（2）他是收破烂的，就挣点儿辛苦钱。
　　　（3）那些卖蔬菜水果的，都是小本买卖，一天赚不了几个钱。
　　　（4）大款们资本雄厚，做的都是赚大钱的生意。

但有时候，"挣钱"也可能包含有"赚钱"的因素，既要用劳动，也要凭资本。如上面的例（2）（3）就是这种类型，与例（4）相比较，只是资本和利润的大小不同。所以例（2）（3）"挣"和"赚"可互换。例（1）只能用"挣"。

However, under certain circumstances, zhèngqián may include a factor of zhuànqián, that is, by relying on both labour and capital. Examples (2) and (3) above belong to this type. Compared with Example (4), there is only a difference in the amount of the capital and the profit. Therefore, in Examples (2) and (3), zhèng and zhuàn are interchangeable, while in Example (1), only zhèng can be used.

# 练习 Exercises

◎ 改正"常见错误举例"中的错误。
**Correct the mistakes in the "Examples of common mistakes".**

◎ 选词填空。
**Fill in the blanks with the appropriate words.**

（挣　赚）

1. 大多数父母____钱都不容易，做子女的应该懂得感恩。
2. 许多人辛苦了一辈子，____的钱也买不起一套像样的房子。
3. 一些小商贩倒卖点服装、小电器什么的，从中____点儿差价。
4. 人不可太贪心，钱是_____不完的!
5. 所谓工薪阶层，就是靠_____工资养家糊口的人群。
6. 他刚做生意的时候，没经验，常常是赔本_____吆喝。
7. 我很知足，____多____少，够吃够用就行。
8. 他很勤劳，能吃苦，又有一手绝活，一月可不少____钱。
9. 炒股票能_____大钱，风险也大。
10. 种地可以____钱，经商可以____钱，政府鼓励人民劳动致富。

- ◆ 感恩 gǎn'ēn　be thankful
- ◆ 一辈子 yíbèizi　all one's life
- ◆ 像样 xiàngyàng　decent, presentable
- ◆ 商贩 shāngfàn　peddler, small retailer
- ◆ 倒卖 dǎomài　speculative buying and selling
- ◆ 差价 chājià　difference in price
- ◆ 贪心 tānxīn　insatiably greedy
- ◆ 所谓 suǒwèi　so-called
- ◆ 阶层 jiēcéng　social strata
- ◆ 养家糊口 yǎngjiā-húkǒu　support one's family
- ◆ 赔本 péiběn　lose money
- ◆ 吆喝 yāohe　yell, loudly hawk one's wares
- ◆ 知足 zhīzú　be content with one's lot
- ◆ 勤劳 qínláo　diligent, industrious
- ◆ 绝活 juéhuó　unique skill
- ◆ 经商 jīngshāng　be in business
- ◆ 鼓励 gǔlì　encourage
- ◆ 劳动致富 láodòng zhìfù　become welloff through labour

# 钟头　小时　点钟　zhōngtóu, xiǎoshí (hour), diǎnzhōng (o'clock)

## ▶ 常见错误举例　Examples of common mistakes

1. 昨天上午我们上了三点钟课。
2. 我们下午两小时开始工作。
3. 我每天早晨◆听半点钟汉语广播。　　◆早晨 zǎochen　morning
4. 我第一次用中文给你写信，写了一点半钟。
5. 我们只学习了一半小时。

## ▶ 解析　Explanatory notes

> "钟头""小时""点钟"都是表示时间的单位。
> Zhōngtóu, xiǎoshí and diǎnzhōng all express units of time.

比如一条没有起点、也没有终点的无限长的直线，"钟头""小时"都是这条线上的一段，即二者表示的都是一段时间，有起点，也有终点。比如说从一点到三点，这一段时间是两个小时。而"点钟"则是这条线上的一个点，即表示行为、动作发生的某一个时间点，比如说三点（钟）、五点（钟）。这就是这三个词的主要区别。试认真体会下面的一些例子。

"钟头"和"小时"用法也基本相同，只是"钟头"更多用于口语。

If we compare time to an infinite straight line without a starting point or an end, zhōngtóu and xiǎoshí both indicate a segment on this line, with a starting point and an end. For instance, the time duration from one o'clock to three o'clock is liǎng xiǎoshí (two hours). Diǎnzhōng indicates a point on this line, that is, a point of time at which an act or action occurs, e.g., sān diǎn (zhōng) (3 o'clock), wǔ diǎn (zhōng) (5 o'clock). That is the main difference between the three. Please see the differences in the following examples.

Zhōngtóu and xiǎoshí are used similarly, except that zhōngtóu is more colloquial.

例如：（1）这顿饭吃了一（个）小时。
　　　　　这顿饭吃了一个钟头。
　　　（2）这场网球比赛耗时四小时。
　　　　　这场网球比赛耗时四个钟头。

（3）A: 昨晚你看书看到几点?
B: 早上三点（钟）。
A: 昨晚你看了几个小时书?
B: 三（个）小时（三个钟头）。

从上面的前二例还可看出"钟头"和"小时"的一点小区别。"钟头"只用作名词，而"小时"既可用作名词，也可用作量词。所以"小时"前可以省略数词"个"，而"钟头"前则不能省。

From the first two examples above, we can also see the slight difference between zhōngtóu and xiǎoshí. Zhōngtóu can only be used as a noun, while xiǎoshí can be used both as a noun and a measure word. Therefore, the numeral gè can be omitted before xiǎoshí, but not before zhōngtóu.

## 练习 Exercises

◎ 改正"常见错误举例"中的错误。
Correct the mistakes in the "Examples of common mistakes".

◎ 选词填空。
Fill in the blanks with the appropriate words.

（钟头　小时　点钟）

1. 飞机误点◆，在飞机场等了整◆整二个＿＿＿。　　◆误点 wùdiǎn  behind schedule, late
　　　　　　　　　　　　　　　　　　　　　　　　　　◆整 zhěng  full, whole
2. 飞机误点，在飞机场等了整整二＿＿＿。
3. 汽车开了三个＿＿＿才到达◆目的地◆。　　◆到达 dàodá  arrive, arrival
　　　　　　　　　　　　　　　　　　　　　　◆目的地 mùdìdì  destination
4. 现在都六＿＿＿了他还不来，我想他不会来了。
5. 这篇文章不长但很难译◆，下午我用了三个＿＿＿才译完。　　◆译 yì  translate
6. 王先生在一个＿＿＿以前就走了。
7. 现在经理◆不在，请你下午两＿＿＿以后再来。　　◆经理 jīnglǐ  manager
8. 通知◆: 下午四＿＿＿图书馆闭馆。　　◆通知 tōngzhī  notice, announcement

# 做 作 zuò, zuò (do, make, engage in certain activity)

## ▶ 常见错误举例　Examples of common mistakes

1. 要从小培养◆孩子的劳动习惯，自己的事自己作。　　◆培养 péiyǎng　cultivate
2. 基督徒◆周日要去教堂作礼拜◆。　　◆基督徒 jīdūtú　Christian
　　　　　　　　　　　　　　　　　　◆礼拜 lǐbài　religious service
3. 这次请客我作东，下次到你家作客。
4. 我们要跟坏人坏事作斗争。
5. 支票不能涂改◆，写错了便做废。　　◆涂改 túgǎi　alter; alteration

## ▶ 解析　Explanatory notes

"做""作"，读音相同，《现代汉语词典》把"作"作为"做"的异体字列出，就是说，所有能用"作"的地方，都可以用"做"。《现代汉语词典》这两个单字下列的词条，只有"作法""做法"一条的释义部分相同，所列其他词条完全不同。

Zuò（做）and zuò（作）have the same pronunciation. *The Contemporary Chinese Dictionary* lists zuò（作）as the variant of zuò（做）. That is to say, in all places where zuò（作）is used, it can be replaced by zuò（做）. However, in *The Contemporary Chinese Dictionary*, comparing the entries for these two words, only the two entries zuòfǎ（作法）and zuòfǎ（做法）(the way of handling something) are partially the same in meaning. Other entries included are completely different.

比如"做客"和"作客"，"访问别人，自己当客人"应该用"做客"，而"寄居在别处"，如"作客他乡"，应该用"作客"。

Take zuòkè（做客）and zuòkè（作客）as an example. When you are paying a visit to somebody else and you yourself are the guest, you should use zuòkè（做客）. When you are living temporarily in another place or sojourn in a foreign land, you should use zuòkè（作客）.

其实，"做""作"意义和用法都有明显的不同。"做"，有制作、从事某种活动、担当等意思。如"做菜做饭"，是制作的意思；"做生意""做礼拜""做工作"，是从事某种活动的意思；"做朋友""做伴""做人""做主"都是充当、担任的意思。这些短语里"做"都不能换成"作"。

As a matter of fact, zuò（做）and zuò（作）have obvious differences in meaning and usage. Zuò（做）has the meaning of making, engaging in certain activities and bearing responsibility. For instance, zuò（做）in zuòcàizuòfàn means cooking (making). Zuò（做）in zuòshēngyì (do business), zuòlǐbài (go to church) and zuògōngzuò (do work) means engaging in certain activities.

Zuò（做）in zuòpéngyǒu (become friends), zuòbàn (become companions), zuòrén (conduct oneself) and zuòzhǔ (take the responsibility for a decision) means serving as or holding the post of.... In all these phrases, zuò（做）cannot be replaced by zuò（作）.

"作"也有上面各项意义，但因为"作"是古汉语中保留下来的"做"的异体字，所以凡是用"作"的地方，书面色彩较浓，或者比较抽象，特别是成语，一般都用"作"。比如"作陪"（当陪客）"作保"（当保证人）"作美"（成全人的好事）"作罢"（放弃、不再进行）"作答"（做出回答）"作古"（去世）"作威作福""弄虚作假""默不作声""大有作为""为非作歹""天公不作美"等等。

The word zuò（作）also has the above meanings. However, zuò（作）is a variant of zuò（做）from from ancient Chinese. Therefore, whenever zuò（作）is used, it has a literary tone or is more abstract, and this is especially so in idiomatic expressions where zuò（作）is normally used. Examples include zuòpéi (help entertain a guest of honor), zuòbǎo (be somebody's guarantor), zuòměi (make things easy for somebody), zuòbà (drop, give up), zuòdá (answer), zuògǔ (pass away), zuòwēizuòfú (abuse one's power tyrannically), nòngxūzuòjiǎ (practice fraud), mòbúzuòshēng (keep silent), dàyǒuzuòwéi (be able to employ one's talents fully and make great contributions), wéifēizuòdài (do evil), tiāngōng bú zuòměi (heaven is neither just nor cooperative), etc.

## ▶ 练习 Exercises

◎ 改正"常见错误举例"中的错误。
Correct the mistakes in the "Examples of common mistakes".

◎ 选词填空。
Fill in the blanks with the appropriate words.

（做 作）

1. 他平时不好好学习，考试时答不出，就_____弊。 ◆弊 bì fraud, harm
2. 这种工作他从没_____过，当然不能保证_____好。
3. 一不_____，二不休。他没有别的选择。
4. 现在旧的规章◆制度已经_____废。 ◆规章 guīzhāng rules and regulations
5. 有人以为_____买卖全靠一张嘴能说，就能挣大钱。
6. 一个人_____一件好事并不难，难的是只_____好事，不_____坏事。
7. 这件衣服_____工很细。
8. 你这都是办的什么事，真叫人_____呕◆！ ◆呕 ǒu vomit
9. 经理让我_____一项新的营销◆计划。 ◆营销 yíngxiāo marketing

# 参考答案 Reference Answers

## ▶ 在　正　正在

**改正"常见错误举例"中的错误。**
Correct the mistakes in the "Examples of common mistakes".

1. 我们在课堂上，不要说话。
2. 在桌子上有书。（表示方位的介词短语不完整　The prepositional phrase expressing locality was incomplete.）
3. 这个星期我很忙。
4. 他是北京大学的学生。（"北京大学"是名词，可直接作定语　"Peking University" is a noun and it can be used as an attribute.）
5. 别叫他了，他正打电话呢。（副词位置不对　The adverb was wrongly placed.）
6. 我见到你在前面走，就追上来了。（加"在"组成完整介词短语　Zài should be added to make the prepositional phrase complete.）
7. 我们正找你呢，你就来了。（应用"正……呢"的形式　The format of zhèng…ne should be used.）

**选词填空。**
Fill in the blanks with the appropriate words.
（在　正　正在）

1. 雨正/正在下着呢。
2. 会议定在明天上午9点召开。
3. 老师在／正在黑板上写字。
4. 我出生在上海，在北京长大。
5. 她洒了一点香水在衣服上。
6. 他一直在思考一个严肃的问题。
7. 他在／正在考虑你的建议。

335

8. 眼看又要开学了，父母正／正在为孩子的学费发愁呢。
9. 中国经济在／正在高速发展。

## 怎么　不怎么

**改正"常见错误举例"中的错误。**
Correct the mistakes in the "Examples of common mistakes".
1. 你怎么来中国了／的？（询问原因／方式　Asking about the cause/mode）
2. 她怎么哭了？（询问原因　Asking about the cause）
3. 你怎么学汉语？（询问方式　Asking about the mode）
4. 你怎么敢这样做？（询问原因　Asking about the cause）

**选词填空。**
Fill in the blanks with the appropriate words.
（怎么　不怎么）
1. 她长大了，不怎么跟妈妈一起逛商店了。
2. 她是个听话的孩子，用不着妈妈怎么说她。
3. 她是个听话的孩子，妈妈不怎么说她。
4. 老师给你倒茶，你怎么不说"谢谢"？
5. 这次考试不怎么难。
6. 他只想学好口语，不怎么喜欢写汉字。
7. 天气这么闷热，你怎么不开窗户？
8. 他的汉语还说得不怎么好。
9. 你干脆点儿，怎么想就怎么说。
10. 你怎么成了流行歌曲的粉丝。

## 挣　赚

**改正"常见错误举例"中的错误。**
Correct the mistakes in the "Examples of common mistakes".
1. 你一个月挣多少工资？
2. 他从小就打工，自己挣学费。

3. 写文章，卖稿子，能挣几个钱？
4. 当公务员挣不了大钱。

**选词填空。**

Fill in the blanks with the appropriate words.

（挣　赚）

1. 大多数父母挣钱都不容易，做子女的应该懂得感恩。
2. 许多人辛苦了一辈子，挣的钱也买不起一套像样的房子。
3. 一些小商贩倒卖点服装、小电器什么的，从中赚点儿差价。
4. 人不可太贪心，钱是赚／挣不完的！
5. 所谓工薪阶层，就是靠挣工资养家糊口的人群。
6. 他刚做生意的时候，没经验，常常是赔本赚吆喝。
7. 我很知足，挣／赚多挣／赚少，够吃够用就行。
8. 他很勤劳，能吃苦，又有一手绝活，一月可不少挣钱。
9. 炒股票能赚大钱，风险也大。
10. 种地可以挣钱，经商可以赚钱，政府鼓励人民劳动致富。

# 钟头　小时　点钟

**改正"常见错误举例"中的错误。**

Correct the mistakes in the "Examples of common mistakes".

1. 昨天上午我们上了三个小时的课。
2. 我们下午两点钟开始工作。
3. 我每天早晨听半个钟头汉语广播。
4. 我第一次用中文给你写信，写了一个半钟头。
5. 我们只学习了半个小时。

**选词填空。**

Fill in the blanks with the appropriate words.

（钟头　小时　点钟）

1. 飞机误点，在飞机场等了整整二个钟头。
2. 飞机误点，在飞机场等了整整二小时。

3. 汽车开了三个小时（钟头）才到达目的地。
4. 现在都六点（钟）了他还不来，我想他不会来了。
5. 这篇文章不长但很难译，下午我用了三个小时（钟头）才译完。
6. 王先生在一个钟头（小时）以前就走了。
7. 现在经理不在，请你下午两点以后再来。
8. 通知：下午四点图书馆闭馆。

## 做　作

**改正"常见错误举例"中的错误。**
Correct the mistakes in the "Examples of common mistakes".
1. 要从小培养孩子的劳动习惯，自己的事自己做。
2. 基督徒周日要去教堂做礼拜。
3. 这次请客我做东，下次到你家做客。
4. 我们要跟坏人坏事做斗争。
5. 支票不能涂改，写错了便作废。

**选词填空。**
Fill in the blanks with the appropriate words.
（做　作）
1. 他平时不好好学习，考试时答不出，就作弊。
2. 这种工作他从没做过，当然不能保证做好。
3. 一不做，二不休。他没有别的选择。
4. 现在旧的规章制度已经作废。
5. 有人以为做买卖全靠一张嘴能说，就能挣大钱。
6. 一个人做一件好事并不难，难的是只做好事，不做坏事。
7. 这件衣服做工很细。
8. 你这都是办的什么事，真叫人作呕！
9. 经理让我做一项新的营销计划。

# 词目检索表 | Index of words

## A

| | | | |
|---|---|---|---|
| 按（按、照、按照） | 001 | 按照（按照、根据） | 004 |
| 按照（按、照、按照） | 001 | | |

## B

| | | | |
|---|---|---|---|
| 把（把） | 008 | 比（比、比较） | 019 |
| 摆（摆、放） | 011 | 比较（比、比较） | 019 |
| 班（课、班） | 165 | 必须（必须、必需） | 022 |
| 半（半、一半） | 013 | 必需（必须、必需） | 022 |
| 帮忙（帮忙、帮助） | 015 | 遍（次、遍） | 052 |
| 帮助（帮忙、帮助） | 015 | 别（另外、别、别的、其他） | 183 |
| 保持（保持、保留、保存） | 017 | 别的（另外、别、别的、其他） | 183 |
| 保存（保持、保留、保存） | 017 | 不（不、没、没有） | 024 |
| 保留（保持、保留、保存） | 017 | 不大（不大、不太） | 027 |
| 本来（原来、本来） | 310 | 不太（不大、不太） | 027 |

## C

| | | | |
|---|---|---|---|
| 不怎么（怎么、不怎么） | 327 | 持续（持续、继续） | 046 |
| 才（刚、才、刚才） | 104 | 冲（对、向、冲、朝） | 088 |
| 参加（参加、参与） | 037 | 重（重、再） | 048 |
| 参与（参加、参与） | 037 | 穿（穿、戴） | 050 |
| 曾经（曾经、已经） | 039 | 次（次、遍） | 052 |
| 差不多（差不多、差一点儿） | 042 | 从（由、从） | 302 |
| 差一点儿（差不多、差一点儿） | 042 | 从来（从来、始终） | 054 |
| 朝（对、向、冲、朝） | 088 | 凑巧（凑巧、正巧、恰巧） | 056 |

## D

| | | | |
|---|---|---|---|
| 打算（打算、计划） | 066 | 大概（大约、大概、恐怕） | 068 |

## D

| | | | |
|---|---|---|---|
| 大约（大约、大概、恐怕） | 068 | 点儿（些、一些、点儿） | 267 |
| 带（带、拿） | 071 | 点钟（钟头、小时、点钟） | 331 |
| 戴（穿、戴） | 050 | 都（都、全） | 082 |
| 当然（一定、当然） | 286 | 读（念、读、看） | 210 |
| 倒（倒、却） | 073 | 对（对、对于） | 085 |
| 得（的、得、地） | 079 | 对（对、向、冲、朝） | 088 |
| 的（的） | 076 | 对于（对、对于） | 085 |
| 的（的、得、地） | 079 | 多（多） | 091 |
| 地（的、得、地） | 079 | 多亏（幸亏、多亏） | 272 |

## F

| | | | |
|---|---|---|---|
| 放（摆、放） | 011 | 非常（十分、非常） | 230 |

## G

| | | | |
|---|---|---|---|
| 干（干、搞、弄） | 102 | 更加（更、更加、越、越发、越来越） | 111 |
| 刚（刚、才、刚才） | 104 | | |
| 刚才（刚、才、刚才） | 104 | 够（够） | 114 |
| 搞（干、搞、弄） | 102 | 关心（关心、关注） | 116 |
| 各（每、各） | 193 | 关注（关心、关注） | 116 |
| 根据（按照、根据） | 004 | 过（了、过） | 174 |
| 跟（跟、和） | 108 | 过分（过头、过分） | 118 |
| 更（更、更加、越、越发、越来越） | 111 | 过头（过头、过分） | 118 |

## H

| | | | |
|---|---|---|---|
| 还（也、还） | 278 | 和（跟、和） | 108 |
| 还（又、再、还） | 308 | 后来（后来、以后） | 129 |
| 还是（或者、还是） | 134 | 忽然（忽然、突然） | 132 |
| 合适（合适、适合、适应、适当） | 127 | 会（能、会） | 204 |
| | | 或者（或者、还是） | 134 |

## J

| | | | |
|---|---|---|---|
| 机会（机会、机遇） | 141 | 接收（接收、接受） | 146 |
| 机遇（机会、机遇） | 141 | 接受（接收、接受） | 146 |
| 计划（打算、计划） | 066 | 经过（通过、经过） | 252 |
| 继续（持续、继续） | 046 | 就（是）（就（是）） | 148 |
| 见（看、见、看见） | 159 | 举办（举行、举办） | 152 |
| 交际（交往、交流、交际） | 143 | 举行（举行、举办） | 152 |
| 交流（交往、交流、交际） | 143 | 具有（有、具有、拥有） | 305 |
| 交往（交往、交流、交际） | 143 | | |

## K

| | | | |
|---|---|---|---|
| 看（看、见、看见） | 159 | 可以（能、可以） | 207 |
| 看（念、读、看） | 210 | 课（课、班） | 165 |
| 看见（看、见、看见） | 159 | 恐怕（大约、大概、恐怕） | 068 |
| 可惜（可惜、遗憾） | 162 | 口（口、嘴） | 166 |

## L

| | | | |
|---|---|---|---|
| 来（以来、以后、来） | 296 | 临时（临时、暂时） | 178 |
| 了（了、过） | 174 | 另（另、另外） | 180 |
| 立刻（马上、立刻） | 190 | 另外（另、另外） | 180 |
| 联络（联系、联络） | 172 | 另外（另外、别、别的、其他） | 183 |
| 联系（联系、联络） | 172 | | |

## M

| | | | |
|---|---|---|---|
| 马上（马上、立刻） | 190 | 每（每、各） | 193 |
| 没（不、没、没有） | 024 | 美丽（美丽、漂亮） | 195 |
| 没有（不、没、没有） | 024 | | |

## N

| | | | |
|---|---|---|---|
| 拿（带、拿） | 071 | 能（能、可以） | 207 |
| 拿（拿、取） | 201 | 念（念、读、看） | 210 |
| 哪（哪、什么） | 203 | 弄（干、搞、弄） | 102 |
| 能（能、会） | 204 | | |

## P

| | |
|---|---|
| 漂亮（美丽、漂亮） | 195 |

## Q

| | | | |
|---|---|---|---|
| 其他（另外、别、别的、其他） | 183 | 取（拿、取） | 201 |
| 起来（起来、下去） | 217 | 全（都、全） | 082 |
| 恰巧（凑巧、正巧、恰巧） | 056 | 缺乏（缺乏、缺少） | 222 |
| 情况（情况、情形、状况） | 219 | 缺少（缺乏、缺少） | 222 |
| 情形（情况、情形、状况） | 219 | 却（倒、却） | 073 |
| 趋势（形势、趋势、趋向） | 269 | 确实（确实、实在） | 224 |
| 趋向（形势、趋势、趋向） | 269 | | |

## R

| | |
|---|---|
| 认为（以为、认为） | 299 |

## S

| | | | |
|---|---|---|---|
| 什么（哪、什么） | 203 | 是（是、是……的） | 240 |
| 什么（什么、怎么） | 231 | 是（是、在） | 242 |
| 什么样（什么样、怎么样） | 234 | 是……的（是、是……的） | 240 |
| 十分（十分、非常） | 230 | 适当（合适、适合、适应、适当） | 127 |
| 时候（时间、时候） | 238 | 适合（合适、适合、适应、适当） | 127 |
| 时间（时间、时候） | 238 | 适应（合适、适合、适应、适当） | 127 |
| 实在（确实、实在） | 224 | | |
| 始终（从来、始终） | 054 | | |
| 始终（一直、始终） | 288 | | |

## T

| | | | |
|---|---|---|---|
| 挑（挑、选、挑选） | 250 | 同意（同意、允许） | 254 |
| 挑选（挑、选、挑选） | 250 | 突然（忽然、突然） | 132 |
| 通过（通过、经过） | 252 | | |

## W

| | | | |
|---|---|---|---|
| 为（为、为了） | 260 | 为了（为、为了） | 260 |

## X

| | | | |
|---|---|---|---|
| 下去（起来、下去） | 217 | 小时（钟头、小时、点钟） | 331 |
| 详细（详细、仔细） | 263 | 些（些、一些、点儿） | 267 |
| 向（对、向、冲、朝） | 088 | 形势（形势、趋势、趋向） | 269 |
| 向来（一直、一向、向来） | 290 | 幸亏（幸亏、多亏） | 272 |
| 象（象、像） | 265 | 选（挑、选、挑选） | 250 |
| 像（象、像） | 265 | | |

## Y

| | | | |
|---|---|---|---|
| 也（也、还） | 278 | 以为（以为、认为） | 299 |
| 也（也、又） | 280 | 拥有（有、具有、拥有） | 305 |
| 一半（半、一半） | 013 | 由（由、从） | 302 |
| 一点儿（一点儿、有点儿） | 283 | 有（有） | 304 |
| 一定（一定、当然） | 286 | 有（有、具有、拥有） | 305 |
| 一向（一直、一向、向来） | 290 | 有点儿（一点儿、有点儿） | 283 |
| 一些（些、一些、点儿） | 267 | 又（也、又） | 280 |
| 一直（一直、始终） | 288 | 又（又、再、还） | 308 |
| 一直（一直、一向、向来） | 290 | 原来（原来、本来） | 310 |
| 遗憾（可惜、遗憾） | 162 | 越（更、更加、越、越发、越来越） | 111 |
| 已经（曾经、已经） | 039 | | |
| 以（以、以便） | 293 | 越发（更、更加、越、越发、越来越） | 111 |
| 以便（以、以便） | 293 | | |
| 以后（后来、以后） | 129 | 越来越（更、更加、越、越发、越来越） | 111 |
| 以后（以来、以后、来） | 296 | | |
| 以来（以来、以后、来） | 296 | 允许（同意、允许） | 254 |

## Z

| | | | |
|---|---|---|---|
| 再（重、再） | 048 | 怎么（什么、怎么） | 231 |
| 在（是、在） | 242 | 怎么（怎么、不怎么） | 327 |
| 在（在、正、正在） | 324 | 怎么样（什么样、怎么样） | 234 |
| 暂时（临时、暂时） | 178 | 照（按、照、按照） | 001 |

## Z

| | | | |
|---|---|---|---|
| 挣（挣、赚） | 329 | 状况（情况、情形、状况） | 219 |
| 正（在、正、正在） | 324 | 仔细（详细、仔细） | 263 |
| 正巧（凑巧、正巧、恰巧） | 056 | 嘴（口、嘴） | 166 |
| 正在（在、正、正在） | 324 | 作（做、作） | 333 |
| 钟头（钟头、小时、点钟） | 331 | 做（做、作） | 333 |

# 生词检索表 | Vocabulary

## A

| 生词 | 拼音 | 词目 |
|---|---|---|
| 爱情 | àiqíng | 不 没 没有 |
| 艾滋病 | àizībìng | 关心 关注 |
| 安排 | ānpái | 时间 时候 |
| 昂贵 | ángguì | 情形 情况 状况 |

## B

| 生词 | 拼音 | 词目 |
|---|---|---|
| 芭蕾舞 | bāléiwǔ | 挑 选 |
| 把握 | bǎwò | 十分 非常 |
| 罢工 | bàgōng | 举行 举办 |
| 拜托 | bàituō | 另外 别的 |
| 般配 | bānpèi | 确实 实在 |
| 帮手 | bāngshǒu | 的 |
| 保票 | bǎopiào | 半 一半 |
| 保护 | bǎohù | 穿 戴 |
| 保姆 | bǎomǔ | 暂时 临时 |
| 保险 | bǎoxiǎn | 一次 一遍 |
| 宝贵 | bǎoguì | 跟 和 |
| 抱佛脚 | bàofójiǎo | 暂时 临时 |
| 抱怨 | bàoyuàn | 倒 却 |
| 报考 | bàokǎo | 打算 计划 |
| 报名 | bàomíng | 凑巧 正巧 恰巧 |
| 暴发 | bàofā | 打算 计划 |
| 暴富 | bàofù | 挣 赚 |
| 悲观 | bēiguān | 形势 趋势 趋向 |
| 本领 | běnlǐng | 保持 保留 保存 |
| 本事 | běnshì | 什么样 怎么样 |
| 逼 | bī | 跟 和 |
| 比划 | bǐhuà | 的 地 得 |
| 比赛 | bǐsài | 每 各 |
| 笔记 | bǐjì | 念 读 |
| 必修课 | bìxiūkè | 另外 别的 |
| 闭馆 | bìguǎn | 一直 始终 |
| 毕业 | bìyè | 了 过 |
| 弊 | bì | 做 作 |
| 边远山区 | biānyuǎn shānqū | 缺乏 缺少 |
| 变动 | biàndòng | 暂时 临时 |
| 变化 | biànhuà | 多 |
| 变暖(和) | biànnuǎn(he) | 形势 趋势 趋向 |
| 辨认 | biànrèn | 详细 仔细 |
| 标准 | biāozhǔn | 每 各 |
| 表格 | biǎogé | 详细 仔细 |
| 并存 | bìngcún | 机会 机遇 |
| 补贴 | bǔtiē | 另 另外 |
| 部门 | bùmén | 另 另外 |
| 不愧 | bùkuì | 确实 实在 |
| 不免 | bùmiǎn | 不大 不太 |
| 不然 | bùrán | 幸亏 多亏 |
| 不治之症 | búzhìzhīzhèng | 有 具有 拥有 |
| 布料 | bùliào | 什么 怎么 |
| 布置 | bùzhì | 缺乏 缺少 |

# C

| 生词 | 拼音 | 词目 |
|---|---|---|
| 擦 | cā | 把 |
| 才艺 | cáiyì | 参加 参与 |
| 材料 | cáiliài | 能 可以 |
| 财产 | cáichǎn | 有 具有 拥有 |
| 财富 | cáifù | 有 具有 拥有 |
| 裁员 | cáiyuán | 或者 还是 |
| 采访 | cǎifǎng | 允许 同意 |
| 采取 | cǎiqǔ | 以为 认为 |
| 餐厅 | cāntīng | 是 在 |
| 残疾人 | cánjírén | 以 以便 |
| 差价 | chājià | 挣 赚 |
| 差别 | chābié | 另 另外 |
| 差劲 | chàjìn | 联系 联络 |
| 插话 | chāhuà | 允许 同意 |
| 拆 | chāi | 重 再 |
| 产品 | chǎnpǐn | 缺乏 缺少 |
| 超市 | chāoshì | 以 以便 |
| 嘲笑 | cháoxiào | 口 嘴 |
| 吵架 | chǎojià | 起来 下去 |
| 吵闹 | chǎonào | 以为 认为 |
| 长期 | chángqī | 原来 本来 |
| 场合 | chǎnghé | 合适 适合 |
| 场面 | chǎngmiàn | 什么 怎么 |
| 畅饮 | chàngyǐn | 不大 不太 |
| 车祸 | chēhuò | 差不多 差一点 |
| 撤出 | chèchū | 幸亏 多亏 |
| 沉默寡言 | chénmòguǎyán | 原来 本来 |
| 趁 | chèn | 机会 机遇 |
| 承担 | chéngdān | 以为 认为 |
| 成功 | chénggōng | 半 一半 |
| 成果 | chéngguǒ | 交往 交流 交际 |
| 成绩 | chéngjì | 幸亏 多亏 |
| 成群 | chéngqún | 的 地 得 |
| 成员 | chéngyuán | 参加 参与 |
| 诚实 | chéngshí | 有 |
| 城墙 | chéngqiáng | 保持 保留 保存 |
| 乘客 | chéngkè | 马上 立刻 |
| 惩罚 | chéngfá | 什么 怎么 |
| 吃苦 | chīkǔ | 什么 怎么 |
| 持续 | chíxù | 原来 本来 |
| 充满 | chōngmǎn | 以来 以后 |
| 抽 | chōu | 一定 当然 |
| 抽出 | chōuchū | 能 可以 |
| 抽烟 | chōuyān | 不 没 |
| 仇人 | chóurén | 忽然 突然 |
| 出版社 | chūbǎnshè | 举行 举办 |
| 出差 | chūchāi | 联系 联络 |
| 出发 | chūfā | 原来 本来 |
| 出境 | chūjìng | 必须 必需 |
| 出色 | chūsè | 是 是……的 |
| 除夕 | chúxī | 举行 举办 |
| 处理 | chǔlǐ | 一定 当然 |
| 触摸 | chùmō | 允许 同意 |
| 穿过 | chuānguò | 象 像 |
| 穿着 | chuānzhuó | 十分 非常 |
| 传说 | chuánshuō | 美丽 漂亮 |
| 传统 | chuántǒng | 可惜 遗憾 |
| 闯荡 | chuǎngdàng | 什么 怎么 |
| 创造 | chuàngzào | 有 具有 拥有 |
| 创意 | chuàngyì | 象 像 |
| 纯粹 | chúncuì | 联系 联络 |
| 蠢事 | chǔnshì | 搞 干 弄 |

| 生词 | 拼音 | 词目 |
|---|---|---|
| 吹 | chuī | 能 会 |
| 刺激 | cìjī | 以 以便 |
| 聪明 | cōngmíng | 一次 一遍 |
| 村官 | cūnguān | 挑 选 |
| 寸步难行 | cùnbùnánxíng | 搞 干 弄 |
| 措辞 | cuòcí | 合适 适合 |
| 措施 | cuòshī | 忽然 突然 |
| 错过 | cuòguò | 可惜 遗憾 |
| 挫折 | cuòzhé | 原来 本来 |

## D

| 生词 | 拼音 | 词目 |
|---|---|---|
| 搭配 | dāpèi | 什么样 怎么样 |
| 打扮 | dǎbàn | 美丽 漂亮 |
| 打动 | dǎdòng | 美丽 漂亮 |
| 打工 | dǎgōng | 时间 时候 |
| 打搅 | dǎjiǎo | 看见 看见 |
| 打算 | dǎsuàn | 了 过 |
| 打印机 | dǎyìnjī | 另 另外 |
| 大大咧咧 | dàdaliēliē | 详细 仔细 |
| 大佛 | dàfó | 通过 经过 |
| 大奖 | dàjiǎng | 幸亏 多亏 |
| 大惊小怪 | dàjīng xiǎoguài | 忽然 突然 |
| 大脑 | dànǎo | 接收 接受 |
| 大桥 | dàqiáo | 对 向 冲 |
| 大手大脚 | dàshǒu dàjiǎo | 以为 认为 |
| 大型 | dàxíng | 举行 举办 |
| 待 | dāi | 不大 不太 |
| 代表 | dàibiǎo | 每 各 |
| 待遇 | dàiyù | 比 比较 |
| 戴 | dài | 穿 戴 |
| 担心 | dānxīn | 不 没 |

| 生词 | 拼音 | 词目 |
|---|---|---|
| 单独 | dāndú | 另 另外 |
| 单亲家庭 | dānqīn jiātíng | 的 |
| 单身 | dānshēn | 挑 选 |
| 单位 | dānwèi | 另 另外 |
| 淡 | dàn | 起来 下去 |
| 当家 | dāngjiā | 半 一半 |
| 当面 | dāngmiàn | 些 一些 点儿 |
| 刀叉 | dāochā | 能 会 |
| 倒卖 | dǎomài | 挣 赚 |
| 到达 | dàodá | 钟头 小时 点钟 |
| 道 | dào | 拿 取 |
| 道德 | dàodé | 对 向 冲 |
| 道歉 | dàoqiàn | 对 向 冲 |
| 得奖 | déjiǎng | 参加 参与 |
| 登机 | dēngjī | 马上 立刻 |
| 低迷 | dīmí | 原来 本来 |
| 地位 | dìwèi | 联系 联络 |
| 地震 | dìzhèn | 接收 接受 |
| 递 | dì | 对 向 冲 |
| 点清 | diǎnqīng | 一定 当然 |
| 典礼 | diǎnlǐ | 举行 举办 |
| 电话铃 | diànhuàlíng | 刚 才 |
| 电脑 | diànnǎo | 哪 什么 |
| 电梯 | diàntī | 接收 接受 |
| 电子信号 | diànzǐ xìnhào | 接收 接受 |
| 调查 | diàochá | 按照 根据 |
| 调换 | diàohuàn | 一直 始终 |
| 调研 | diàoyán | 缺乏 缺少 |
| 叮嘱 | dīngzhǔ | 一次 一遍 |
| 订货 | dìnghuò | 一直 始终 |
| 动不动 | dòngbudòng | 暂时 临时 |
| 独立性 | dúlìxìng | 过头 过分 |

347

| 生词 | 拼音 | 词目 |
|---|---|---|
| 堵车 | dǔchē | 原来　本来 |
| 赌 | dǔ | 更加　越发 |
| 度过 | dùguò | 打算　计划 |
| 短暂 | duǎnzàn | 时间　时候 |
| 锻炼 | duànliàn | 为　为了 |
| 段落 | duànluò | 暂时　临时 |
| 对象 | duìxiàng | 凑巧　正巧　恰巧 |
| 兑换 | duìhuàn | 马上　立刻 |
| 夺取 | duóqǔ | 形势　趋势　趋向 |

## E

| 生词 | 拼音 | 词目 |
|---|---|---|
| 恶化 | èhuà | 持续　继续 |
| 耳环 | ěrhuán | 穿　戴 |

## F

| 生词 | 拼音 | 词目 |
|---|---|---|
| 发表 | fābiǎo | 把 |
| 发布会 | fābùhuì | 举行　举办 |
| 发愁 | fāchóu | 为　为了 |
| 发动 | fādòng | 起来　下去 |
| 发愤 | fāfèn | 念　读 |
| 发现 | fāxiàn | 幸亏　多亏 |
| 发言稿 | fāyángǎo | 一次　一遍 |
| 发展 | fāzhǎn | 由　从 |
| 法律 | fǎlǜ | 有　具有　拥有 |
| 翻译 | fānyì | 钟头　小时　点钟 |
| 凡 | fán | 打算　计划 |
| 烦躁 | fánzào | 起来　下去 |
| 反驳 | fǎnbó | 马上　立刻 |
| 反常 | fǎncháng | 以来　以后 |
| 反弹 | fǎntán | 原来　本来 |

| 生词 | 拼音 | 词目 |
|---|---|---|
| 反应 | fǎnyìng | 幸亏　多亏 |
| 返 | fǎn | 重　再 |
| 返乡 | fǎnxiāng | 持续　继续 |
| 犯 | fàn | 过头　过分 |
| 犯规 | fànguī | 以　以便 |
| 方案 | fāng'àn | 比　比较 |
| 方便 | fāngbiàn | 些　一些　点儿 |
| 房东 | fángdōng | 过头　过分 |
| 房租 | fángzū | 另　另外 |
| 访问 | fǎngwèn | 暂时　临时 |
| 放弃 | fàngqì | 暂时　临时 |
| 放心 | fàngxīn | 一点儿　有点儿 |
| 非洲 | fēizhōu | 象　像 |
| 费力 | fèilì | 倒　却 |
| 费心 | fèixīn | 另外　别的 |
| 费用 | fèiyòng | 必须　必需 |
| 分居 | fēnjū | 原来　本来 |
| 分析 | fēnxī | 后来　以后 |
| 分手 | fēnshǒu | 合适　适合 |
| 纷纷 | fēnfēn | 持续　继续 |
| 粉丝 | fěnsī | 怎么　不怎么 |
| 奋斗 | fèndòu | 机会　机遇 |
| 风暴 | fēngbào | 忽然　突然 |
| 风度 | fēngdù | 合适　适合 |
| 风格 | fēnggé | 不大　不太 |
| 风景 | fēngjǐng | 更加　越发 |
| 风波 | fēngpō | 情形　情况　状况 |
| 风情 | fēngqíng | 美丽　漂亮 |
| 风味 | fēngwèi | 更加　越发 |
| 风险 | fēngxiǎn | 凑巧　正巧　恰巧 |
| 丰富 | fēngfù | 搞　干　弄 |
| 蜂蜜 | fēngmì | 必须　必需 |

| 生词 | 拼音 | | | 生词 | 拼音 | | |
|---|---|---|---|---|---|---|---|
| 夫妻 | fūqī | 原来 | 本来 | 高度 | gāodù | 关心 | 关注 |
| 服务 | fúwù | 课 | 班 | 高校 | gāoxiào | 挑 | 选 |
| 辅导 | fǔdǎo | 另 | 另外 | 高速 | gāosù | 在 正 | 正在 |
| 腐败 | fǔbài | 联系 | 联络 | 高血压 | gāoxuèyā | 过头 | 过分 |
| 父辈 | fùbèi | 象 | 像 | 高雅 | gāoyǎ | 有 具有 | 拥有 |
| 父亲母亲 | fùqīn mǔqīn | 以为 | 认为 | 稿子 | gǎozi | 挣 | 赚 |
| 付出 | fùchū | 不 | 没 | 告诉 | gàosù | 能 | 可以 |
| 附 | fù | 带 | 拿 | 歌曲 | gēqǔ | 怎么 | 不怎么 |
| 附件 | fùjiàn | 跟 | 和 | 歌声 | gēshēng | 的 地 | 得 |
| 负担 | fùdān | 倒 | 却 | 个性 | gèxìng | 什么 | 怎么 |
| 负面 | fùmiàn | 持续 | 继续 | 工会 | gōnghuì | 举行 | 举办 |
| 负责 | fùzé | 由 | 从 | 工具书 | gōngjùshū | 按照 | 根据 |
| 复杂 | fùzá | 比 | 比较 | 工资 | gōngzī | 能 | 可以 |
| 赴约 | fùyuē | 带 | 拿 | 公安局 | gōng'ānjú | 拿 | 取 |
| | | | | 公费 | gōngfèi | 为 | 为了 |

## G

| 生词 | 拼音 | 词目 | | 生词 | 拼音 | | |
|---|---|---|---|---|---|---|---|
| 改编 | gǎibiān | 按照 | 根据 | 公关 | gōngguān | 能 | 可以 |
| 改变 | gǎibiàn | 由 | 从 | 公民 | gōngmín | 必须 | 必需 |
| 改革开放 | gǎigékāifàng | 每 | 各 | 公务员 | gōngwùyuán | 打算 | 计划 |
| 改行 | gǎiháng | 一直 | 一向 | 公益 | gōngyì | 参加 | 参与 |
| 干脆 | gāncuì | 或者 | 还 | 公众 | gōngzhòng | 以为 | 认为 |
| 干涉 | gānshè | 按照 | 按照 | 功夫 | gōngfu | 比 | 比较 |
| 干预 | gānyù | 关心 | 关注 | 功能 | gōngcéng | 接收 | 接受 |
| 敢 | gǎn | 怎么 | 不怎么 | 宫保鸡丁 | gōngbǎojīdīng | 合适 | 适合 |
| 赶车 | gǎnchē | 就 | 就是 | 共识 | gòngshì | 对 | 对于 |
| 感动 | gǎndòng | 志一次 | 一遍 | 供给 | gòngjǐ | 时间 | 时候 |
| 感恩 | gǎn'ēn | 挣 | 赚 | 沟通 | gōutōng | 必须 | 必需 |
| 感激 | gǎnjī | 对 | 对于 | 购物 | gòuwù | 另外 | 别的 |
| 感情 | gǎnqíng | 以为 | 认为 | 估计 | gūjì | 些 一些 | 点儿 |
| 感性 | gǎnxìng | 通过 | 经过 | 古建筑 | gǔjiànzhù | 以为 | 认为 |
| 高层 | gāocéng | 参加 | 参与 | 古书 | gǔshū | 念 | 读 |
| | | | | 骨感 | gǔgǎn | 形势 趋势 | 趋向 |
| | | | | 骨肉 | gǔròu | 以 | 以便 |

349

| 生词 | 拼音 | 词目 |
|---|---|---|
| 股票 | gǔpiào | 有 |
| 股市 | gǔshì | 幸亏 多亏 |
| 鼓励 | gǔlì | 挣 赚 |
| 故事 | gùshì | 什么 怎么 |
| 故乡 | gùxiāng | 美丽 漂亮 |
| 故意 | gùyì | 允许 同意 |
| 雇员 | gùyuán | 都 |
| 固定 | gùdìng | 另外 别的 |
| 固然 | gùrán | 倒 却 |
| 刮 | guā | 起来 下去 |
| 怪 | guài | 原来 本来 |
| 关 | guān | 打算 计划 |
| 关系 | guānxì | 什么样 怎么样 |
| 关心 | guānxīn | 看见 看见 |
| 关于 | guānyú | 怎么 不怎么 |
| 关注 | guānzhù | 的 地 得 |
| 观点 | guāndiǎn | 按照 按照 |
| 观众 | guānzhòng | 以来 以后 |
| 管理 | guǎnlǐ | 接收 接受 |
| 冠军 | guànjūn | 形势 趋势 趋向 |
| 广播 | guángbō | 为 为了 |
| 广泛 | guǎngfàn | 关心 关注 |
| 广告 | guǎnggào | 看见 看见 |
| 逛 | guàng | 了 过 |
| 规定 | guīdìng | 按照 根据 |
| 规模 | guīmó | 由 从 |
| 规章 | guīzhāng | 做 作 |
| 诡计 | guǐjì | 搞 干 弄 |
| 果真 | guǒzhēn | 后来 以后 |
| 过敏 | guòmǐn | 对 对于 |
| 过目不忘 | guòmùbùwàng | 念 读 |
| 过日子 | guòrìzi | 详细 仔细 |

## H

| 生词 | 拼音 | 词目 |
|---|---|---|
| 海关 | hǎiguān | 把 |
| 汉堡包 | hànbǎobāo | 也 还 |
| 行情 | hángqíng | 情形 情况 状况 |
| 行业 | hángyè | 每 各 |
| 豪华 | háohuá | 情形 情况 状况 |
| 好莱坞 | hǎoláiwū | 举行 举办 |
| 好转 | hǎozhuǎn | 情形 情况 状况 |
| 合理 | hélǐ | 比 比较 |
| 合适 | héshì | 十分 非常 |
| 合作 | hézuò | 忽然 突然 |
| 和平 | hépíng | 机会 机遇 |
| 和谐 | héxié | 参加 参与 |
| 核心 | héxīn | 关心 关注 |
| 后悔 | hòuhuǐ | 一点儿 有点儿 |
| 后排 | hòupái | 看见 看见 |
| 胡吹神侃 | húchuīshénkǎn | 确实 实在 |
| 胡来 | húlái | 拿 取 |
| 糊弄 | hùnong | 些 些 点儿 |
| 互相 | hùxiāng | 帮忙 帮助 |
| 花丛 | huācóng | 的 地 得 |
| 花粉 | huāfěn | 对 对于 |
| 花了眼 | huāleyǎn | 挑 选 |
| 花销 | huāxiāo | 的 |
| 滑 | huá | 差不多 差一点 |
| 化妆品 | huàzhuāngpǐn | 以 以便 |
| 环境 | huánjìng | 的 |
| 缓和 | huǎhé | 形势 趋势 趋向 |
| 换车 | huànchē | 是 在 |
| 黄牌 | huángpái | 以 以便 |
| 黄油 | huángyóu | 拿 取 |

350

| 生词 | 拼音 | | |
|---|---|---|---|
| 谎言 | huǎngyán | 美丽 漂亮 | |
| 晃动 | huàngdòng | 忽然 突然 | |
| 回心转意 | huíxīnzhuǎnyì | 大概 大约 | |
| 回忆 | huíyì | 的 地 得 | |
| 会谈 | huìtán | 十分 非常 | |
| 会议 | huìyì | 在 正 正在 | |
| 会员 | huìyuán | 接收 接受 | |
| 婚礼 | hūnlǐ | 一定 当然 | |
| 婚纱 | hūnshā | 挑 选 | |
| 混 | hùn | 确实 实在 | |
| 活动 | huódòng | 暂时 临时 | |
| 活见鬼 | huójiànguǐ | 是 在 | |
| 活泼 | huópo | 原来 本来 | |
| 活跃 | huóyuè | 交往 交流 交际 | |
| 火灾 | huǒzāi | 关心 关注 | |
| 伙伴 | huǒbàn | 忽然 突然 | |
| 货架 | huòjià | 摆 放 | |
| 祸从口出 | huòcóngkǒuchū | 口 嘴 | |

## J

| 生词 | 拼音 | 词目 | |
|---|---|---|---|
| 基本 | jīběn | 以来 以后 | |
| 激动 | jīdòng | 十分 非常 | |
| 激烈 | jīliè | 形势 趋势 趋向 | |
| 基督徒 | jīdūtú | 做 作 | |
| 饥饿 | jī'è | 半 一半 | |
| 机会 | jīhuì | 重 再 | |
| 积极 | jījí | 机会 机遇 | |
| 积累 | jīlěi | 搞 干 弄 | |
| 及时 | jíshí | 幸亏 多亏 | |
| 吉祥 | jíxiáng | 象 像 | |
| 急忙 | jímáng | 摆 放 | |

| 急转弯 | jízhuǎnwān | 忽然 突然 | |
|---|---|---|---|
| 几代同堂 | jǐ dài tóngtán | 形势 趋势 趋向 | |
| 挤 | jǐ | 时间 时候 | |
| 技能 | jìnéng | 必须 必需 | |
| 技术 | jìshù | 刚 才 | |
| 记性 | jìxing | 念 读 | |
| 继续 | jìxù | 起来 下去 | |
| 加紧 | jiājǐn | 打算 计划 | |
| 加盟 | jiāméng | 接收 接受 | |
| 家教 | jiājiào | 允许 同意 | |
| 家具 | jiājù | 合适 适合 | |
| 家乡 | jiāxiāng | 够 | |
| 家长 | jiāzhǎng | 对 向 冲 | |
| 假钞 | jiǎchāo | 详细 仔细 | |
| 假话 | jiǎhuà | 允许 同意 | |
| 价值 | jiàzhí | 有 具有 拥有 | |
| 嫁人 | jiàrén | 打算 计划 | |
| 驾轻就熟 | jiàqīngjiùshú | 一点 有点儿 | |
| 坚持 | jiānchí | 为 为了 | |
| 坚决 | jiānjué | 就 就是 | |
| 艰苦 | jiānkǔ | 举行 举办 | |
| 兼职 | jiānzhí | 允许 同意 | |
| 简单 | jiǎndān | 都 | |
| 检查 | jiǎnchá | 把 | |
| 拣 | jiǎn | 挑 选 | |
| 见识 | jiànshi | 以 以便 | |
| 鉴别 | jiànbié | 通过 经过 | |
| 建设 | jiànshè | 参加 参与 | |
| 建议 | jiànyì | 比 比较 | |
| 建筑 | jiànzhù | 保持 保留 保存 | |
| 将来 | jiānglái | 念 读 | |
| 讲究 | jiǎngjiu | 十分 非常 | |

| | | | | | | |
|---|---|---|---|---|---|---|
| 奖金 | jiǎngjīn | 另 另外 | | 尽管 | jǐnguǎn | 什么样 怎么样 |
| 降薪 | jiàngxīn | 或者 还是 | | 尽快 | jǐnkuài | 跟 和 |
| 交道 | jiāodào | 跟 和 | | 尽量 | jǐnliàng | 的 地 得 |
| 交际 | jiāojì | 凑巧 正巧 恰巧 | | 尽情 | jìnqíng | 不大 不太 |
| 交流 | jiāoliú | 机会 机遇 | | 京酱肉丝 | jīngjiàngròusī | 合适 适合 |
| 交谈 | jiāotán | 也 又 | | 京腔 | jīngqiāng | 口 嘴 |
| 交往 | jiāowǎng | 一直 一向 | | 惊呆 | jīngdāi | 忽然 突然 |
| 焦点 | jiāodiǎn | 关心 关注 | | 精彩 | jīngcǎi | 又 再 还 |
| 饺子 | jiǎozi | 是 是……的 | | 经济 | jīngjì | 凑巧 正巧 恰巧 |
| 教材 | jiàocái | 课 班 | | 经理 | jīnglǐ | 钟头 小时 点钟 |
| 教练 | jiàoliàn | 什么样 怎么样 | | 经商 | jīngshāng | 挣 赚 |
| 教训 | jiàoxùn | 的 | | 经验 | jīngyàn | 合适 适合 |
| 教育 | jiàoyù | 从来 始终 | | 精美 | jīngměi | 美丽 漂亮 |
| 阶层 | jiēcéng | 挣 赚 | | 精制 | jīngzhì | 由 从 |
| 揭 | jiē | 把 | | 警察 | jǐngchá | 马上 立刻 |
| 结婚 | jiéhūn | 就 就是 | | 景气 | jǐngqì | 也 还 |
| 结论 | jiélùn | 起来 下去 | | 景色 | jǐngsè | 美丽 漂亮 |
| 结实 | jiēshi | 更加 越发 | | 竟然 | jìngrán | 重 再 |
| 接受 | jiēshòu | 一定 当然 | | 静静 | jìngjìng | 念 读 |
| 接待 | jiēdài | 以来 以后 | | 竞技 | jìngjì | 保持 保留 保存 |
| 结果 | jiéguǒ | 看见 看见 | | 镜子 | jìngzi | 念 读 |
| 解雇 | jiěgù | 可惜 遗憾 | | 究竟 | jiūjìng | 什么样 怎么样 |
| 解决 | jiějué | 以来 以后 | | 久演不衰 | jiǔyǎnbùshuāi | 保持 保留 保存 |
| 戒烟 | jièyān | 一次 一遍 | | 就业 | jiùyè | 的 地 得 |
| 介意 | jièyì | 口 嘴 | | 救护 | jiùhùù | 缺乏 缺少 |
| 界定 | jièdìng | 以为 认为 | | 居留证 | jūliúzhèng | 暂时 临时 |
| 金牌 | jīnpái | 拿 取 | | 局长 | júzhǎng | 或者 还是 |
| 金融 | jīnróng | 以为 认为 | | 巨大 | jùdà | 以来 以后 |
| 紧急 | jǐnjí | 情形 情况 状况 | | 拒绝 | jùjué | 拿 取 |
| 紧张 | jǐnzhāng | 一点儿 有点儿 | | 具体 | jùtǐ | 打算 计划 |
| 紧急事 | (jǐn)jíshì | 马上 立刻 | | 俱乐部 | jùlèbù | 接收 接受 |
| 近乎 | jìnhu | 能 可以 | | 剧作家 | jùzuòjiā | 举行 举办 |

| 生词 | 拼音 | 词目 |
|---|---|---|
| 聚 | jù | 凑巧 正巧 恰巧 |
| 聚会 | jùhuì | 不大 不太 |
| 决定 | juédìng | 看见 看见 |
| 绝对 | juéduì | 以为 认为 |
| 绝活 | juéhuó | 挣 赚 |
| 抉择 | juézé | 或者 还是 |
| 君子 | jūnzi | 拿 取 |

## K

| 生词 | 拼音 | 词目 |
|---|---|---|
| 开发 | kāifā | 缺乏 缺少 |
| 开阔 | kāikuò | 以 以便 |
| 开朗 | kāiláng | 原来 本来 |
| 开幕 | kāimù | 以来 以后 |
| 开销 | kāixiāo | 必须 必需 |
| 开心 | kāixīn | 确实 实在 |
| 看法 | kànfa | 什么 怎么 |
| 考察 | kǎochá | 通过 经过 |
| 考虑 | kǎolǜ | 在 正 正在 |
| 考试 | kǎoshì | 后来 以后 |
| 科学 | kēxué | 以为 认为 |
| 可惜 | kěxī | 差不多 差一点 |
| 克服 | kèfú | 跟 和 |
| 肯 | kěn | 都 |
| 肯德基 | Kěndéjī | 凑巧 正巧 恰巧 |
| 肯定 | kěndìng | 就 就是 |
| 空姐 | kōngjiě | 带 拿 |
| 空气 | kōngqì | 必须 必需 |
| 空谈 | kōngtán | 联系 联络 |
| 控制 | kòngzhì | 关心 关注 |
| 口才 | kǒucái | 口 嘴 |
| 口吃 | kǒuchī | 口 嘴 |
| 口是心非 | kǒushìxīnfēi | 口 嘴 |
| 口信 | kǒuxìn | 带 拿 |
| 口音 | kǒuyin | 一直 始终 |
| 哭 | kū | 怎么 不怎么 |
| 挎 | kuà | 什么样 怎么样 |
| 筷子 | kuàizi | 能 会 |
| 款 | kuǎn | 哪 什么 |
| 款式 | kuǎnshì | 什么样 怎么样 |
| 旷课 | kuàngkè | 一定 当然 |
| 捆 | kǔn | 够 |
| 困难 | kùnnán | 对 对于 |
| 扩大 | kuòdà | 持续 继续 |

## L

| 生词 | 拼音 | 词目 |
|---|---|---|
| 拉 | lā | 能 会 |
| 垃圾 | lājī | 可惜 遗憾 |
| 辣 | là | 比 比较 |
| 来访 | láifǎng | 对 向 冲 |
| 来临 | láilín | 忽然 突然 |
| 篮筐 | lánkuàng | 差不多 差一点 |
| 篮球 | lánqiú | 参加 参与 |
| 浪漫 | làngmàn | 的 |
| 劳动 | láodòng | 由 从 |
| 劳动致富 | láodòng zhìfù | 挣 赚 |
| 劳累 | láolèi | 情形 情况 状况 |
| 劳务 | láowù | 机会 机遇 |
| 牢靠 | láokao | 口 嘴 |
| 老一套 | lǎoyíātào | 按照 根据 |
| 乐观 | lèguān | 形势 趋势 趋向 |
| 乐意 | lèyì | 或者 还是 |
| 冷静 | lěngjìng | 保持 保留 保存 |

| 生词 | 拼音 | 词目 |
|---|---|---|
| 冷战 | lěngzhàn | 持续 继续 |
| 离婚 | líhūn | 一点儿 有点儿 |
| 理解 | lǐjiě | 跟 和 |
| 理念 | lǐniàn | 接收 接受 |
| 理想 | lǐxiǎng | 为 为了 |
| 理亏 | lǐkuī | 以为 认为 |
| 理由 | lǐyóu | 摆 放 |
| 礼拜 | lǐbài | 做 作 |
| 礼貌 | lǐmào | 的 |
| 礼物 | lǐwù | 也 又 |
| 历史 | lìshǐ | 由 从 |
| 力度 | lìdù | 也 还 |
| 利用 | lìyòng | 以 以便 |
| 厉害 | lìhài | 不大 不太 |
| 联合 | liánhé | 举行 举办 |
| 联系 | liánxì | 跟 和 |
| 恋爱 | liàn'ài | 合适 适合 |
| 良好 | liánghǎo | 保持 保留 保存 |
| 聊 | liáo | 也 还 |
| 了解 | liǎojiě | 详细 仔细 |
| 邻居 | línjū | 不大 不太 |
| 临走 | línzǒu | 多 |
| 淋雨 | línyǔ | 幸亏 多亏 |
| 灵活 | línghuó | 够 |
| 灵敏 | língmǐn | 幸亏 多亏 |
| 灵巧 | língqiǎo | 有 具有 拥有 |
| 零食 | língshí | 从来 始终 |
| 领带 | lǐngdài | 穿 戴 |
| 令 | lìng | 形势 趋势 趋向 |
| 流利 | liúlì | 十分 非常 |
| 流通 | liútōng | 详细 仔细 |
| 流行 | liúxíng | 形势 趋势 趋向 |

| 生词 | 拼音 | 词目 |
|---|---|---|
| 留言 | liúyán | 保持 保留 保存 |
| 露面 | lòumiàn | 忽然 突然 |
| 录用 | lùyòng | 通过 经过 |
| 旅游胜地 | lǚyóu shèngdì | 打算 计划 |
| 履历表 | lǚlìbiǎo | 详细 仔细 |
| 绿化 | lǜhuà | 以 以便 |
| 绿卡 | lǜkǎ | 拿 取 |
| 乱 | luàn | 摆 放 |
| 乱七八糟 | luànqībāzāo | 把 |
| 论点 | lùndiǎn | 详细 仔细 |
| 论文 | lùnwén | 详细 仔细 |
| 论证 | lùnzhèng | 详细 仔细 |
| 落后 | luòhòu | 由 从 |

## M

| 生词 | 拼音 | 词目 |
|---|---|---|
| 麻烦 | máfan | 十分 非常 |
| 马虎 | mǎhu | 一直 一向 |
| 埋单 | máidān | 从来 始终 |
| 迈 | mài | 观对 向 冲 |
| 馒头 | mántou | 从来 始终 |
| 满足 | mǎnzú | 也 还 |
| 漫长 | màncháng | 通过 经过 |
| 蔓延 | mànyán | 按照 按照 |
| 毛病 | máobìng | 些 一些 点儿 |
| 矛盾 | máodùn | 保持 保留 保存 |
| 冒 | mào | 凑巧 正巧 恰巧 |
| 没完没了 | méiwánméiliǎo | 起来 下去 |
| 媒体 | méitǐ | 参加 参与 |
| 玫瑰 | méigui | 的 |
| 美化 | měihuà | 以 以便 |
| 门票 | ménpiào | 摆 放 |

| 生词 | 拼音 | 词目 |
|---|---|---|
| 闷 | mèn | 一定 当然 |
| 闷热 | mènrè | 怎么 不怎么 |
| 猛拐 | měngguǎi | 对 向 冲 |
| 梦 | mèng | 美丽 漂亮 |
| 梦话 | mènghuà | 持续 继续 |
| 迷路 | mílù | 幸亏 多亏 |
| 秘方 | mìfāng | 由 从 |
| 秘密 | mìmì | 允许 同意 |
| 密切 | mìqiè | 情形 情况 状况 |
| 蜜蜂 | mìfēng | 必须 必需 |
| 蜜月 | mìyuè | 打算 计划 |
| 面貌 | miànmào | 缺乏 缺少 |
| 面目全非 | miànmùquánfēi | 通过 经过 |
| 面试 | miànshì | 十分 非常 |
| 面熟 | miànshú | 一点儿 有点儿 |
| 苗条 | miáotiao | 保持 保留 保存 |
| 民营 | mínyíng | 接收 接受 |
| 民族 | mínzú | 美丽 漂亮 |
| 名额 | míng'é | 凑巧 正巧 恰巧 |
| 明星 | míngxīng | 象 像 |
| 明智 | míngzhì | 也 还 |
| 摸门 | mōmén | 一点儿 有点儿 |
| 莫名其妙 | mòmíngqímiào | 对 向 冲 |
| 模特儿 | mótèr | 保持 保留 保存 |
| 目的地 | mùdìdì | 钟头 小时 点钟 |
| 穆斯林 | mùsīlín | 另外 别的 |

## N

| 生词 | 拼音 | 词目 |
|---|---|---|
| 纳税人 | nàshuìrén | 每 各 |
| 奶酪 | nǎilào | 多 |
| 耐心 | nàixīn | 缺乏 缺少 |
| 难怪 | nánguài | 也 又 |
| 难过 | nánguò | 一定 当然 |
| 难免 | nánmiǎn | 挑 选 |
| 难听 | nántīng | 够 |
| 难忘 | nánwàng | 美丽 漂亮 |
| 难以 | nányǐ | 持续 继续 |
| 闹崩 | nàobēng | 暂时 临时 |
| 内容 | nèiróng | 对 对于 |
| 能干 | nénggàn | 搞 干 弄 |
| 能力 | nénglì | 通过 经过 |
| 能源 | néngyuán | 举行 举办 |
| 溺爱 | nì'ài | 过头 过分 |
| 蔫 | niān | 马上 立刻 |
| 年代 | niándài | 大概 大约 |
| 年轻 | niánqīng | 有 |
| 年纪 | niánjì | 念 读 |
| 酿造 | niàngzào | 必须 必需 |
| 扭曲 | niǔqū | 缺乏 缺少 |
| 纽约 | niúyuē | 比 比较 |
| 弄巧成拙 | nòngqiǎochéngzhuō | 搞 干 弄 |
| 弄虚作假 | nòngxūzuòjiǎ | 一直 一向 |
| 努力 | nǔlì | 能 会 |

## O

| 生词 | 拼音 | 词目 |
|---|---|---|
| 欧元 | Ōuyuán | 或者 还是 |
| 呕 | ǒu | 做 作 |
| 偶然 | ǒurán | 机会 机遇 |

## P

| 生词 | 拼音 | 词目 |
|---|---|---|
| 派 | pài | 每 各 |
| 抛锚 | pāomáo | 持续 继续 |
| 陪 | péi | 可惜 遗憾 |
| 陪同 | péitóng | 能 可以 |
| 培训班 | péixùnbān | 举行 举办 |
| 培养 | péiyǎng | 做 作 |
| 赔本(金) | (péi)běn(jīn) | 挣 赚 |
| 佩服 | pèifu | 确实 实在 |
| 碰壁 | pèngbì | 挑 选 |
| 批评 | pīpíng | 也 还 |
| 皮鞋 | píxié | 什么样 怎么样 |
| 脾气 | píqì | 对 向 冲 |
| 骗 | piàn | 一直 一向 |
| 票据 | piàojù | 保持 保留 保存 |
| 频繁 | pínfá | 交往 交流 交际 |
| 品牌 | pǐnpái | 哪 什么 |
| 聘用 | pìnyòng | 通过 经过 |
| 平凡 | píngfán | 从来 始终 |
| 平静 | píngjìng | 从来 始终 |
| 平时 | píngshí | 不大 不太 |
| 评估 | pínggū | 参加 参与 |
| 凭 | píng | 保持 保留 保存 |
| 婆婆 | pópo | 挑 选 |
| 破产 | pòchǎn | 更加 越发 |
| 普遍 | pǔbiàn | 关心 关注 |
| 普及 | pǔjí | 必须 必需 |
| 普通 | pǔtōng | 美丽 漂亮 |

## Q

| 生词 | 拼音 | 词目 |
|---|---|---|
| 欺骗 | qīpiàn | 倒 却 |
| 起劲 | qǐjìn | 更加 越发 |
| 企业家 | qǐyèjiā | 接收 接受 |
| 气氛 | qìfēn | 马上 立刻 |
| 气象 | qìxiàng | 象 像 |
| 气质 | qìzhì | 有 具有 拥有 |
| 洽谈 | qiàtán | 每 各 |
| 签 | qiān | 一直 始终 |
| 签证 | qiānzhèng | 必须 必需 |
| 签字 | qiānzì | 允许 同意 |
| 谦虚 | qiānxū | 过头 过分 |
| 前提 | qiántí | 形势 趋势 趋向 |
| 钱包 | qiánbāo | 重 再 |
| 欠债 | qiànzhài | 从来 始终 |
| 强大 | qiángdà | 有 具有 拥有 |
| 强势 | qiángshì | 原来 本来 |
| 抢行 | qǎngxíng | 必须 必需 |
| 亲近 | qīnjìn | 过头 过分 |
| 亲密 | qīnmì | 时候 从来 始终 |
| 亲切 | qīnqiè | 重 再 |
| 亲情 | qīnqíng | 以 以便 |
| 亲热 | qīnrè | 过头 过分 |
| 轻易 | qīngyì | 可惜 遗憾 |
| 情调 | qíngdiào | 的 |
| 情人节 | qíngrénjié | 的 |
| 勤劳 | qínláo | 挣 赚 |
| 穷 | qióng | 念 读 |
| 穷家富路 | qióngjiāfùlù | 拿 取 |
| 穷光蛋 | qióngguāngdàn | 挣 赚 |
| 求人 | qiúrén | 为 为了 |
| 曲折 | qūzhé | 通过 经过 |
| 趋势 | qūshì | 持续 继续 |
| 取消 | qǔxiāo | 暂时 临时 |

| 生词 | 拼音 | 词目 |
|---|---|---|
| 全职太太 | quánzhítàitai | 以来 以后 |
| 权利 | quánlì | 保持 保留 保存 |
| 拳 | quán | 够 |
| 劝 | quàn | 更加 越发 |
| 缺少 | quēshǎo | 的 |
| 群众 | qúnzhòng | 联系 联络 |
| 裙子 | qúnzi | 穿 戴 |

## R

| 生词 | 拼音 | 词目 |
|---|---|---|
| 让步 | ràngbù | 些 一些 点儿 |
| 让座 | ràngzuò | 曾经 已经 |
| 绕远 | ràoyuǎn | 倒 却 |
| 热泪盈眶 | rèlèiyíngkuàng | 的 地 得 |
| 热恋 | rèliàn | 曾经 已经 |
| 热门 | rèmén | 念 读 |
| 热情 | rèqíng | 都 |
| 热心 | rèxīn | 课 班 |
| 人才 | réncái | 参加 参与 |
| 人类 | rénlèi | 有 具有 拥有 |
| 人力 | rénlì | 有 具有 拥有 |
| 人民 | rénmín | 拿 取 |
| 任命 | rènmìng | 挑 选 |
| 仍然 | réngrán | 曾经 已经 |
| 日程 | rìchéng | 暂时 临时 |
| 日晒雨淋 | rìshàiyǔlín | 通过 经过 |
| 日益 | rìyì | 以 以便 |
| 入境 | rùjìng | 由 从 |

## S

| 生词 | 拼音 | 词目 |
|---|---|---|
| 洒 | sǎ | 在 正 正在 |
| 伞 | sǎn | 带 拿 |
| 散步 | sànbù | 了 过 |
| 森林 | sēnlín | 曾经 已经 |
| 沙漠 | shāmò | 曾经 已经 |
| 山村 | shāncūn | 曾经 已经 |
| 善于 | shànyú | 凑巧 正巧 恰巧 |
| 擅自 | shànzì | 不 没 |
| 商贩 | shāngfàn | 挣 赚 |
| 商量 | shāngliang | 跟 和 |
| 商业 | shāngyè | 允许 同意 |
| 伤病员 | shāngbìngyuán | 接收 接受 |
| 伤害 | shānghài | 大概 大约 |
| 伤心 | shāngxīn | 起来 下去 |
| 赏识 | shǎngshí | 也 还 |
| 上班 | shàngbān | 就 就是 |
| 上当 | shàngdàng | 幸亏 多亏 |
| 上级 | shàngjí | 挑 选 项 |
| 稍等 | shāoděng | 马上 立刻 |
| 舍不得 | shěbude | 倒 却 |
| 社交 | shèjiāo | 合适 适合 |
| 社团 | shètuán | 联系 联络 |
| 设计 | shèjì | 按照 按照 |
| 摄影（像） | shèyǐng(xiàng) | 搞 干 弄 |
| 深刻 | shēnkè | 象 像 |
| 深情 | shēnqíng | 的 地 得 |
| 深入 | shēnrù | 点联系 点联络 |
| 申辩 | shēnbiàn | 保持 保留 保存 |
| 身材 | shēncái | 美丽 漂亮 |
| 神秘 | shénmì | 是 是……的 |
| 神奇 | shénqí | 马上 立刻 |
| 审查 | shěnchá | 一次 一遍 |
| 审美 | shěnměi | 按照 按照 |

| 生词 | 拼音 | 词目 |
|---|---|---|
| 生存 | shēngcún | 必须 必需 |
| 生活 | shēnghuó | 比 比较 |
| 生命 | shēngmìng | 曾经 已经 |
| 生气 | shēngqì | 马上 立刻 |
| 生态 | shēngtài | 对 对于 |
| 绳子 | shéngzi | 够 |
| 圣诞节 | Shèngdànjié | 每 各 |
| 盛大 | shèngdà | 孝 穿 戴 |
| 失败 | shībài | 大概 大约 |
| 失误 | shīwù | 从来 始终 |
| 失业 | shīyè | 为 为了 |
| 时代 | shídài | 交往 交流 交际 |
| 时髦 | shímáo | 关心 关注 |
| 食品 | shípǐn | 是 是……的 |
| 实际 | shíjì | 联系 联络 |
| 实施 | shíshī | 打算 计划 |
| 实现 | shíxiàn | 能 可以 |
| 实验室 | shíyànshì | 是 在 |
| 事物 | shìwù | 接收 接受 |
| 事先 | shìxiān | 些 一些 点儿 |
| 事业 | shìyè | 接收 接受 |
| 世界 | shìjiè | 能 会 |
| 世纪 | shìjì | 大概 大约 |
| 视力 | shìlì | 合适 适合 |
| 收获 | shōuhuò | 不 没 |
| 收入 | shōurù | 另 另外 |
| 手袋 | shǒudài | 什么样 怎么样 |
| 手机 | shǒujī | 哪 什么 |
| 手术室 | shǒushùshì | 马上 立刻 |
| 手艺 | shǒuyì | 从来 始终 |
| 首届 | shǒujiè | 参加 参与 |
| 首脑 | shǒunǎo | 举行 举办 |

| 生词 | 拼音 | 词目 |
|---|---|---|
| 书呆子 | shūdāizi | 交往 交流 交际 |
| 书法 | shūfǎ | 美丽 漂亮 |
| 书籍 | shūjí | 缺乏 缺少 |
| 输 | shū | 更加 越发 |
| 舒服 | shūfu | 一点儿 有点儿 |
| 熟悉 | shúxī | 每 各 |
| 数码照相机 | shùmǎ zhào xiàngjī | 暂时 临时 |
| 刷白 | shuābái | 把 |
| 刷卡 | shuākǎ | 哪 什么 |
| 摔倒 | shuāidǎo | 差不多 差一点 |
| 帅 | shuài | 挑 选 |
| 水平 | shuǐpíng | 课 班 |
| 顺心 | shùnxīn | 不 没 |
| 瞬息万变 | shùnxīwànbiàn | 情形 情况 状况 |
| 思考 | sīkǎo | 在 正 正在 |
| 思想 | sīxiǎng | 忽然 突然 |
| 私人 | sīrén | 有 具有 拥有 |
| 搜集 | sōují | 详细 仔细 |
| 速度 | sùdù | 按照 按照 |
| 算 | suàn | 帮忙 帮助 |
| 随便 | suíbiàn | 一直 一向 |
| 随和 | suíhe | 大概 大约 |
| 随身 | suíshēn | 必须 必需 |
| 随时 | suíshí | 情形 情况 状况 |
| 随手 | suíshǒu | 摆 放 |
| 随着 | suízhe | 情形 情况 状况 |
| 所谓 | suǒwèi | 挣 赚 |

# T

| 生词 | 拼音 | 词目 |
|---|---|---|
| 台湾 | Táiwān | 是 在 |

| 生词 | 拼音 | 词目 | | | 生词 | 拼音 | 词目 | | |
|---|---|---|---|---|---|---|---|---|---|
| 太阳 | tàiyáng | 对 向 冲 | | | 同意 | tóngyì | 都 | | |
| 态度 | tàidù | 倒 却 | | | 统计 | tǒngjì | 按照 根据 | | |
| 贪吃 | tānchī | 口 嘴 | | | 统一 | tǒngyī | 形势 趋势 趋向 | | |
| 贪心 | tānxīn | 挣 赚 | | | 痛快 | tòngkuài | 一直 一向 | | |
| 谈恋爱 | tán liàn'ài | 者 参加 参与 | | | 偷 | tōu | 可惜 遗憾 | | |
| 谈判 | tánpàn | 起来 下去 | | | 头脑 | tóunǎo | 有 具有 拥有 | | |
| 弹 | tán | 能 会 | | | 投篮 | tóulán | 差不多 差一点 | | |
| 逃过 | táoguò | 幸亏 多亏 | | | 投身 | tóushēn | 参加 参与 | | |
| 讨论 | tǎolùn | 以 以便 | | | 投资 | tóuzī | 的 | | |
| 讨厌 | tǎoyàn | 巧若拙不大 不太 | | | 透 | tòu | 大概 大约 | | |
| 套 | tào | 能 可以 | | | 透支 | tòuzhī | 拿 取 | | |
| 套牢 | tàláo | 幸亏 多亏 | | | 图案 | tú'àn | 摆 放 | | |
| 特别 | tèbié | 能 会 | | | 涂改 | túgǎi | 做 作 | | |
| 特殊 | tèshū | 情形 情况 状况 | | | 团结 | tuánjié | 帮忙 帮助 | | |
| 踢 | tī | 起来 下去 | | | 团体 | tuántǐ | 保持 保留 保存 | | |
| 提高 | tígāo | 为 为了 | | | 推 | tuī | 由 从 | | |
| 提供 | tígōng | 由 从 | | | 推迟 | tuīchí | 暂时 临时 | | |
| 提取 | tíqǔ | 另外 别的 | | | 推销员 | tuīxiāoyuán | 另外 别的 | | |
| 体能 | tǐnéng | 保持 保留 保存 | | | 退货 | tuìhuò | 保持 保留 保存 | | |
| 天经地义 | tiānjīngdìyì | 按照 按照 | | | 退烧 | tuìshāo | 持续 继续 | | |
| 天气 | tiānqì | 怎么 不怎么 | | | 退休 | tuìxiū | 刚 才 | | |
| 填写 | tiánxiě | 详细 仔细 | | | 吞吞吐吐 | tūntūntǔtǔ | 一直 一向 | | |
| 填表 | tiánbiǎo | 帮忙 帮助 | | | | | | | |
| 挑选 | tiāoxuǎn | 每 各 | | | | | | | |
| 挑战 | tiǎozhàn | 机会 机遇 | | | | | | | |

## W

| 生词 | 拼音 | 词目 |
|---|---|---|
| 外界 | wàijiè | 接收 接受 |
| 外贸 | wàimào | 了 过 |
| 玩意儿 | wányìr | 摆 放 |
| 完成 | wánchéng | 按照 按照 |
| 晚会 | wǎnhuì | 为 为了 |
| 王子 | wángzǐ | 挑 选 |
| 往来 | wǎnglái | 曾经 已经 |

| 条件 | tiáojiàn | 更加 越发 |
|---|---|---|
| 条款 | tiáokuǎn | 又 再 还 |
| 跳槽 | tiàocáo | 机会 机遇 |
| 通道 | tōngdào | 以 以便 |
| 通知 | tōngzhī | 钟头 小时 点钟 |
| 同胞 | tóngbāo | 以 以便 |
| 同事 | tóngshì | 起来 下去 |

359

| 生词 | 拼音 | 词目 |
|---|---|---|
| 网(络)迷 | wǎng(luò)mí | 交往 交流 交际 |
| 网球 | wǎngqiú | 什么样 怎么样 |
| 忘记 | wàngjì | 曾经 已经 |
| 危机 | wēijī | 以为 认为 |
| 危急 | wēijí | 情形 情况 状况 |
| 尾 | wěi | 一次 一遍 |
| 伟大 | wěidà | 以为 认为 |
| 未 | wèi | 象 像 |
| 未必 | wèibì | 合适 适合 |
| 位置 | wèizhi | 摆 放 |
| 温饱 | wēnbǎo | 以来 以后 |
| 文本 | wénběn | 跟 和 |
| 文化 | wénhuà | 交往 交流 交际 |
| 文明 | wénmíng | 可惜 遗憾 |
| 吻 | wěn | 的 地 得 |
| 稳定 | wěndìng | 一直 始终 |
| 《我心永恒》 | wǒ xīn yǒnghéng | 的 地 得 |
| 无奈 | wúnài | 或者 还是 |
| 无权 | wúquán | 交往 交流 交际 |
| 无所畏惧 | wúsuǒwèijù | 对 对于 |
| 无私 | wúsī | 对 对于 |
| 五花八门 | wǔhuābāmén | 另 另外 |
| 舞会 | wǔhuì | 举行 举办 |
| 物力 | wùlì | 有 具有 拥有 |
| 物品 | wùpǐn | 由 从 |
| 误点 | wùdiǎn | 钟头 小时 点钟 |
| 误会 | wùhuì | 打算 计划 |
| 务必 | wùbì | 情形 情况 状况 |

## X

| 生词 | 拼音 | 词目 |
|---|---|---|
| 西装 | xīzhuāng | 挑 选 |
| 希望 | xīwàng | 半 一半 |
| 习惯 | xíguàn | 多 |
| 习俗 | xísú | 按照 按照 |
| 媳妇 | xífu | 搞 干 弄 |
| 袭来 | xílái | 忽然 突然 |
| 瞎 | xiā | 大概 大约 |
| 咸 | xián | 一点儿 有点儿 |
| 闲着 | xiánzhe | 从来 始终 |
| 嫌弃 | xiánqì | 暂时 临时 |
| 显得 | xiǎnde | 合适 适合 |
| 现代化 | xiàndàihuà | 曾经 已经 |
| 现金 | xiànjīn | 马上 立刻 |
| 现象 | xiànxiàng | 联系 点联络 |
| 限定 | xiàndìng | 就 就是 |
| 相夫教子 | xiāngfūjiàozǐ | 以来 以后 |
| 相处 | xiāngchù | 摆 放 |
| 箱子 | xiāngzi | 拿 取 |
| 香水 | xiāngshuǐ | 式成立在 正正在 |
| 想法 | xiǎngfǎ | 起来 下去 |
| 想象 | xiǎngxiàng | 象 像 |
| 项目 | xiàngmù | 打算 计划 |
| 象征 | xiàngzhēng | 象 像 |
| 像样 | xiàngyàng | 挣 赚 |
| 消除 | xiāochú | 打算 计划 |
| 消费 | xiāofèi | 哪 什么 |
| 消化 | xiāohuà | 能 可以 |
| 消磨 | xiāomó | 过头 过分 |
| 小动作 | xiǎo dòngzuò | 搞 干 弄 |
| 小气 | xiǎoqì | 确实 实在 |
| 小性子 | xiǎo xìngzi | 一点儿 有点儿 |
| 笑容 | xiàoróng | 带 拿 |
| 协作 | xiézuò | 帮忙 帮助 |

| 携带 | xiédài | 由　从 |
| --- | --- | --- |
| 泄漏 | xièlòu | 允许　同意 |
| 心得 | xīndé | 交往　交流　交际 |
| 心里有数 | xīn lǐ yǒushù | 倒　却 |
| 心理 | xīnlǐ | 以来　以后 |
| 心灵 | xīnlíng | 美丽　漂亮 |
| 心目 | xīnmù | 是　是……的 |
| 心情 | xīnqíng | 一点儿　有点儿 |
| 心意 | xīnyì | 拿　取 |
| 辛苦 | xīnkǔ | 差不多　差一点 |
| 辛勤 | xīnqín | 由　从 |
| 欣欣向荣 | xīnxīnxiàngróng | 象　像 |
| 欣赏 | xīnshǎng | 可惜　遗憾 |
| 新居 | xīnjū | 缺乏　缺少 |
| 新生事物 | xīn shēng shìwù | 能力　接收　接受 |
| 新闻 | xīnwén | 举行　举办 |
| 新鲜 | xīnxiān | 多 |
| 信息 | xìnxī | 交往　交流　交际 |
| 信心 | xìnxīn | 更加　越发 |
| 信用卡 | xìnyòngkǎ | 摆　放 |
| 信誉 | xìnyù | 按照　根据 |
| 兴奋 | xīngfèn | 重　再 |
| 兴趣 | xìngqù | 对　对于 |
| 形成 | xíngchéng | 对　对于 |
| 形式 | xíngshì | 交往　交流　交际 |
| 形势 | xíngshì | 更加　越发 |
| 幸福 | xìngfú | 有 |
| 幸亏 | xìngkuī | 差不多　差一点 |
| 幸运 | xìngyùn | 的　地　得 |
| 性格 | xìnggé | 缺乏　缺少 |
| 雄厚 | xiónghòu | 有　具有　拥有 |
| 羞 | xiū | 把 |

| 修理 | xiūlǐ | 原来　本来 |
| --- | --- | --- |
| 需要 | xūyào | 时间　时候 |
| 虚实 | xūshí | 看见　看见 |
| 虚伪 | xūwěi | 过头 |
| 宣告 | xuāngào | 或者　还是 |
| 选修课 | xuǎnxiūkè | 另外　别的 |
| 选择 | xuǎnzé | 通过　经过 |
| 学历 | xuélì | 接收　接受 |
| 学术 | xuéshù | 交往　交流　交际 |
| 学问 | xuéwèn | 时间　时候 |
| 学位 | xuéwèi | 拿　取 |
| 血 | xuè | 的 |

## Y

| 生词 | 拼音 | 词目 |
| --- | --- | --- |
| 押金 | yājīn | 另　另外 |
| 雅致 | yǎzhi | 摆　放 |
| 言行不一 | yáxíngbùyī | 口　嘴 |
| 研究 | yánjiū | 后来　以后 |
| 严格 | yángé | 允许　同意 |
| 严紧 | yánjǐn | 口　嘴 |
| 严峻 | yánjùn | 形势　趋势　趋向 |
| 严厉 | yánlì | 过头　过分 |
| 严肃 | yánsù | 在　正　正在 |
| 颜色 | yánsè | 另外　别的 |
| 眼光 | yǎnguāng | 过头　过分 |
| 眼看 | yǎnkàn | 在　正　正在 |
| 眼镜 | yǎnjìng | 合适　适合 |
| 眼神 | yǎnshén | 口　嘴 |
| 演 | yǎn | 挑　选 |
| 演讲 | yǎnjiǎng | 每　各 |
| 演员 | yǎnyuán | 是　是……的 |

| | | | |
|---|---|---|---|
| 阳光 | yángguāng | 以来 | 以后 |
| 养成 | yǎngchéng | 念 | 读 |
| 养家糊口 | yǎngjiāhúkǒu | 挣 | 赚 |
| 养老 | yǎnglǎo | 关心 | 关注 |
| 吆喝 | yāohe | 挣 | 赚 |
| 邀请 | yāoqǐng | 就 | 就是 |
| 邀请函 | yāoqǐnghán | 另外 | 别的 |
| 要紧 | yàojǐn | 帮忙 | 帮助 |
| 演出 | yǎnchū | 美丽 | 漂亮 |
| 演讲 | yǎnjiǎng | 参加 | 参与 |
| 野生 | yěshēng | 象 | 像 |
| 业务 | yèwù | 联系 | 联络 |
| 业余 | yèyú | 允许 | 同意 |
| 衣柜 | yīguì | 拿 | 取 |
| 依 | yī | 就 | 就是 |
| 依靠 | yīkào | 半 | 一半 |
| 依赖 | yīlài | 过头 | 过分 |
| 医疗 | yīliáo | 关心 | 关注 |
| 一辈子 | yíbèizi | 挣 | 赚 |
| 一度 | yídù | 形势 趋势 | 趋向 |
| 一毛不拔 | yìmáobùbá | 确实 | 实在 |
| 艺术 | yìshù | 关有 具有 | 拥有 |
| 意见 | yìjiàn | 把 | |
| 意中人 | yìzhōngrén | 挑 | 选 |
| 议论 | yìlùn | 从来 | 始终 |
| 义务 | yìwù | 必须 | 必需 |
| 要紧 | yàojǐn | | |
| 音乐会 | yīnyuèhuì | 举行 | 举办 |
| 阴谋 | yīnmóu | 搞 干 | 弄 |
| 引导 | yǐndǎo | 形势 趋势 | 趋向 |
| 引起 | yǐnqǐ | 举行 | 举办 |
| 印象 | yìnxiàng | 一次 | 一遍 |

| | | | |
|---|---|---|---|
| 英雄 | yīngxióng | 口 | 嘴 |
| 营销 | yíngxiāo | 做 | 作 |
| 营养 | yíngyǎng | 保持 保留 | 保存 |
| 影响 | yǐngxiǎng | 十分 | 非常 |
| 应届 | yìngjiè | 参加 | 参与 |
| 应聘 | yìngpìn | 或者 | 还是 |
| 永远 | yǒngyuǎn | 也 | 又 |
| 优秀 | yōuxiù | 挑 | 选 |
| 忧虑 | yōulǜ | 形势 趋势 | 趋向 |
| 悠久 | yōujiǔ | 更加 | 越发 |
| 有方 | yǒufāng | 从来 | 始终 |
| 有口无心 | yǒukǒuwúxīn | 口 | 嘴 |
| 有效 | yǒuxiào | 关心 | 关注 |
| 佣金 | yòngjīn | 另外 | 别的 |
| 游览 | yóulǎn | 了 | 过 |
| 游戏机 | yóuxìjī | | 够 |
| 犹豫 | yóuyù | 或者 | 还是 |
| 愉快 | yúkuài | 一点儿 | 有点儿 |
| 语气 | yǔqì | 由 | 从 |
| 雨具 | yǔjù | 幸亏 | 多亏 |
| 预报 | yùbào | 按照 | 根据 |
| 预订 | yùdìng | 能 | 会 |
| 预付 | yùfù | 另 | 另外 |
| 预料 | yùliào | 后来 | 以后 |
| 预约 | yùyuē | 又 再 | 还 |
| 员工 | yuángōng | 举行 | 举办 |
| 圆珠笔 | yuánzhūbǐ | 是 是否……的 | |
| 原处 | yuánchù | | 摆放 |
| 原料 | yuánliào | 必须 | 必需 |
| 原谅 | yuánliàng | 刚 | 才 |
| 原因 | yuányīn | 由 | 从 |
| 原著 | yuánzhù | 后来 | 以后 |

| 生词 | 拼音 | 词目 |
|---|---|---|
| 愿望 | yuànwàng | 能 可以 |
| 愿意 | yuànyì | 都 |
| 约会 | yuēhuì | 有 |
| 约束力 | yuēshùlì | 有 具有 拥有 |
| 悦耳 | yuè'ěr | 重 再 |
| 乐团 | yuètuán | 举行 举办 |
| 晕 | yūn | 马上 立刻 |
| 允许 | yǔnxǔ | 曾经 已经 |
| 运动员 | yùndòngyuán | 保持 保留 保存 |
| 运气 | yùnqì | 或者 还 |

## Z

| 生词 | 拼音 | 词目 |
|---|---|---|
| 灾难 | zāinàn | 忽然 突然 |
| 灾区 | zāiqū | 暂时 临时 |
| 再生资源 | zàishēngzīyuán | 可惜 遗憾 |
| 赞不绝口 | zànbùjuékǒu | 的 |
| 暂时 | zànshí | 摆 放 |
| 遭到 | zāodào | 马上 立刻 |
| 遭受 | zāoshòu | 什么 怎么 |
| 糟糕 | zāogāo | 也 还 |
| 早晨 | zǎochen | 钟头 小时 点钟 |
| 造成 | zàochéng | 由 从 |
| 责任 | zérèn | 跟 和 |
| 增进 | zēngjìn | 通过 经过 |
| 展示 | zhǎnshì | 机会 机遇 |
| 战而胜之 | zhàn ér shèng zhī | 对 向 冲 |
| 掌握 | zhǎngwò | 刚 才 |
| 障碍 | zhàng'ài | 以 以便 |
| 招呼 | zhāohū | 对 向 冲 |
| 招聘会 | zhāopìn | 参加 参与 |
| 招生 | zhāoshēng | 凑巧 正巧 恰巧 |
| 着急 | zháojí | 多 |
| 真诚 | zhēnchéng | 什么样 怎么样 |
| 珍惜 | zhēnxī | 不 没 |
| 争论 | zhēnglùn | 起来 下去 |
| 针灸 | zhēnjiǔ | 马上 立刻 |
| 振兴 | zhènxīng | 打算 计划 |
| 整 | zhěng | 钟头 小时 点钟 |
| 整理 | zhěnglǐ | 也 又 |
| 整齐 | zhěngqí | 也 又 |
| 正常 | zhèngcháng | 交往 交流 交际 |
| 政策 | zhèngcè | 按照 根据 |
| 政府 | zhèngfǔ | 每 各 |
| 挣钱 | zhèngqián | 时间 时候 |
| 支出 | zhīchū | 必须 必需 |
| 支付 | zhīfù | 或者 还是 |
| 支票 | zhīpiào | 马上 立刻 |
| 之 | zhī | 拿 取 |
| 之一 | zhī yī | 以为 认为 |
| 知足 | zhīzú | 挣 赚 |
| 直接 | zhíjiē | 联系 联络 |
| 值得 | zhídé | 念 读 |
| 执行 | zhíxíng | 情形 情况 状况 |
| 指导 | zhǐdǎo | 幸亏 多亏 |
| 职工 | zhígōng | 关心 关注) |
| 职务 | zhíwù | 保持 保留 保存 |
| 职业 | zhíyè | 对 向 冲 |
| 智商 | zhìshāng | 比 比较 |
| 致谢 | zhìxiè | 一次 一遍 |
| 治病 | zhìbìng | 什么 怎么 |
| 质量 | zhìliàng | 参加 参与 |
| 制订 | zhìdìng | 打算 计划 |
| 制品 | zhìpǐn | 象 像 |

# 汉语疑难词解析与活用
A Compendium of the Usage of Complex Chinese Words

| | | | |
|---|---|---|---|
| 中华 | zhōnghuá | 可惜 遗憾 | |
| 中场 | zhōngchǎng | 持续 继续 | |
| 中断 | zhōngduàn | 后来 以后 | |
| 中央电视台 | Zhōngyāng Diàn shìtái | 举行 举办 | |
| 终身 | zhōngshēn | 的 地 得 | |
| 终于 | zhōngyú | 能 可以 | |
| 中意 | zhòngyì | 挑 选 | |
| 重男轻女 | zhòngnánqīngnǚ | 念 读 | |
| 重视 | zhòngshì | 对 对于 | |
| 重要 | zhòngyào | 参加 参与 确实 实在 | |
| 嘱咐 | zhǔfu | 一定 当然 | |
| 注册 | zhùcè | 另 另外 | |
| 住宅 | zhùzhái | 允许 同意 | |
| 助手 | zhùshǒu | 缺乏 缺少 | |
| 抓紧 | zhuājǐn | 一定 当然 | |
| 抓瞎 | zhuāxiā | 暂时 临时 | |
| 专家 | zhuānjiā | 忽然 突然 | |
| 专业 | zhuānyè | 念 读 | |
| 转达 | zhuǎndá | 通过 经过 | |
| 赚 | zhuàn | 可惜 遗憾 | |
| 装修 | zhuāngxiū | 什么 怎么 | |
| 状况 | zhuàngkuàng | 由 从 | |

| | | | |
|---|---|---|---|
| 状态 | zhuàngtài | 保持 保留 保存 | |
| 撞倒 | zhuàngdǎo | 忽然 突然 | |
| 追 | zhuī | 在 正 正在 | |
| 追求 | zhuīqiú | 以来 以后 | |
| 准备 | zhǔnbèi | 忽然 突然 | |
| 着想 | zhuóxiǎng | 打算 计划 | |
| 姿势 | zīshì | 保持 保留 保存 | |
| 资格 | zīgé | 举行 举办 | |
| 资金 | zījīn | 必须 必需 | |
| 资料 | zīliào | 是 在 | |
| 资源 | zītuán | 重 再 | |
| 仔细 | zǐxì | 又 再 还 | |
| 自由 | zìyóu | 曾经 已经 | |
| 自知之明 | zìzhīzhīmíng | 缺乏 缺少 | |
| 足球 | zúqiú | 起来 下去 | |
| 祖传 | zǔchuán | 由 从 | |
| 嘴馋 | zuǐchán | 口 嘴 | |
| 嘴刁 | zuǐdiāo | 口 嘴 | |
| 嘴甜 | zuǐtián | 口 嘴 | |
| 嘴软 | zuǐruǎn | 口 嘴 | |
| 嘴杂 | zuǐzá | 项式多 | |
| 尊敬 | zūnjìng | 对 对于 | |
| 尊重 | zūnzhòng | 倒 却 | |
| 琢磨 | zuómo | 大概 大约 | |

责任编辑：任　蕾
英文编辑：韩　敏　张　乐
封面设计：古　手

**图书在版编目（CIP）数据**

汉语疑难词解析与活用/ 黄为之　陈辉主编. – 北京：华语教学出版社, 2010
ISBN 978-7-80200-648-5

Ⅰ. ①汉… Ⅱ. ①黄… Ⅲ. ①汉语 – 词语 – 对外汉语教学 – 自学参考资料 Ⅳ. ①H195.4
中国版本图书馆CIP数据核字(2010)第182667号

### 汉语疑难词解析与活用

黄为之　陈　辉　主编

\*

© 华语教学出版社有限责任公司
华语教学出版社有限责任公司出版
（中国北京百万庄大街24号　邮政编码 100037）
电话：(86)10-68320585　68997826
传真：(86)10-68997826　68326333
网址：www.sinolingua.com.cn
电子信箱：hyjx@sinolingua.com.cn
北京京华虎彩印刷有限公司印刷
2011年（16开）第1版
2019年第1版第3次印刷
ISBN 978-7-80200-648-5
定价：89.00元